장애인복지론

이재풍 · 박희숙 · 한선화 · 김상옥

KNOWLEDGE COMMUNITY 공동체

• 머리말 •

사회복지의 궁극적인 목표가 삶의 질 향상인 것처럼 장애인복지도 가정, 학교, 직장 및 사회생활에서 신체적, 정신적인 문제로 어려움을 겪고 있는 사람들의 교육적, 의료적, 직업적, 사회적 문제들을 원조하기 위한 공적·사적 기관 및 개인의 체계적이고 조직적인 정책과 활동의 총체이다.

즉, 정책과 서비스를 통해 장애인들이 사회활동을 원활히 함으로써 완전하게 사회에 통합되는 것을 궁극적 목표로 한다고 할 수 있다.

그러나 아직까지 우리 사회는 장애인을 무능력한 개인으로 보거나, 공공연한 차별과 제약을 함으로써 장애인들의 사회통합 및 사회활동을 저해하는 많은 문제점이 있다.

장애인복지의 향상은 사회적 연대는 물론 장애인에 대한 정확한 이해가 요구되며, 그들의 욕구와 어려움에 대한 이해, 적합한 정책과 서비스 수립 및 올바른 실천이 필요하다.

이를 위해 장애인의 권리를 보장하기 위한 제도적 변화는 꾸준히 이루어지고 있으며, 장애인복지의 내용은 더욱 구체화되고 있다.

중증장애인 활동지원사업, 장애아동바우처, 발달장애인 후견인제도 등이 잔여적 복지라는 한계를 가지고 있지만 시행되고 있다는 사실에 의미를 둘 수 있다. 그러나 우선적으로 장애인의 일상생활에 관련되는 모든 영역이 장애인복지의 범주가 되어야 한다는 개념의 확장이 필요하다.

본 교재는 장애인복지 전공자뿐만 아니라 입문자, 장애인복지현장종사자 모두에게 유용하게 활용될 수 있는 이론과 정책, 방법론을 제시하기 위해 저술되었으며, 장애인복지의 개념과 역사, 이론과 전달체계, 장애인 재활의 전반적인 부분과 장애인복지 실천현장의 이해와 인권 및 권리 등을 다루고 있다.

본 교재가 장애인들의 삶의 질 향상과 장애인복지를 실천하고 준비하는 복지인들에게 도움이 되길 바라며, 출판을 위해 노력해 주신 공동체 가족 여러분들께 깊은 감사의 말씀을 전한다.

2023년 12월

저자 일동

• 차 례 •

PART 2 장애인재활

PART 3 장애인복지 실천

PART

1

장애인복지의 기초

CHAPTER

01 | 장애의 개념과 분류

학 · 습 · 목 · 표

1. 장애와 장애인의 개념에 대해 이해할 수 있다.
2. 장애분류의 내용과 변화과정에 대하여 이해할 수 있다.
3. 우리나라의 장애의 범주와 장애인 등급제도에 대하여 이해할 수 있다.

1. 장애와 장애인의 개념

장애의 개념은 의학적 · 법적 · 사회적 관점에 의하여 다양하게 정의될 수 있으며 한 나라의 시대적 · 역사적 배경에 따라 다양하게 정의된다. 이는 장애를 바라보는 관점에 의해 다르게 정의될 수 있는 상대적 성격을 가지고 있기 때문이다.

장애에 대한 이해는 절대적 개념이 아닌 상대적 개념으로 이해해야 한다. 대부분 국가들의 장애개념은 신체적 · 정신적 장애에 초점을 둔 반면 스웨덴은 사회적 장애까지 초점을 두고 장애의 범주에 포함시키고 있다(이재풍 · 곽종현, 2015). 즉, 장애의 개념은 사회적 상대성을 가지고 있으며 장애가 질병이나 손상(impairment)으로 이해될 경우에는 개인의 신체나 정신에 국한되어 인식될 수 있으며 사회적 구성물(social construct)로 이해될 경우에는 사회에서 개인이 배제됨에 따라 발생하게 되는 사회문화적 · 경제적 · 제도적 여건에 따른 불이익을 지칭하는 개념으로 이해될 수 있다(정하선 외, 2018). 사회의 경제 · 사회 · 문화에 따라 장애에 그 차이가 있고 사회의 수용 정도에 따라 광범위하게 정의되고 있는 것이다.

우리나라 표준국어대사전에서는 장애에 대하여 ① "어떤 사물의 진행을 가로막아 걸리적거리게 하거나 충분한 기능을 하지 못하게 함. 또는 그런 일" ② "신체 기관이 본래의 제 기능을 하지 못하거나 정신능력에 결함이 있는 상태"로 표현하고 있으며, 사회복지용어사전에는 장애를 "다른 사람들이 보통 행하는 기능에 대한 개인의 능력을 방해하거나 제한하는 신체적 또는 정신적인 손상"으로 표현하고 있다. 그러나 장애의 개념을 사전적으로 해석하여 정의하기에는 문제가 따른다. 이는 장애를 현상으로 보지 않고 사람이 가진 문제로 이해할 수 있기 때문이다.

일반적으로 이해되고 있는 장애의 개념은 협의의 개념과 광의의 개념으로 구분할 수 있다(정하선 외, 2018).

① **협의의 개념** : 신체 또는 정신적 기능저하, 상실 등을 지칭하고 있는 의학적 차원의 개념이다.

② **광의의 개념** : 의학적 차원뿐만 아니라 이로 인해 발생되는 능력의 저하와 사회적 환경과의 관계에서 오는 장애를 포함한다.

이러한 장애의 정의에 따라 인식이 변화되어 장애인을 "장애를 가지고 있는 사람(people with disability)", "불편한 것들을 하나 또는 그 이상 가지고 있는 사람"으로 보고 "장애인도 비장애인과 같이 동등한 시민으로서의 삶을 영위해 나갈 수 있어야 한다"로 그 개념이 바뀌게 되었다.

우리나라 장애인복지법(시행 2019. 7. 16) 제2조에서는 장애인을 "신체적·정신적 장애로 오랫동안 일상생활이나 사회생활에서 상당한 제약을 받는 자"로 정의하고 있다. 이는 장애인을 신체적·정신적 장애의 정도를 기준 삼지 않고 일할 수 있는 능력과 가정생활·사회생활의 불편 정도로 구분한 개념으로 볼 수 있다.

장애인의 권리선언(UN) 제1조에서는 장애인을 "선천적이든 후천적이든 신체적 또는 정신적 능력의 결함으로 인하여 일상의 개인 또는 사회생활에 필요한 것을 확보하는 데 스스로 완전히 또는 부분적으로 행할 수 없는 사람"을 의미한다고 규정하고 있다. 국제노동기구(ILO)의 장애인 직업재활에 관한 권고 99조에서는 장애인을 "신체적 또는 정신적인 손상으로 인해 안정되고 지속적인 직업을 유지해 나갈 전망이 현저히 줄어든 사람"이라고 규정하여 장애인을 정의하고 있다.

이러한 장애인에 대한 정의는 의학적 기준에 의하면 엄격한 기준에 의해 정해지는 반면, 사회적 기준은 사회문화적 여건에 따른 상대적 기준인 사회적으로 인정될 수 있는 정도이며, 법적 기준은 각 국가에서 정해지는 법에 따라 복지정책과 직접적인 연관성을 가진다.

2. 장애개념의 분류

세계보건기구에서는 1980년에 국제장애분류(ICIDH : International Classification of Impairments, Disabilities, and Handicaps)라고 하는 장애분류 모델을 발표하고 이 분류기준에 의하여 장애를 분류할 것을 권장하였다. 세계보건기구에서 분류한 ICIDH(1980), ICIDH-2(1997), ICF(2001)를 살펴보면 다음과 같다.

1) ICIDH-1 모델(1980)

세계보건기구는 1980년 국제장애분류를 발표하고, 장애를 손상(Impairment), 능력장애(Disabilities), 사회적 불리(Handicaps)라는 계층적인 개념으로 설명하였다. ICIDH-1 모델의 장애개념은 장애의 인과관계와 시간적 연속관계가 서로 상호관계가 있는 것으로 보고, 사고·질병으로 인하여 기능장애(impairment)가 발생하고, 이러한 기능장애로 인해 개인적인 차원의 일상생활활동 수행능력이 저하되거나 불가능하게 될 경우 능력장애(disabilities)가 발생하며, 이러한 능력장애가 사회적 활동을 함에 있어 어떠한 사회적 불이익을 야기할 경우

사회적 불리(handicaps) 상태가 된다(윤선호, 2015). 이를 도식화하면 |그림 1-1|과 같다.

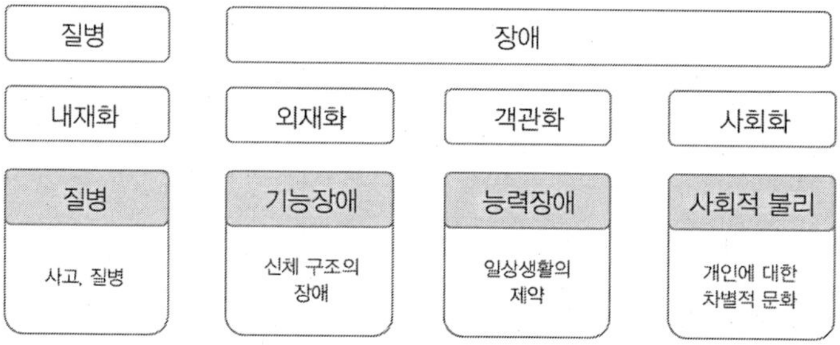

|그림 1-1| ICIDH-1 모델(1980)

출처 : WHO(1980). ICIDH-1의 분류.

(1) 기능장애(impairment)

기능장애는 사고, 질병 등에 의하여, 생리적, 심리적, 해부학적 구조 또는 기능상의 상실이나 이상을 의미하는 장애로, 지체부자유, 시각·청각장애, 지적장애뿐 아니라 기억·사고·정서장애 등의 의식장애, 피부장애, 내부장애 등을 포함한다. 다시 말해 신체 구조의 장애가 영구적으로 또는 일시적으로 외재화된 것으로, 의료적 접근과 신체재활적 접근이 이루어지며, 기본적으로 보호와 치료 차원의 서비스를 제공한다.

(2) 능력장애(disabilities)

개인수준의 동작과 행위능력의 저하 및 상실, 특히 기능장애의 결과로서 식사, 의복 갈아입기, 배변, 의사소통 등이 잘 되지 않는 상태를 의미한다. 예를 들면, 사고로 인한 팔과 손가락의 손상으로 스스로 식사를 하거나 옷을 갈아입기 어려워지는 것 등으로, 일상생활활동 능력을 강화시키기 위하여 훈련과 교육 차원의 서비스들이 제공된다.

(3) 사회적 불리(handicaps)

사회적 불리는 기능장애와 능력장애에서 발생하게 되는 불이익을 의미하는 것으로 장애인의 성별, 연령, 사회문화적 요인 등에 의하여 정상적인 역할수행에 제한받거나 방해받는 상태를 의미한다.

예를 들면, 휠체어를 이용하는 장애인이 경사로 혹은 리프트가 설치되지 않은 건물에 출입이 제약되는 경우를 들 수 있다. 이는 환경의 개선(건물구조 개선, 교육기회 확대, 직업적 자립 원조 등)과 지역사회 주민의 의식개선, 지역사회 중심 재활 등을 통해 해소할 수 있다.

ICIDH-1 모델의 이러한 구분은 의학적 진단을 중심으로 분류하는 한계가 있고, 각각의 단계에서 상호 간에 배타적으로 분류하기 어려운 경우가 있으며, 장애 구분이 반드시 흐름에 의해 나타나는 것이 아니라는 비판을 받고 있다. 또한 사회적 불리가 사람과 환경 간의 상호작용으로 인하여 나타난다는 것을 설명하지 못하는 한계를 가지고 있다(이재풍 · 곽종형, 2015).

2) ICIDH-2 모델(1997)

세계보건기구는 1997년에 새로운 장애개념과 분류기준(ICIDH-2)을 제시하였다. 1980년의 ICIDH-1 모델은 인간의 주체성, 환경을 고려하지 않은 데 반해, ICIDH-2 모델은 환경과의 상호적 관계성 속에서 보다 포괄적인 맥락을 강조하였다. 이를 도식화하면 |그림 1-2|와 같다.

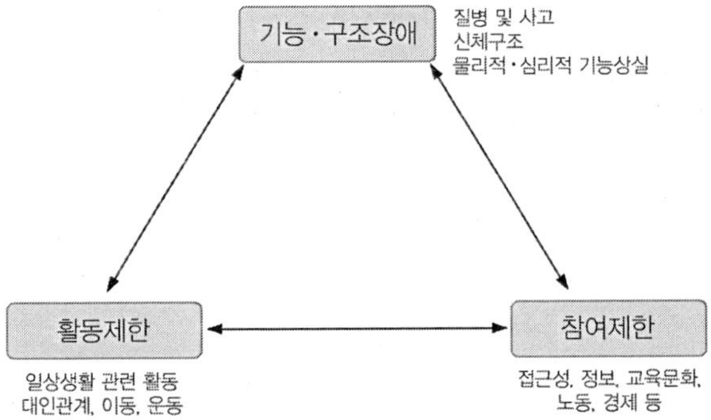

|그림 1-2| ICIDH-2 모델(1997)

출처 : WHO(1997). ICIDH-2의 분류.

(1) 기능·구조장애(impairments)

기능·구조장애는 신체구조나 기능상의 상실 혹은 비정상, 제한이나 불능을 의미한다. 예를 들면, 기본정신기능, 시각 및 다른 감각기능, 음성, 언어, 청각 및 전정기능, 심장 및 호흡기능, 소화 및 신진대사, 신경근육 및 운동기능 등을 들 수 있다.

(2) 활동제한(activity limitation)

활동제한은 일상생활에서 기대되는 개인의 통합된 활동으로 보기, 듣기 등 단순한 것에서부터 대인 간의 활동, 직무완수, 특정 상황에 대한 반응과 처리 등 복합적 활동을 포함하는 개념이다.

(3) 참여제한(participation restriction)

참여제한은 기능·구조장애, 건강조건, 활동제한, 상황요인과 관련하여 생활의 상황에서 개인의 연관성 정도로 정의된다. 개인의 사회 참여 정도와 참여를 촉진하거나 방해하는 사회적 반응을 말한다. 다양한 영역에서의 참여 정도는 사회적으로 건강하다는 것을 의미하며, 이는 물리적·사회적·환경적 요인을 포함한다. 참여는 환경과 장애를 가진 사람들 간의 복잡한 상호규정으로 규정될 수 있다. 예를 들면, 개인적인 유지와 보호의 참여, 정보교환의 참여, 이동성의 참여, 사회관계의 참여, 노동, 교육, 레저와 정신적 영역의 참여, 지역사회 생활의 참여 등을 들 수 있다.

3) ICF 모델(2001)

WHO에서는 2001년에 기능, 장애, 건강분류(ICF : International Classification of Functioning, Disability and Health)를 발표하고, ICIDH-2에서 제시하는 내용을 포함하면서 보다 긍정적이며, 환경 지향적 측면으로 개정하였다.

ICF에서 개인의 기능은 신체기능과 구조, 활동, 참여 등으로 표현하고, 과거의 분류와는 다른 개인적인 장애나 질병과 상황적 맥락(개별적 요인과 환경적 요인)과의 상호작용에 의한 장애와 기능을 설명하고, 특정 영역에서 개인의 기능 수준을 건강 상태와 개별적·환경적 요인의 상호작용의 결과로 보았다. 이를 도식화하면 |그림 1-3|과 같다.

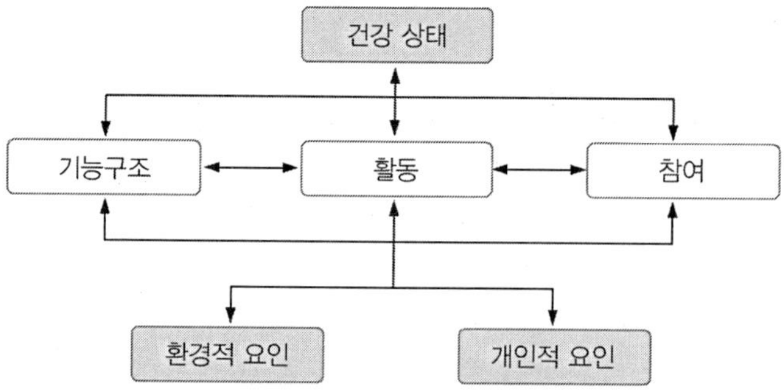

|그림 1-3| ICF 모델(2001)

출처 : WHO(2001). ICF의 분류.

(1) ICF의 목적

① 건강상태와 건강 관련 상태, 건강 관련 결과, 결정요소에 대한 이해와 연구를 위한 과학적 기초를 제공한다.

② 건강 관련 상태를 표현하기 위한 공용어를 제공한다.

③ 장애인을 포함한 연구자, 정책입안자, 보건의료 종사자, 일반시민 등 다양한 이용자 간의 의사소통을 개선한다.

④ 국가 간, 전문보건 분야 간, 각종 서비스의 시기와 관계없이 데이터를 비교할 수 있다.

⑤ 건강정보시스템에 사용할 수 있는 체계적이고 코드화된 분류 리스트를 제공한다.

(2) ICF의 특징

① 생명, 생활, 인생을 포괄하는 생활기능

생활기능은 '사람이 살아가는 것' 전체를 나타내는 말로, '기능・구조', '활동', '참여'는 생활기능의 세 가지 차원을 나타낸다. 즉, 이는 '생명 차원', '생활 차원', '인생 차원'이라 할 수 있으며, 이 세 가지 차원은 사람이 살아가는 것을 종합적으로 나타내는 것이라 할 수 있다.

② 플러스 면(생활기능)을 중시

ICIDH는 '장애'라는 마이너스 면(생활기능의 제한)만을 주목하였지만, ICF는 '생활기능'이라는 플러스 면(생활기능의 향상)에도 주목하고 있는 것이 큰 변화이다. 이것은 기존의 사고를 180도 전환시킨 것이다.

③ 상호작용 모델

ICIDH에서는 한 방향(일방적 방향)을 강조하여 비판과 오해를 받았으나 ICF에서는 양방향(서로 영향을 주고받음)의 영향을 강조하였다.

④ 환경적 요인과 개인적 요인으로 구성

ICF가 ICIDH에서 진보한 또 하나의 큰 특징은 '배경인자'의 도입이다. 이것은 생활기능에 큰 영향을 미쳤다. 배경인자에는 '환경적 요인'과 '개인적 요인'이 있다. 환경적 요인은 사람이 생활을 영위하는 물리적·사회적·인지적 환경을 구성하며, 사회의 인식, 건축물의 이용불편 요소 등과 같은 개인의 외적 요인이다. 개인적 요인은 개인의 삶과 생활의 특정한 배경을 구성하며, 성, 연령, 습관, 인종 등과 같은 개인의 특성요인을 말한다.

<표 1-1> ICF의 개관

<table>
<tr><th>구분</th><th colspan="2">영역 1 : 생활기능과 장애</th><th colspan="2">영역 2 : 배경요인</th></tr>
<tr><td>구성
요소</td><td>신체기능, 구조</td><td>활동, 참여</td><td>환경요인</td><td>개인요인</td></tr>
<tr><td>영역</td><td>신체기능
신체구조</td><td>생활, 인생 영역
(과제, 행위)</td><td>생활기능과 장애의
외적 영향력</td><td>생활기능과
장애의
내적 영향력</td></tr>
<tr><td>구성
개념</td><td>신체기능의
변화(생리적),
신체구조의 변화
(해부학적)</td><td>능력 : 표준환경에
서의 과제수행 능력
실행 상황 : 현재의
환경에 있어 과제
수행 정도</td><td>물리적·사회적·
인지적 태도에 의해
형성된 환경적
특징을 가진 촉진적
혹은 저해적 영향력</td><td>개인의 개별
특성에
의한 영향력</td></tr>
<tr><td rowspan="2">긍정적
측면</td><td>기능적, 구조적
통합성</td><td>활동·참여</td><td rowspan="2">촉진 요인</td><td rowspan="2">해당 없음</td></tr>
<tr><td colspan="2">생활기능</td></tr>
<tr><td rowspan="2">부정적
측면</td><td>기능장애
(구조장애 포함)</td><td>활동 제한
참여 제한</td><td rowspan="2">저해 요인</td><td rowspan="2">해당 없음</td></tr>
<tr><td colspan="2">장애</td></tr>
</table>

출처 : WHO(2001). ICF의 개관.

3. 우리나라 장애의 범주

장애의 범주는 한 나라의 장애정책과 제도에 따라 계속 변화되는 과정을 거친다. 장애인복지제도가 잘 발달된 국가일수록 장애범주가 광범위하고 포괄적이다.

우리나라는 1988년 11월 장애인등록사업이 전국적으로 확대·실시되었고, 1989년 장애인복지법에서는 법적인 장애인을 지체장애, 시각장애, 언어장애, 청각장애, 정신지체의 다섯 가지 범주로 규정하였다. 그러나 다른 나라들에 비하여 장애범주가 협소하게 규정되어 있어 사회생활을 한다는 것이 불편하거나 곤란하여 장애를 가지고 있어도 많은 사람들이 실제 장애인복지법의 적용을 받지 못하고 있다는 비판에 따라 2000년 장애인복지법 개정 이후에는 지체장애, 뇌병변장애, 시각장애, 언어장애, 청각장애, 신장장애, 심장장애, 정신장애, 정신지체, 발달장애의 10가지 범주로 확대되었다. 2003년에는 2차 장애범주의 확대에 따라 안면장애, 간장애, 호흡기장애, 장루·요루장애, 간질장애의 다섯 가지 종류의 장애를 추가하게 되어 현재 총 15가지 범주로 확대되었다. 또한 2007년에는 장애유형 가운데 부정적인 용어의 장애명을 개정하였는데 '정신지체'를 '지적장애'로, '발달장애'를 '자폐성장애'로 용어 변경하였고 2014년에는 '간질장애'를 '뇌전증장애'로 용어를 변경함으로써 장애의 명칭에 대한 이해와 의미를 더욱 긍정적으로 접근하고자 노력하였다.

이러한 장애범주의 확대는 법정장애인의 확대뿐만 아니라, 그동안 복지서비스 혜택을 받지 못하고 있던 많은 장애인들이 수급자격을 갖게 되어 복지서비스 혜택을 받을 수 있게 되었다는 점에서 의의를 갖는다고 할 수 있다. 그러나 우리나라의 경우 세계보건기구(WHO)에서 제시한 장애개념 중 의료적 측면인 손상장애의 개념에서 장애 정도를 진단하고 장애등급을 판정하기 때문에 장애유형과 장애등급 간의 불합리한 부분들이 발생하고 있다는 지적을 받고 있다(이경준, 2019; 이채식 외, 2018).

우리나라의 현행 장애인복지법에 따른 장애의 범주는 〈표 1-2〉와 같다.

<표 1-2> 우리나라의 장애범주

대분류	중분류	소분류	세분류
신체적 장애 (12)	외부신체 기능장애	지체장애	절단장애, 관절장애, 지체기능장애, 변형 등의 장애, 척수장애
		뇌병변장애	뇌의 손상으로 인한 복잡적인 장애
		시각장애	시력장애, 시야결손장애
		청각장애	청력장애, 평형기능장애
		언어장애	언어장애, 음성장애
		안면장애	안면 기능상의 장애
	내부기관 장애	신장장애	투석치료 중이거나 신장을 이식받은 경우
		심장장애	일상생활이 현저히 제한되는 심장기능 이상
		간장애	일상생활이 현저히 제한되는 만성중증의 간 기능 이상
		호흡기장애	일상생활이 현저히 제한되는 만성중증의 호흡기능 이상
		장루·요루장애	일상생활이 현저히 제한되는 장루·요루
		뇌전증장애	일상생활이 현저히 제한되는 만성중증의 뇌전증
정신적 장애 (3)	발달장애	지적장애	지능지수와 사회성숙지수가 70 이하인 경우
		자폐성장애	소아·청소년 자폐 등 자폐성장애
	정신장애	정신장애	정신분열병, 분열정동장애, 양극성 정동장애, 반복성우울

* 제5차 장애인정책종합계획(2018~2022)에 따라 장애판정 진단체계의 개편과 함께 2019년 7월부터 현행 장애등급제를 단계적으로 폐지하고 있다.
* 우리나라는 아직까지 장애의 범주에 WHO의 권장에 따른 만성알코올, 약물남용, 암 등의 장애를 포함하지 못하고 있는 실정으로, 그 범주를 확대해 나갈 필요가 있다. 그러나 근본적으로는 장애범주를 확대하는 것보다는 사회적, 종합적인 장애의 정의가 필요하다고 본다.

출처 : 장애인복지법 시행령 제2조 [별표 1].

4. 우리나라 장애인 등급제도

우리나라는 장애인복지법 시행령 제2조와 [별표 1]을 통하여 장애의 종류와 기준을 정하고 있고, 시행규칙 제2조에서는 장애의 종류와 장애의 정도에 따라 등급을 판정하고 있다.

장애인 등록 신청은 본인이 하는 것을 원칙으로 하고 있으나, 18세 미만의 아동이나 중증장애인 등 본인이 직접 등록 신청하기가 어려운 경우에는 보호자가 신청을 대신하거나 전화로 신청을 할 수 있다. 장애인이 장애등급판정기준에 맞지 않거나 사망을 하게 될 경우에는 장애인 등록증을 반환해야 하며, 장애 상태가 변화되어 장애등급 조정이 필요한 경우에는 장애인 재진단 및 재판정을 받을 수 있다. 그러나 우리나라의 장애인 등록에 따른 장애등급 판정기준이 지나치게 의료적 측면에서의 손상기준으로 고려되고 있어 일상생활이나 사회생활에서의 장애 정도를 반영하여야 한다는 문제가 제기되고 있다. 특히 2010년 들어 보건복지부에서 장애인 활동보조서비스와 장애연금 등을 새롭게 신청하는 장애인들에게 장애의 상태와 등급심사에 대한 의무화를 시행하면서 장애등급의 문제가 본격적으로 표면화되기 시작하였다.

장애인 등급제도의 문제점은 무엇인가?

첫째, 장애인의 교육, 의료, 소득, 고용, 주거 등 다양한 복지 영역에서의 욕구들을 장애등급 한 가지로 평가하는 것이 타당하지 않다.

둘째는 인권의 문제이다. 사람을 분류하고 숫자로 등급을 정하는 것은 그 자체가 반인권적이다(노컷뉴스 2019. 8. 2).

보건복지부에서는 "장애등급제 단계적 폐지 및 종합지원체계 구축"을 위한 개정안이 2017년 12월 국회를 통과하게 되어, 2019년 7월 1일부터 시행됨을 발표하였다.

이 법 시행에 필요한 세부사항은 다음과 같다(보건복지부 보도자료, 2018. 12).

① 장애인은 장애의 정도에 따라 '장애의 정도가 심한 장애인'과 '장애의 정도가 심하지 않은 장애인'으로 구분한다(시행령 안 제2조, 시행규칙 안 제2조 및 별표 1 등)

장애인복지법 개정으로 인하여 장애등급이 장애정도로 변경됨에 따라 종전의 등록 장애인은 1급부터 6급으로 나누어 부여받았으나, 앞으로는 장애의 정도가 심한 장애인(종전의 1~3급 장애인)과 장애의 정도가 심하지 않은 장애인(종전의 4~6급 장애인)으로 간단하게 구분된다. 이전에는 등록 장애인에게 의학적 상태에 따라 1급부터 6급까지 세분화하여 등급을 부여하고, 이 등급을 각종 서비스혜택의 절대적 기준으로 활용해 왔기 때문에 장애인의 서비스 필요도와 서비스의 목적이 불일치하게 되는 문제가 있었다.

장애의 구분은 장애의 정도가 심한 경우와 그렇지 않은 경우로 간단하게 단순화하여, 서비스에 대한 지원을 할 때 참고자료로만 활용하고 주요 서비스에 대한 수급자격은 별도의 자격심사를 통하여 결정함으로써 꼭 필요한 장애인들이 지원을 받을 수 있도록 조정한다.

장애등급을 폐지하면서, 장애의 정도에 따른 구분들을 유지하는 것은 그동안 서비스 기준으로 인정되어 온 우대혜택과 사회적인 배려를 최대한으로 유지하기 위한 목적이다. 다만, 장애의 정도에 따른 이러한 구분이 또 하나의 서비스 기준으로 고착이 되지 않도록 보건복지부에서는 장애계, 관계부처, 지방자치단체와 협력하여 개별 서비스 목적에 부합한 합리적인 지원기준을 지속적으로 확대해 나간다는 계획이다.

② 장애인 맞춤형 서비스를 위한 지원서비스 종합조사를 도입한다(시행령 안 제20조의3 및 제20조의4, 시행규칙 안 제18조의2 및 제18조의3).

장애인 활동지원 급여, 거주시설 이용, 보조기기 교부, 응급안전서비스를 신청하는 경우에는 장애인의 서비스 필요도에 대하여 종합적으로 평가하는 서비스 지원 종합조사를 통하여 수급자격과 급여량이 결정된다.

이전에는 서비스의 기준으로 장애등급을 활용하였기 때문에 실제적인 필요도와 상관없이 등급이 높아서 서비스를 이용하게 되거나, 서비스를 필요로 하지만 등급이 낮아서 신청을 하지 못하는 사례가 있었다. 앞으로는 장애인 서비스 지원 종합조사를 통하여 서비스를 지원함으로써 서비스가 꼭 필요한 장애인이 이용할 수 있도록 조정한다.

2019년 7월에는 활동지원서비스 등 일상생활지원 분야의 4개 서비스에 대한 종합조사를 우선적으로 적용하고 소득·고용지원, 이동지원 분야의 서비스에 대해서도 적합한 평가의 도구를 마련하여 2020년에 단계적으로 확대한다. 이를 도식화하면 |그림 1-4|와 같다.

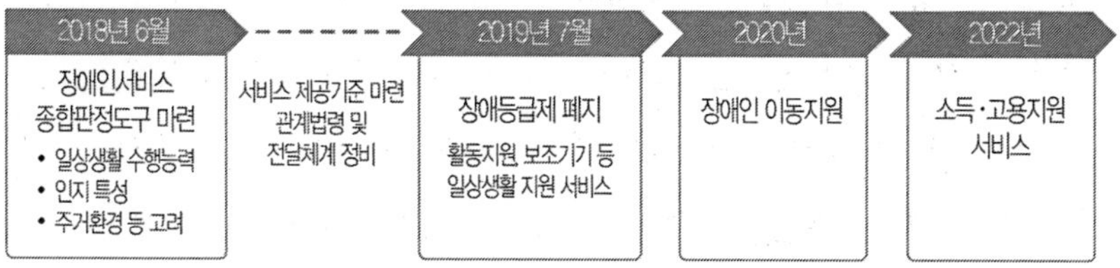

|그림 1-4| 맞춤형 서비스를 위한 서비스 조사 단계

출처 : 보건복지부(2018).

③ 이미 등록된 장애인이면 심사를 다시 받을 필요가 없다(시행규칙 부칙 제4조).

2019년 7월부터 장애등급은 없어지지만 종전의 1~3급 장애인은 '장애정도가 심한 장애인', 4~6급 장애인은 '장애정도가 심하지 않은 장애인'으로 그대로 인정되기 때문에 장애에 대한 심사를 다시 받거나 장애인 등록증을 새로 발급받아야 할 필요는 없다.

보건복지부는 장애등급제의 폐지와 더불어 장애인들의 지역사회에서의 자립생활을 위해 '장애인 맞춤형 전달체계 구축'을 함께 추진하고 있다. 이전에는 서비스 내용에 대해 쉽게 알기 어려운 발달장애인과 거동이 불편한 중증장애인 등은 서비스를 받을 수 있음에도 불구하고 신청을 하지 못하여 서비스를 이용하지 못하는 사례가 많았다. 2017년 장애인실태조사에서 64.2%가 "장애등록 후 서비스 지원을 받지 못하고 있음"으로 나타났다.

서비스 지원은 장애등급에 의하여 결정되었기 때문에 일선 지방자치단체에서는 장애인들의 다양한 욕구에 귀를 기울이고, 필요한 서비스를 찾으려는 노력이 부족했다. 앞으로는 이러한 문제를 해소하고 장애인들이 필요로 하는 서비스를 쉽게 찾아 신청할 수 있도록 장애인의 특성을 고려한 접근성 높은 장애인복지 전달체계를 구축한다.

구체적으로 읍면동 맞춤형 복지팀과 장애인복지시설, 장애인복지관, 발달장애인지원센터가 서로 협력하여 독거중증장애인, 취약가구 등에 대한 찾아가는 상담서비스를 확대한다. 더불어, 시군구에 장애인을 전담하는 민관협의체를 설치하여 읍면동에서 해결하기 어려운 장애인 가구에 대해서는 지역사회의 민간자원들을 연계하고 지속적으로 사례관리를 실시한다.

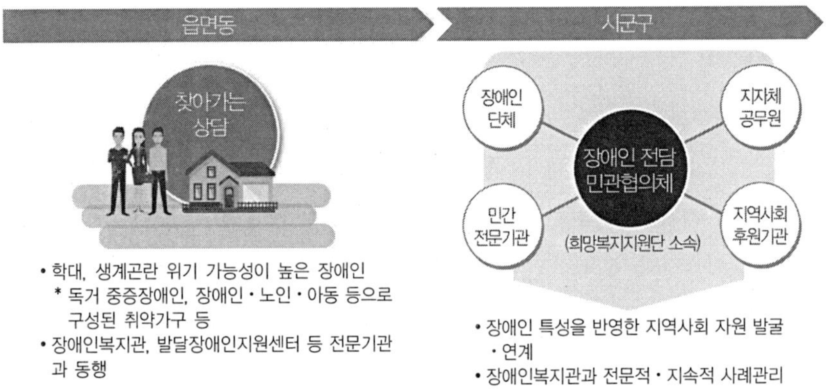

|그림 1-5| 장애인 맞춤형 전달체계

출처 : 보건복지부(2018).

보건복지부 사회복지정책실에서는 장애등급제 폐지가 장애인 정책의 패러다임을 공급자 중심에서 수요자인 장애인 중심으로 변화시키는 중요한 전환점이라고 평가하며, 장애인의 지역사회 자립과 사회참여를 목표로 장애계, 전문가, 관계부처 등과 항상 소통하고 협력하며 장애인 정책을 발전시켜 나갈 것이라고 밝혔다(보건복지부, 2018).

CHAPTER

02 | 장애인복지의 이해

학·습·목·표

1. 장애인복지의 개념과 변화과정을 설명할 수 있다.
2. 장애인복지의 목적과 목표를 이해할 수 있다.
3. 장애인복지의 필요성과 특성을 이해할 수 있다.
4. 장애인복지의 이념에 대하여 이해할 수 있다.

1. 장애인복지의 개념

장애인복지는 '장애인(the disabled 또는 people with disability)'과 '복지(welfare)'가 합쳐진 합성어이다. 웹스터사전에 의하면 'welfare'는 안락하고 만족스러운 생활의 상태 또는 건강과 번영, 안녕(well-being)의 상태를 의미한다. 따라서 장애인복지는 장애인들이 모든 생활에 만족하고 평안함을 누릴 수 있도록 원조를 하는 총체적인 제반 활동으로 정의할 수 있다.

WHO(세계보건기구)에서는 장애인복지를 교육적·사회적·직업적·의료적 서비스를 통합적으로 사용하여 장애인을 훈련시키고 재훈련시켜 개인의 기능적 능력을 회복시켜 가능한 수준으로 최대한 높이는 것으로 정의하고 있다. 즉, 장애인의 완전한 사회참여와 평등을 전제로 장애인의 사회통합과 사회참여를 통해 인간다운 삶을 영위해 나갈 수 있는 생활여건을 조성하며, 장애인이 스스로 자아실현을 이룰 수 있도록 하는 모든 노력이라 할 수 있다. 국립재활전문의원회(미국)에서는 장애인의 신체적·정신적·사회적·직업적·경제적 가용능력을 최대한으로 회복시키는 것으로 정의하고 있다(이재풍·곽종형, 2015).

종합적 의미로 장애인복지는 사회복지의 한 분야로, 심신의 손상으로 인하여 사회생활이 곤란한 경우 교육적 · 직업적 · 의료적 · 심리적 · 사회적 재활서비스가 제공되며, 물리적 환경의 조성과 사회적 인식의 개선 등 모든 분야에서의 사회생활이 보장되고, 장애인이 심리적 · 사회적으로 안정된 삶을 영위하도록 원조하는 국가와 사회의 조직적 노력의 총체이다.

우리나라 장애인복지법에서의 장애인복지란 "장애인의 완전한 사회참여를 통한 사회통합을 목적으로 심신의 결함으로 인하여 가정생활, 사회생활에 곤란을 가지게 되는 것을 국가나 민간 사회복지기관이 의료적 · 교육적 · 직업적 · 사회적 제 문제에 걸쳐 원조하는 제도적 · 정책적 서비스의 조직적 활동과 노력이다"라고 규정되어 있으며, 1981년 '세계장애인의 해'를 제정하면서 장애인복지에서 완전참여와 평등, 사회통합, 소비자 중심을 강조하였다(고명석 외, 2016).

장애인복지의 개념은 두 가지 시각의 관점에서 정의될 수 있다.

① 목적개념

- 사회적 상황이 장애인에게 있어서 바람직한 상태
- 인간의 생명 그 자체가 가치, 능력을 회복하며 충실한 생활을 영위하는 것이 이상적인 목표
- 인간의 전체적 발달의 기회 보장이 장애인복지의 이념이며 목표
- 존엄성 보장, 인간으로서의 권리 회복, 갱생과 정상화, '완전 참여와 평등' 같은 가치가 주요 쟁점

② 실체개념

- 정책, 제도, 원조활동 등의 협의의 장애인복지
- 교육, 노동, 위생 등의 관련 시책을 포함한 광의의 장애인복지

장애인복지의 두 가지 측면(목적개념과 실체개념)의 개념은 따로 존재하는 것이 아니라 서로 관련되어 있다. 즉, 이념과 목표에 따라 대책을 위한 상황들을 묻고 문제점을 찾아 강구책을 구상함으로써 장애인복지가 실현되는 것이다.

종합하면 장애인복지는 장애인의 인격적인 존엄성과 인간적인 권리의 회복, 자립에의 노력과 사회참여의 기회보장 등에 입각하여, 장애인 본인의 노력과 국가 및 지방 공공단체가 장애인의 재활을 원조함을 의미하며, 장애인에게 필요한 보호를 행하게 되고 국민도 재활에 협력한다는 책무를 짐으로써 비장애인과 같은 생활조건으로 생활안정을 누릴 수 있도록 하는 것을 의미한다.

2. 장애인복지의 목적 및 목표

장애인복지의 목적은 정상화(normalization) 이념과 인권존중의 이념에 기초하여 장애인을 사회로 복귀하도록 하는 것이 중요하다. 따라서 장애인복지는 장애로 인해 생활이 곤란한 자에 대하여 의료적 · 교육적 · 직업적 · 사회적 · 심리적 재활 등을 통하여 사회복귀를 도모하고, 경제적 · 문화적 · 교육적 기회 등에서 차별과 편견으로부터 보호하여 장애인이 가지고 있는 사회적 차별이나 편견을 해소시키며, 주체적 인간으로서의 자립생활을 보장해 주고, 장애인에 대한 새로운 가치관의 정립을 일반국민의 의식 속에 정착시켜 사회통합을 이루는 데 목적을 두고 있다(고명석 외, 2016).

① 장애인의 정상적인 사회생활(장애인의 총체적인 생활의 복지수준)

② 장애인복지가 추구하는 이념을 달성할 수 있는 현실적 가치

③ 이념의 구성 형태에 따라 목표는 두 개의 수단적 목표로 분석되고, 역으로 이들 수단적 목표의 통합적인 형태로 체계화된다.

1) 궁극적 목적 : 장애인의 사회통합

장애인복지의 궁극적 목적인 사회통합은 장애인복지의 추상적 개념이 궁극적으로 달성하고자 하는 가치이다. 이념으로서의 사회통합은 이상적 가치관념으로서의 추상적 개념이며, 목적으로서의 장애인 사회통합은 장애인복지 과정을 통하여 장애인 개인이 사회적 역할에 대한 기대에 대응을 할 수 있는 능력을 가지고, 자유롭게 사회에 접근할 수 있도록 사회적 환경을 조성하게 되면, 장애인의 인간다운 사회생활이 현실적으로 이루어지는 궁극적 도달점이 된다.

2) 수단적 목표

개인주의적 이념(인간의 존엄성 존중, 생존권 존중, 생명존중)과 집합주의적 이념(사회접근권 보장, 기회균등권 보장)을 달성할 수 있는 가시적인 현실가치에 그 목표를 두고 있다.

① 개인의 전인적 능력 개발

'인간의 존엄성 존중, 생존권 존중, 생명존중' 등을 가시적 현실 가치로 전환시키는 것이다. 장애인은 장애로 인하여 능력이 손상 내지는 손실되었다 할지라도 잔존능력과 잠재능력을 지니고 있으므로, 장애인복지를 통해 잠재능력과 잔존능력을 촉진하고 개발하여 주체적 능력으로 전환시켜 '장애인 개인의 전인적 능력 개발'을 이루고자 한다. 따라서 장애인복지의 궁극적 목적인 '장애인의 사회통합'을 위해서는 그 전 단계로서 '장애인의 전인적 능력 개발'을 먼저 달성하는 것을 필수조건으로 하여, 장애인복지의 궁극적 목적을 달성하는 것이 수단적 목표가 된다.

② 사회환경 개선

'기회균등권 보장, 사회접근권 보장' 등을 가시적 현실 가치로 전환시키는 것이다. 사회환경은 일반적으로 비장애인을 기준으로 하여 형성되어 있기 때문에 장애인들이 접근할 수 없는 사회적 장애물들이 빈번하게 나타난다. 장애인복지를 통하여 장애인들이 접근할 수 없는 사회환경을 쉽게 접근할 수 있는 사회환경으로 개선하는 것이 장애인복지의 목표 중 하나가 되어야 한다. 따라서 장애인의 정상적인 사회생활(사회통합)은 장애인 개인의 전인적 능력 개발을 넘어 장애인이 공존할 수 있는 사회환경 개선을 수단으로 성취될 수 있도록 하는 것이다.

<표 2-1> 장애인복지의 이념과 목적

<table>
<tr><th colspan="2" rowspan="2">장애인복지의 이념</th><th colspan="2">이념의 현실적 가치(목적)</th></tr>
<tr><th>수단적 목표</th><th>궁극적 목표</th></tr>
<tr><td>개인주의적 이념
(존엄성 존중, 생명존중,
생존권 존중 등 기본권 추구)</td><td rowspan="2">통합주의적 이념
(개인주의적 이념과
집합주의적 이념의 통합)
즉, 사회통합</td><td>개인의 전인적
능력 회복</td><td rowspan="2">사회적 통합
(총체적 생활의
복지수준)</td></tr>
<tr><td>집합주의적 이념
(사회접근 보장, 기회균등
보장 등 공존사회 추구)</td><td>사회환경 개선</td></tr>
</table>

출처 : 이재풍 · 곽종형(2015).

3. 장애인복지의 필요성 및 특성

1) 장애인복지의 필요성

장애인복지는 현재 장애를 가지고 있는 장애인만을 위한 것이 아니라 사회의 모든 성원을 위한 것으로서, 첫째, 산업화에 따른 장애 유발 요인의 증대, 둘째, 사회적 부담의 경감, 셋째, 장애가 사회환경에 미치는 부정적 효과의 최소화, 넷째, 인간의 존엄성과 국민의 권리보장 등의 이유로 인해 그 당위성이 부여된다(이재풍 · 곽종형, 2015).

(1) 산업화에 따른 장애 유발 요인의 증대

① 과학기술의 발전은 인류의 행복을 증진시키고, 생활의 편리함을 도모시킨 반면, 그 부작용으로 인하여 산업재해 및 교통사고, 공해나 각종 오염 등과 같은 인간 파괴의 요인을 증대시켰다.

② 의학기술의 발달은 노령이나 사고 등으로 인한 사망률을 감소시킨 반면, 수많은 장애인을 양산시켰다.

③ 우리 주변에는 항상 사고의 위험이 있어 누구든 장애인이 될 가능성이 있다. 이러한 측면에서 볼 때 모든 사회 구성원은 잠재적 장애인이라고 볼 수 있으므로, 장애인복지는 현재 장애를 가지고 있는 장애인이나 그 가족은 물론 모든 사회 구성원을 대상으로 하여 생각해 보아야 한다.

(2) 사회적 부담의 경감

① 중증 장애인의 보호와 심신에 일부 장애를 가진 사람들의 재활과 사회적 통합에 그 주안점을 가지고 있다.

② 사회적 부담을 경감시키는 생산적 측면을 가지고 있다.

③ 각종 지원 및 배려를 통해 장애인의 장애정도를 최소화한다.

④ 장애인의 잔존 능력의 개발을 통해 사회 구성원으로서의 역할과 일익을 담당하게 한다.

⑤ 장애인을 의존적 비경제활동 집단에서 경제활동 집단으로 끌어내어 생산활동에 기여하게 한다.

⑥ 효율적인 장애인복지는 소비적인 측면보다 장애인의 재활을 지원하고 격려해야 한다.

(3) 장애가 사회환경에 미치는 부정적 효과의 최소화

① 중증 장애인의 경우 그 가정은 경제적 · 물리적 · 정신적 · 신체적 측면에서 과중한 부담을 받게 된다.

② 가족의 문제는 지역사회에도 부정적인 영향을 미칠 수 있다.

③ 예방 차원에서 장애인이 보호받을 수 있는, 일시 위탁시설 및 장애인 요양시설 또는 간병인 파견 서비스 등의 원조체계 형성을 통해 부정적 효과를 최소화할 수 있다.

(4) 인간의 존엄성과 국민의 권리보장

① 세계인권선언에서 '인간은 태어나면서부터 모두 자유이며, 존엄함과 권리에 있어 평등하다'는 인간의 권리에 따라 인간은 장애가 있든 없든 간에 인간답게 생활하며, 인간으로서의 그 존엄성을 존중받고 살 권리를 지니고 있다.

② 장애인복지는 장애인의 잠재능력 및 문제해결능력을 향상시킨다.

③ 장애인복지는 장애인을 둘러싸고 있는 경제적, 사회 · 문화적 환경을 개선한다.

④ 장애인복지는 장애인이 사회의 한 구성원으로서 가치 있는 역할들을 수행하며 인간답게 살아갈 수 있도록 돕는 역할을 한다.

따라서 장애인의 인간으로서의 존엄성을 인정받고 살 권리를 보장하기 위하여 장애인복지는 핵심적인 필요성과 의의가 있다.

2) 장애인복지의 특성

장애인복지는 그 대상이 오직 장애인이라는 측면에서 독특한 특성을 지닌다. 이와 같이 장애인복지가 가지는 특성은 장애인복지의 복잡성, 총합성, 운동성, 발달 보장의 권리성으로 요약할 수 있다(이재풍·곽종형, 2015).

(1) 복잡성

① 장애라는 사실로부터 발생되는 여러 문제(학교 입학의 어려움, 가족의 결혼에 나쁜 영향, 취직난)들이 있다.

② 장애인의 문제는 중증화되면서 복잡한 구조가 되었다.

③ 복잡한 양상을 드러내는 장애인들의 문제 저변에는 사회 전체의 그릇된 장애인관이 있다.

(2) 종합성

① 장애인복지는 사회복지 전반의 문제이다.

② 사회복지학뿐 아니라 의학, 교육학, 심리학, 사회학, 공학, 건축학 등의 과제이기도 하다.

(3) 운동성

① 장애인의 권리의식 제고와 더불어 장애인 권리 보장 운동이 필요하다.

② 장애인에 대한 이해를 높이면서 '더불어 산다'고 하는 공감관계를 육성한다.

③ 장애인의 위치는 구제 대상에서 권리 주체로 변화되고 있다.

(4) 발달 보장의 권리성

① 인간의 발달은 기본적으로 공통된 기제를 가진다.

② 장애인에게도 부모, 또래집단, 교사, 지역사회 등의 풍부한 교육적·사회적 관계가 필요하다.

4. 장애인복지의 이념

장애인복지의 이념은 인간존엄성의 실현을 기본 이념으로 하고 있다. UN총회는 '세계인권선언(1948)'을 근거로 1970년에 '장애인재활 10년선언'을 채택했고 1971년에는 '정신지체인 권리선언'을 제창하였으며, 1975년에는 '신체장애인 권리선언'을 1976년에는 '국제장애인의 해(1981년)'를 선언하였다.

이상의 국제선언들이 내포하고 있는 공통된 기본 정신에 따라 장애인도 인간으로서 존중받아야 하며 스스로의 삶을 결정하고 가치 있는 삶을 누릴 수 있도록 지원해야 한다. 이러한 점에서 장애인복지의 이념은 다음과 같은 기본 이념의 원칙이 지켜져야 한다.

1) 인권존중 이념

인권존중은 모든 인간에게 적용되며, 모든 인간에 대한 평등과 보편적인 존중의 이념이라고 할 수 있다. 모든 인간은 인간으로서 존엄한 존재이며 자신의 자유와 안녕 및 복리를 향유할 권리를 갖는다.

장애인에게 권리가 있다는 것은 장애인도 인간이라는 것, 그 사람이 존재한다는 것으로 '인간은 누구나 다 인간으로서 존엄하고 평등한 가치를 가진다'는 인식을 기반으로 한다. 특히 장애인복지법 제4조에서 "장애인은 인간으로서 존엄과 가치를 존중받으며 그에 걸맞은 대우를 받는다. 장애인은 국가·사회의 구성원으로서 정치·경제·사회·문화 그 밖의 모든 분야의 활동에 참여할 권리를 가진다. 장애인은 장애인 관련 정책결정 과정에 우선적으로 참여할 권리가 있다"고 규정하고 있다.

이는 사회복지에 있어서 가장 기본적인 가치라고 할 수 있다. 그러므로 장애인복지는 인간의 존엄성과 인권존중에서 비롯되며 불평등과 차별에 대항해서 평등사회를 달성하기 위한 가치이며 원리라고 할 수 있다.

2) 평등 이념

평등은 자원의 재분배를 통하여 사회 구성원의 삶의 질을 골고루 향상시키고자 하는 보편주의적 제도를 의미한다. 장애인의 평등은 장애인에 대한 처우가 정의와 공익을 바탕으로 결정될 때 이루어질 수 있다.

UN의 세계인권선언(1948)에 의하면 인간은 어떠한 심신의 상황에 처해 있더라도 사회권과 자유권의 주체로서 존재해야 한다고 주장한다. 즉, 신체적·정신적·사회적 능력의 손상으로 장애를 가지고 있는 사람도 비장애인과 동일한 의무와 권리가 인정되고 평등한 기회를 보장받아야 하며 이것은 장애인복지를 위한 원칙의 시작이라고 할 수 있다(신기원 외, 2017).

장애인의 차별과 편견이 팽배되어 있는 사회적 의식은 현실적으로 장애인에 관한 법이나 제도적인 측면에서 평등보장에 부정적인 영향을 미칠 수 있다. 따라서 우리나라의 사회에서 장애인에 대해서 뿌리 깊이 박혀 있는 편견이나 차별에 대한 평등의식이 존중되지 않는 한 장애인복지는 발전이 없을 것이다.

3) 정상화 이념

정상화 이념은 모든 사람은 정상적인 생활을 영위할 권리를 가지고 있다는 것이다. 정상화(normalization)는 장애를 가진 사람을 장애인으로 특별한 대우를 하는 것이 아니라 지역사회에서 비장애인과 동등한 대우를 받고, 보편적인 생활을 당연히 영위할 수 있도록 하여, 비장애인과 더불어 살아갈 수 있도록 하는 그 자체가 인간다운 삶으로서의 정상화를 위한 참모습이라 할 수 있다.

즉, 정상화 이념은 지역사회의 다양성을 준중하고 개인적인 경험과 이웃과의 교류를 통하여 지역사회에서 동등하게 가치 있는 역할을 수행할 수 있도록 생활이 보장되는 것을 의미한다. 이러한 정상화 이념은 계속해서 발전되면서 장애인복지 분야에서 서비스 제공에 있어서의 가장 강력한 기준으로 자리 잡게 되었다.

4) 자립생활 이념

자립생활이란 '정신적, 신체적, 사회적, 경제적으로 다른 사람에게 의존하지 않고 생활을 스스로 영위하는 것'을 말한다.

자립생활은 타인에게 의존하지 않고 자신의 삶을 스스로 선택하고 결정하며 자신의 생활 전반에 대하여 통제력을 가지고 있음을 중요시한다. 즉, 장애인 자신이 어디에서 누구와 함께 살 것인지, 어떠한 생활방식을 선택할 것인지, 자신의 경제적 상황과 시간 등을 어떻게 소비하고 활용할 것인지를 결정하는 것이다.

따라서 자립생활 이념은 장애인 본인이 생활의 주인이 되어 생활의 주체자로서 자기선택권과 자기결정권을 행사하며 자신의 생활 전반에 대한 통제권을 가지고 살아가는 것에 대한 장애 당사자의 욕구와 선택을 중요시하는 이념이다.

5) 사회통합 이념

장애인복지의 최대 목표는 모든 장애인이 기존 사회에서 평등한 인간으로서 완전한 참여를 하게 되는 사회적 통합에 있다.

사회통합이 기본적인 가치이념으로 간주되는 이유는 첫째, 장애가 있는 사람도 인간이라는 기본적인 사실과, 둘째, 어떠한 사람도 장애로부터 자유롭지 않는 철학에 근거하고 있기 때문이다. 따라서 장애인의 사회통합은 우리 사회가 추구해야 하는 사회가치의 정당성을 갖는 이외에도 장애인과 비장애인을 포함한 우리 사회의 모든 구성원이 공감하는 목표이기도 한 것이다(신기원 외, 2017).

사회통합의 이념은 개인이 가치 있는 방법에 의해 지역사회 안에서 정상적인 인격체의 개인으로서 사회에 성공적으로 참여하게 하는 데 있다.

장애인복지의 이념에 있어서의 사회통합은 장애를 가지고 있는 사람들이 지역사회 안에서 인격적인 개인으로서 성공적인 활동을 위해 지역사회 구성원과 함께 참여하게 하는 것이다. 즉, 통합화의 과정은 장애인과 비장애인들이 서로 공동·협력해 갈 가능성을 위하여 조건 추구를 지향하는 과정을 말한다.

따라서 장애인의 사회통합은 장애인 평등의 기초 위에서 장애인이 사회의 한 부분이 되어 그들이 속한 사회·문화적 활동에 참여하는 것을 의미한다. 장애인이 비장애인에 비해 열등하다거나 일탈된 계층으로 취급되지 않고, 장애는 있으나 지역사회의 한 구성원으로 책임과 의무를 실천할 능력이 있는 평범한 인간으로 인식될 때 비로소 장애인이 사회에 완전히 통합되었다고 할 수 있다(김용환 외, 2018).

CHAPTER

03 | 장애인복지의 역사

학·습·목·표

1. 서구 장애인복지의 역사와 발달과정을 살펴본다.
2. 우리나라 장애인복지의 역사와 발달과정을 살펴본다.

1. 서구 장애인복지의 역사

장애에 대한 역사적 변천 과정은 고대시대부터 중세, 근대, 현대시대에 이르기까지 시대의 변천과 더불어 문화·사상·교육·산업·의학의 이념적 배경에 의하여 발전해 왔다. 이러한 역사적 변천과정에 따라 크게 네 가지로 나누어 고대, 중세, 근대, 현대시대로 구분하여 살펴보고자 한다.

1) 고대시대

고대사회는 자기생명의 보존과 종족의 보존이 가장 중요한 관심사였다. 건강한 신체를 가진 개인은 종족보존의 노동력이자 전투력의 수단이 되었으며, 자연적으로 부족의 생존 투쟁에 도움을 주지 못하는 장애인은 도태되거나 유기·살해될 수밖에 없었다.

고대 그리스인들은 신체의 건강과 미(美)를 추구하는 풍습으로 난쟁이, 척추장애인, 청각·언어 장애인, 지체장애인 등을 추한 인간의 표본으로 생각하여 산중에 버려 아사시켰다.

로마인들은 청각장애인들을 리베르 강에 던져 익사시키거나 투기장과 흥행장, 귀족 연회의 노리갯감으로 학대하였으며, 네로왕은 장애인을 활쏘기 연습의 표적으로 삼아 학살하기도 하였다(정하선 외, 2018).

스파르타(Sparta)의 리쿠르고스(Lycurgus) 법전에 의하면 국가적 번영과 인간 최고의 존엄이라는 사상에 입각하여 출생 후 첫 주에 모든 유아들에 대한 신체검사를 실시하여 잠재적 장애를 지닌 아동을 제거했는데, 신체허약자, 지능열등자, 장애를 지닌 사람들은 산중에 버리는 것이 허용되었다(김용환 외, 2018).

고대사회에서는 지역마다 문화적 특수성의 차이는 있었지만 미신적인 시대로 과학적인 이해가 전혀 이루어지지 못해 장애인을 유기, 학대하였다. 그러나 당시에도 종교적 동기에서 장애인 보호사상이 발견된다. 특히 유대의 기독교 사상에서 장애인 보호와 장애인 권리에 대한 근거들을 찾아볼 수 있다.

고대사회를 정서적으로 지배하였던 기독교 사상에서는 장애인들을 보호하는 사상과 장애인의 권리에 대하여 언급되어 있다. 첫째, 구약성서에서 장애인도 하나님의 형상대로 창조된 존엄한 존재이며, 장애인이 있게 된 것은 하나님의 뜻이므로, 장애인을 보호해야 한다는 장애인에 대한 긍정적인 견해를 찾아볼 수 있지만 동시에 장애인에 대해 죄의 대가로 보는 부정적인 견해를 함께 엿볼 수 있다. 둘째, 신약성서는 장애인관에 대하여 시대적 한계에도 불구하고 장애인에 대한 적극적이고 긍정적인 인식을 표현하였다(이채식 외, 2018). 이러한 고대 기독교사상은 장애인을 비롯한 약자의 보호와 서구 인권사상 형성에 큰 영향을 미쳤다.

2) 중세시대

중세사회는 기독교와 박애사상의 영향으로 빈민과 장애인에 대한 구제보호사상이 태동된 시기이다. 중세 초기의 장애인복지 이념은 그리스로마시대와 별다른 차이를 발견할 수는 없으나, 중세 말에 르네상스 휴머니즘의 영향을 받아 장애인도 인간의 존엄성 차원에서 보호받아야 될 대상으로 받아들여졌다. 특히 기독교 사상을 바탕으로 모든 인간은 하나님 앞에 동등한 권리와 의무를 갖는다는 신념에서 장애인에 대한 구제와 자선이 싹트기 시작하였다. 물론 이 시기에도 장애인에 대한 학대나 유기가 사라진 것은 아니었고 여전히 사회의 일반적 현상이었다.

기독교 로마의 국교로 공인된 이후, 그리스나 로마의 장애인 학대는 자비와 동정으로 변화하면서 중세 초기의 교회는 빈민, 장애인 보호를 위한 시설을 설립하였다(김용환 외, 2018). 이러한 중세 초기 기독교 사상의 확대와 함께 나타나게 된 산발적 시설보호는 후에 수도원을 중심으로 한 보호와 구제로 이어졌으며, 이것은 봉건체제의 붕괴와 산업화에 따른 신흥 도시의 발달과 함께 장애인에 대한 보호와 구제사업은 도시를 중심으로 행하여지기 시작했다.

중세 기독교 사상을 바탕으로 한 장애인의 보호와 구제는 당시의 장애인을 무능력한 존재이며 저주의 대상, 편견·학대·유기의 대상으로 여겼던 부정적 인식에서 벗어나 인간에 대한 존엄성과 사회적 약자의 보호와 구제라는 인식으로의 변화를 가져오게 되었다. 그러나 이러한 중세 기독교 사상을 바탕으로 한 장애인에 대한 자선과 박애는 근대적 의미의 장애인에 대한 평등한 권리를 찾고 인식하는 데에는 한계를 보여주고 있다.

3) 근대시대

근대사회에서는 르네상스 운동과 종교개혁, 교육사상의 변화, 의학의 발전, 철학사상의 변화 등으로 인해 장애인에 대한 인식이 크게 변화되는 계기를 마련한 시대이다.

르네상스운동은 인문주의 교육사상인 인간중심주의로 변화하고자 한 문예운동으로 장애인의 본성과 본질을 현실적 근거에 의해 합리적으로 이해하도록 하였으며, 장애인들의 교육적 가능성을 탐색하도록 하였다(이채식 외, 2018).

종교개혁은 이러한 르네상스 문예부흥 운동의 연장으로 인간의 자율적이며 주체적인 체험적 신앙을 통해 신과 하나 될 수 있다고 보았으며 장애인 또한 그리스도교인이 될 수 있다고 주장하였다.

종교개혁은 교육 사상에도 영향을 미쳐 장애인에 대한 교육 가능성을 찾고자 교육은 빈부, 성별, 능력, 계급에 관계없이 모든 국민을 대상으로 하는 보통 교육이어야 한다고 주장함과 동시에 교육의 국가적 관리와 책임을 가져오게 하였다(정하선 외, 2018).

의학의 발달은 장애에 대한 병리적인 접근을 과학적으로 해명함으로써 기존에 팽배하던 미신적 편견에 의한 장애에 대한 운명론을 극복하게 하였으며, 인간의 장애를 이해하게 되었다.

과학의 발달과 함께 의학적 관점에서 장애에 대한 이해는 생리학, 의학, 심리학, 사회학 등의 학문에서 심신장애인의 원인 규명과 그들을 위한 특수교육을 촉진시켰다.

철학 사상의 변화는 지금까지 내려오던 장애인에 대한 편견·미신 등을 타파하고 전통적 장애인관을 시정하는 사상적 기반을 마련하였다.

영국의 경험론적 철학자인 베이컨은 인간 이해에 있어 일체의 선입견적 편견을 일소할 것을 주장하였고 이러한 철학적 사상은 지금까지의 부정적 장애인관을 시정하고 실학주의 사조의 영향으로 교육방법론에 있어 장애아동에 대한 교육의 가능성을 한층 더 열게 되었다(정하선 외, 2018). 그러나 근대에 있어서도 장애인에 대한 차별과 편견은 일반적 사회통념으로 이어져 내려와 장애인복지의 제도적 발전은 괄목할 만한 것이 못 되었다.

4) 현대시대

현대시대의 장애인복지의 전환점이 된 두 차례에 걸친 세계대전을 겪으면서 상이군인들의 장애를 개인의 문제가 아닌 국가의 책임으로 인정하면서부터 장애인복지가 시작되었다고 볼 수 있다. 현대시대의 장애인복지 발달과정은 태동기, 전환기, 발전기, 도약기로 구분하여 살펴보고자 한다.

(1) 제1기 태동기(1910~1960년대)

이 시기에는 전쟁으로 장애인이 된 퇴역상이군인을 위한 직업재활, 의료재활을 중심으로 장애인 제도가 마련되기 시작하였으며 이를 계기로 영국과 이탈리아, 프랑스, 독일 등에서 장애인의 고용에 관한 법률을 적극적으로 제정하였다. 이 시기의 장애인복지의 발달과정을 연도별로 살펴보면 〈표 3-1〉과 같다.

<표 3-1> 태동기 장애인복지의 발달과정

연 도	내 용
1919년	영국 퇴역상이군인을 일정 이상 고용하도록 하는 고용주의 방명록 제도 실시
1920년	미국 직업재활법 제정
1921년	이탈리아 정신장애인의 고용의무법률 제정
1923년	제네바에서 퇴역상이군인을 중심으로 신체장애인 고용촉진 방안을 위한 회의 개최
1944년	영국 신체장애인고용법 제정
1947년	이탈리아 산재장애인 의무고용법 제정 후 국가봉사신체장애인 의무고용법, 맹인 의무고용법, 농아자 의무고용법 등 제정
1948년	UN총회 세계인권선언 발표
1953년	독일 신체장애인고용법 제정
1955년	프랑스 할당고용법 제정
1957년	프랑스 재활기본법 제정
1963년	벨기에 장애인고용법 제정
1967년	미국 직업재활과정에 대한 체계기반 강화
1969년	오스트리아 보호고용법 제정

출처 : 이재풍·곽종형(2015).

1955년에 열린 ILO 총회에서는 신체장애인의 직업재활에 관한 국제적 기준을 권고하게 되는데, 이 권고는 첫째, 신체장애인에게 차별 없이 근로자를 해고를 하지 않겠다는 약속하에 일정 비율의 신체장애인을 사용자가 고용할 것,

둘째, 신체장애인을 위해 지정 직종을 유보할 것, 셋째, 중증인 신체장애인에게 적당하다고 인정되는 직종에는 고용의 기회나 우선권을 주는 조치를 위할 것 등의 규정을 제시하였다(임종호 외, 2018).

(2) 제2기 전환기(1970년대)

1970년대에 들어오면서 장애인복지에 대한 국제적 동향은 장애인 인권선언과 정상화 운동의 영향으로 종래의 의료재활, 교육재활, 직업재활 중심의 복지에 대한 반성이 이루어지면서 종래의 수용보호시설 중심의 복지로부터 지역사회복지 중심의 탈시설화와 지역사회보호 경향이 대두되었고 사회통합을 강조하는 복지형태로 변화를 가져오게 되었다. 이 시기의 장애인복지의 발달과정을 연도별로 살펴보면 〈표 3-2〉와 같다.

<표 3-2> 전환기 장애인복지의 발달과정

연 도	내 용
1970년	• UN총회 정상화 이념의 영향과 '세계인권선언(1948)'을 근거로 장애인재활 10년 선언 채택 • 영국 만성병 및 장애인법 제정 • 독일 연방정부의 장애인재활촉진을 위한 활동강령 발표 • 미국 발달장애인 서비스 및 시설건축물법 제정
1971년	UN총회 정신지체인 권리선언 채택
1975년	• UN총회 신체장애인 권리선언 채택 • 미국 장애아동교육법 통과
1978년	미국 장애인 부조 및 권리법 제정

출처 : 이재풍 · 곽종형(2015).

세계 최초로 '건축물 설치에 관한 미국기준설계서'가 작성된 후 1970년대에 들어와서는 영국, 스웨덴, 캐나다, 뉴질랜드, 서독, 일본 등의 선진국은 도로 · 공공시설 · 도시계획에 있어서 장애인 생활권의 장벽 제거 정책을 시행하게 되었다.

(3) 제3기 발전기(1980년대)

1980년대에 들어와 장애인복지 실현을 위한 국제적인 협력체계가 수립, 총체적 접근 형태의 장애인복지가 촉진되어 장애인복지의 발전기를 맞게 되었다. 이 시기의 장애인복지의 발달과정을 연도별로 살펴보면 〈표 3-3〉과 같다.

<표 3-3> 발전기 장애인복지의 발달과정

연 도	내 용
1980년	독일 1980년대의 재활활동 강령 제시
1981년	UN총회 1976년 결의에 따라 1981년을 국제장애인의 해로 선포, 완전한 참여와 평등을 주제로 세계적인 운동을 전개하였으며, 이를 계기로 모든 국가에서 장애정책의 지속적인 전기가 마련됨
1982년	UN회원국은 1983~1992년을 UN장애인 10년 행동계획으로 선포하고 구체적 지침으로 장애인에 관한 세계행동계획 발표
1984년	미국 발달장애인법 제정
1986년	• 영국 개정 장애인법(서비스・상담 및 대리) 제정 • 스웨덴 정신지체인 특별법 발효

출처 : 이재풍・곽종형(2015).

(4) 제4기 도약기(1990년 이후)

1990년대에 들어와서는 그동안의 1970년대와 1980년대에 걸쳐 구축한 장애인복지가 생활에 밀착해서 의료재활, 교육재활, 직업재활, 심리재활, 재활사회사업 분야의 전문가뿐만 아니라 장애인 당사자, 가족, 지역주민 및 정부의 정책적 참여에 따른 장애인의 사회통합을 위한 전인적 능력 개발과 사회접근성 보장을 위한 건축물 개선, 주택개선, 이동시스템 개선, 사회심리적 주민의식 개선 등의 사회환경의 변화가 병행되는 형태로 총체적 개념의 장애인복지가 형태를 갖추기 시작하였다(숭실대학교 장애인복지연구회, 2004; 정하선 외, 2018). 이 시기의 장애인복지의 발달과정을 연도별로 살펴보면 〈표 3-4〉와 같다.

<표 3-4> 도약기 장애인복지의 발달과정

연 도	내 용
1990년	• UN 장애인의 기회균등을 위한 표준규칙 채택 • 미국 미국장애인법 제정, 장애라는 이유로 차별을 받을 수 없다는 차별에 대한 보호조치로 만들게 됨
1992년	호주 장애인차별금지법 제정
1994년	스웨덴 장애인 옴부즈맨 사무소 설치 및 운영
1995년	영국 장애인차별금지법 제정
2002년	독일 연방 차원의 장애인평등법 제정

출처 : 이재풍·곽종형(2015).

2. 우리나라 장애인복지의 역사

우리나라 장애인복지의 역사는 정부수립 이전의 삼국시대, 고려시대, 조선시대, 일제강점기의 장애인을 위한 구휼제도와 정부수립 이후의 장애인복지 태동기, 생성기, 확대기, 도약기로 구분하여 살펴보고자 한다.

1) 정부수립 이전

삼국시대에는 장애인에 대한 국가의 구제활동과 제반 노력 등이 전개되었다. 장애인과 관련된 제도는 장애인과 병자에 대한 구분 없이 임시방편적 활동들이 전개되었다. 고려시대의 장애인에 대한 구제는 불교의 영향을 받아 제도화되는 경향을 보였다. 춘궁기나 재해로 인하여 재해빈민이 발생하게 되면 비축해 둔 곡식을 대여하여 가을이나 풍년에 상환하도록 하는 제도가 발달하였다. 의료구제활동으로 성종 때 의료기관인 대의감이 설립되었고, 예종 때 대의감 부속 약국을 설치하여 의료제도의 발전을 가져왔다. 또한 서민의 구료기관으로 혜민국을 설치하고 병자나 빈민, 고아, 노인, 폐질자, 걸식자 등을 구빈 시료하는 동서대비원이 설립되었다(이채식 외, 2018).

조선시대에는 유교사상의 영향을 받아 구휼사업이 전개되었다. 태조 2년에는 노약폐질자로 자립할 수 없는 자에게 노동의 면제하거나 구휼을 실시하였다. 세종 원년에는 환과고독(홀아비, 과부, 고아, 무의탁 노인), 폐질자에게 쌀과 콩 등으로 구제하였고, 특히 폐질자 모두에게는 노동을 면제하였다. 세조 3년에는 동서할인원을 설치하고, 장애인, 맹인에 대한 진휼을 실시하였으며, 맹인은 복술을, 절름발이는 그물 짜는 일을 할 수 있도록 하여 자립할 수 있게 하였다. 그 밖에 민간의 구제형태인 계나 향약이 있었으며, 향약의 네 가지 덕목 중 하나인 환난상휼은 조선시대의 가장 중심적인 사업으로 향리주민의 문제와 고난을 감소시키는 데 큰 업적이 있다(임종호 외, 2018). 이러한 조선시대의 장애인에 대한 구제대책은 맹인의 점술허가, 노약폐질자에 대한 구휼 및 노동면제 등 미흡한 구제책만 있었으며, 장애인을 위한 구제책은 가족이나 친족에 의존하는 경향을 보였다.

일제강점기에는 구휼정책이 대상에 따라 노동력이 없는 빈민이나 일시적으로 재해를 당한 사람들을 대상으로 한 구호사업을 전개하였다. 그러나 이러한 구호사업은 상황에 따라 임시적이고 즉흥적으로 이루었다. 1911년에는 재생원을 설립하여 맹아를 수용·보호하여 초등교육과 직업교육을 시켰으며, 1944년에는 조선구호령을 발표하고, 65세 이상 노약자, 13세 이하 아동, 임산부, 불구, 폐질, 질병 등 신체장애로 인하여 노동을 하지 못하는 자를 대상으로 구제를 실시하였다. 그러나 이 제도는 식민통치의 합리화와 정당화를 위한 수단으로 이용하기 위한 제도이다(고명석 외, 2016).

군정시대에는 사회복지정책 및 구호에 관한 각서가 '후생국보'에 발표되어 조선구호령과 함께 사용되었다. 장애인에 대한 복지는 일제강점기와 마찬가지로 독립적인 제도는 없었으며, 아동이나 부녀 문제에 포함하였다(윤선오·김우호, 2015).

<표 3-5> 정부수립 이전의 구제 사업

삼국시대	• 각종 규휼제도 : 환과고독, 노병빈핍 등 • 삼국시대 민생구휼제도 지속
고려시대	• 불교와 자비사상 영향으로 구제사업 제도화 • 진대제 • 독폐질자에 대한 구휼사업 지속
조선시대	• 환곡(곡식대여), 비황(재해대비), 의창(구제기관), 상평창(물가조절기관), 교제창(북부지역구제기관), 구황(흉년에 구제), 진휼(흉년에 구제), 진대(관곡대여), 의료(혜민서, 활인서 등) 구제기구
일제강점기	• 1944년 조선구호령(불구, 폐질, 상이, 질병, 기타 노동불능자, 거택보호사업) • 근대적 공공부조의 효시로 군사적 목적이 주 • 장애인을 위한 구휼사업보다 일반 구빈사업이 주
군정시대	• 장애인문제가 구빈문제나 아동, 부녀 문제에 포함

출처 : 이재풍·곽종형(2015).

2) 정부수립 이후

이 시기는 장애인복지가 태동하여 체계적으로 운영된 시기로 태동기, 생성기, 확대기, 도약기로 구분하여 살펴보고자 한다.

<표 3-6> 정부수립 이후의 장애인복지 과정

제1기 태동기	제2기 생성기	제3기 확대기	제4기 도약기
단순구호 단계	제도도입 단계	제도확립 단계	사회통합 단계
1980년대 이전	1981~1987	1988~1997	1998~

출처 : 이재풍·곽종형(2015).

(1) 제1기 태동기 : 시설중심의 단순구호 단계(1980년대 이전)

이 시기에는 한국전쟁 후 장애아 수용 보호, 상이군경을 위한 국가보훈사업 등이 전개되었으며, 주로 민간기관에 의한 장애인 재활사업의 원조활동을 전개하였다. 이 시기의 장애인복지의 발달과정을 연도별로 살펴보면 〈표 3-7〉과 같다.

<표 3-7> 우리나라 장애인복지 태동기의 발달과정

연 도	내 용
1949년	교육법 제정(장애인교육서비스의 제도적 기반 조성)
1950년	군사원호법 제정(상이군경을 위한 국가보훈사업 활성화, 시설개소, 1953년부터 연금지급)
1951년	경찰원호법 제정
1960년	개정 상속법 제정(세제 면에서 장애인 특례 인정 효시)
1961년	생활보호법 제정(재활시설 설립, 공적부조)
1963년	산업재해보상보험법 제정
1974년	소득세법 개정(장애인 공제제도를 통한 세제상 배려)
1977년	특수교육진흥법 제정
1978년	관세법 개정(장애인용 물품 관세 감면)

출처 : 이재풍·곽종형(2015).

(2) 제2기 생성기 : 제도도입 단계(1981~1987)

이 시기에는 '복지국가 구현'이라는 구호를 바탕으로 장애인복지 발전의 큰 전환기를 마련하는 시기이다. 이 시기의 장애인복지의 발달과정을 연도별로 살펴보면 〈표 3-8〉과 같다.

<표 3-8> 우리나라 장애인복지 생성기의 발달과정

연 도	내 용
1981년	심신장애자복지법(보건사회부 재활과 설치), '세계장애인의 해'를 맞아 제도적 기틀 마련, 시설확충 및 현대화 등 수용보호사업의 내실화, 저소득 중증장애인 대상 재가복지서비스 확충
1982년	장애인 적성직종 52개 법제화, 장애인 취업알선사업 실시
1983년	장애인 운전면허 취득 허용
1984년	건축법 시행령 개정으로 장애인편의시설 의무화
1987년	장애인등록사업 실시

출처 : 이재풍·곽종형(2015).

(3) 제3기 확대기 : 제도확립 단계(1988~1997)

이 시기에는 서울올림픽과 장애인올림픽 개최로 장애인에 대한 복지가 발전하는 시기이다. 이 시기의 장애인복지의 발달과정을 연도별로 살펴보면 〈표 3-9〉와 같다.

<표 3-9> 우리나라 장애인복지 확대기의 발달과정

연 도	내 용
1988년~	88올림픽을 계기로 장애인복지요구 증가 → 장애인복지의 제도적 틀 정비 모든 장애인의 복지서비스 확충 방향으로 시책 전환, 재가장애인에 대한 복지서비스 확대
1989년	장애인복지법 개정(생계보조수당, 의료비지원, 장애인의 날 제정, 시설 설치기준 및 직원 배치기준, 자격규정, 장애인등록제 시행)
1990년	장애인고용촉진법 제정(장애인의무고용제, 장애인고용촉진공단 설립)
1994년	특수교육진흥법 개정(통합교육이념, 국립특수교육원 설립)
1995년	장애인 편의시설 설치기준에 관한 규칙 제정 및 시행
1997년	장애인복지발전 5개년 계획 수립, 장애인, 노인, 임산부 등의 편의증진보장에 관한 법률 제정(사회적 이동약자들의 행복추구권을 최초로 법으로 명문화함)

출처 : 이재풍·곽종형(2015).

(4) 제4기 도약기 : 사회통합 단계(1998~)

이 시기에는 장애인복지법, 장애인정책발전 5개년 계획 등 장애인복지를 신장시킬 수 있는 사회여건이 조성되는 시기이다. 이 시기의 장애인복지의 발달과정을 연도별로 살펴보면 〈표 3-10〉과 같다.

<표 3-10> 우리나라 장애인복지 도약기의 발달과정

연 도	내 용
1998년~	선진국의 장애인복지 수준으로 도약, 사회적, 환경적 장애인 중요성 부각, 지역사회중심 통합서비스 전환, 탈시설화 정책, 자기결정권 강조
1998년	장애인 인권헌장 제정, 공포
1999년	장애인복지법 개정(장애범주 확대)

2000년	장애인고용촉진 및 직업재활법 제정
2007년	장애인복지법 전면 개정(활동보조인 파견 및 동료상담 등 장애인자립생활 지원시책 포함. 장애인의 권리와 참여 강조, 장애인 차별금지 및 권리 규제 등에 관한 법률 제정)
2008년	제3차 장애인정책발전 5개년 계획 수립, 중증장애인 생산품 우선구매 특별법 제정, 장애인 연금법 제정
2011년	장애아동복지 지원법 제정
2012년	제4차 장애인정책발전 종합계획 수립
2014년	장애인·고령자 등 주거약자 지원에 관한 법률 시행, 발달장애인 권리보장 및 지원에 관한 법률 제정

출처 : 이재풍·곽종형(2015).

이러한 기존의 장애인복지 시책을 기본으로 하여 장애인복지 중·장기 종합계획을 제1차로 1998~2002년까지, 제2차는 2003~2007년까지, 제3차는 2008~2012년까지, 제4차는 2013~2017년까지 추진하였다. 장애인복지발전계획 주요 내용을 살펴보면 〈표 3-11〉과 같다.

<표 3-11> 장애인복지발전계획 주요 내용

1998~2002	제1차 장애인복지발전 5개년 계획	• 장애예방, 생활안정지원 강화 • 편의시설 설치 확대, 복지시설 운영개선, 중증장애인 보호작업장 운영 활성화
2003~2007	제2차 장애인복지발전 5개년 계획	• 장애발생의 사전예방 강화, 생애주기별 서비스 지원 • 사회적 인식개선과 정보접근 보장 등 • 산업화에 따른 장애발생 요인 제거 및 선진국 수준의 복지향상
2008~2012	제3차 장애인정책발전 5개년 계획	• 장애인의 권리에 기반을 둔 참여의 확대, 통합사회 구현, 장애인복지 서비스의 선진화 구현 • 장애인 생애주기별 교육지원체계 구축, 문화활동 확대, • 장애인이 일할 수 있는 사회 실현, 장애통합적 접근으로써 사회참여 확대와 장애인 권익증진을 중요시함
2013~2017	제4차 장애인정책발전 5개년 계획	• 비전 : '장애인과 비장애인이 더불어 행복한 사회' • 복지·건강, 교육·문화, 경제활동, 사회참여·권익증진의 4대 분야, 19개 중점과제, 71개 세부과제로 구성

출처 : 이재풍·곽종형(2015).

CHAPTER

04 | 장애인복지의 이론과 접근

학·습·목·표

1. 장애인복지의 이론에 대해 이해하고 설명할 수 있다.
2. 장애인복지의 접근에 대해 이해하고 설명할 수 있다.
3. 장애인의 생애주기 접근에 대해 이해하고 설명할 수 있다.

1. 장애인복지의 이론

장애인복지에 관한 이론은 장애를 인식하는 시각에 따라 다양하게 분류되고 있다. 장애인을 이해하기 위해 장애인복지에서 강조되고 있는 탈의료화, 탈시설화, 장애인차별에 따른 이론들을 살펴보고자 한다.

1) 탈의료화

장애인을 이해하는 지배적인 개념은 장애에 대한 의료적 접근으로서 장애인에게 필요한 의료서비스라는 개념이다.

1970년대 이후 의료적 접근에 대한 반론이 제기되면서 장애의 탈의료화(demedicalization)에 대한 주장이 제기되었다.

탈의료화는 병자 역할(sick role)로부터 탈피하기 위한 것이며, 장애에 대한 의료적 모델에서 기대하는 장애행동을 비판한다. 과거에는 장애인을 자립능력이 없는 무능력한 자로 사회적·경제적 활동에 필요한 기본적인 기술들을 갖지 못한 사람들로 보고, 도덕적으로 결함이 많은 사람들이라고 인식하였다. 무능력한 이들의 존재는 당연하게 주어져야 할 인간의 권리와 혜택도 거부되었으며, 자연스럽게 의타성이 강하고 무기력한 것으로 판단하고 장애인 개인의 신체적 기능의 회복과 심리적 문제의 치유에만 그 의미를 두었다. 즉, 장애인들의 문제에 대한 접근은 신체기능의 치유에 역점을 두고 재활의학 관련 전문가의 의학적 활동에 의존하였다. 장애인의 신체적 재활에 초점을 맞추는 것은 의학적 진단과 처방, 그리고 보조용구 등을 통한 신체적 기능의 회복에만 관심을 갖게 된다. 장애인의 신체기능 손상은 완전히 회복될 수 없는 문제이므로 결국 근본적 한계를 가질 수밖에 없다(신기원 외, 2017; 정일교 외, 2010). 이러한 접근은 장애를 질병으로 인식하고 치료에만 집중할 뿐 개인의 의지와 선택을 인정하지 않는다.

장애의 탈의료화를 주장하고 있는 중요한 이유는 의료적 모델에서 제시하는 가설이 장애인의 욕구에 적합하지 않다는 것이다. 대표적인 예로 환자가 급성 질환에 걸리거나 어떤 질환을 회복하는 데 중심을 두는 의료적 모델은 만성적·장기적인 장애인들에게는 부합하지 않기 때문이다. 탈의료화는 병자 역할이나 이의 파생적 역할인 손상된 역할에 따른 행동기대를 거부하고 장애인이 가족, 시민 및 사회 구성원으로서의 책임을 박탈당하는 것을 기대하지 않음을 주장하고 있다(신기원, 2017; 오혜경, 1998).

2) 탈시설화

사회복지시설 내에서 생활하는 장애인이 시설을 벗어나서 재활, 사회복귀 그리고 자립을 할 수 있도록 시설과 지역사회에서 적절한 사회복지서비스를 제공하기 위한 방안으로 대두된 것이 탈시설화(deinstitutionalization)다(조흥식, 1998). 이러한 탈시설화의 경향은 장애의 종류와 장애정도에 상관없이 일어나게 되었는데, 그중 지역사회 정신보건운동(community mental health movement)이 가장 대표적인 탈시설화의 노력이라고 볼 수 있다. 이러한 운동 여파로 만성장애인들은 시설의 수용보호 생활을 떠나서 지역사회에 복귀할 수 있었으며 장애인복지, 노인복지, 청소년복지에도 탈시설화의 경향이 나타나게 되었다

(오혜경, 1998; 임종호 외, 2018).

탈시설화에 따른 지역사회보호가 납세자의 지출을 어느 정도 절감시켜 줄 것이라는 정치적인 논제에 의하여 탈시설화 운동은 더욱 강화되었다. 그러나 탈시설화의 폐해 또한 다각도에서 심각하게 발생되고 있는데, 중증장애인이나 정신장애인의 경우, 탈시설화를 위해 필요한 지역사회 환경상의 문제에 대한 보완과 수정, 장애인과 비장애인이 더불어 살아갈 수 있는 사회통합에 대한 시민의 태도와 인식에 대한 성숙이 우선되어야 함에도 불구하고 이러한 조건들이 갖추어지지 않은 상태에서의 탈시설화 정책은 많은 장애인들의 삶의 질을 더욱더 떨어뜨리는 결과를 낳았다.

초기에는 비용절감 차원에서 탈시설화를 채택하였으나 실제 사회복지서비스 지출에 있어 비용에 대한 효과적인 측면을 확인하지 못해 일반납세자들에게 설득력을 잃어갔고 탈시설화에 대한 대중의 냉소적인 반응 등 장애인 자립생활운동을 확산시켜 나가는 데 또 다른 장벽으로 작용하였다(신기원 외, 2017).

따라서 제대로 된 탈시설화의 이념을 달성하기 위해서는 규제가 많은 생활에서 적은 생활로, 규모가 큰 시설에서 작은 시설로, 큰 생활단위에서 작은 생활단위로, 집단생활에서 개인생활로, 지역사회로부터 격리된 생활에서 통합된 생활로, 의존적인 생활에서 자립생활로 시설보호의 방향을 바꾸어 나가야 하며 지역사회 내에서 지속적으로 적응하기 위한 훈련이 필요하다(Scheerenberger, 1977).

3) 장애인차별

(1) 낙인이론

낙인이론은 장애를 사회의 일탈로 개념화시키고 있는 상호작용이론에 그 기반을 두고 있다. 고프만(Goffman, 1963)은 상호작용이론을 토대로 낙인(stigma)이라는 개념을 소개하였다. 그는 낙인을 사회적으로 관심을 갖게 되는 상황의 결과로 설명하고 낙인은 정상과 비정상 사이의 상호작용에 기인한다고 하였다. 낙인이라는 개념은 억압당하는 측면을 기준으로 둔 것이 아니라 억압을 가하는 측면에 기준을 둔 것이며, 낙인은 사람들의 기대에서 시작되었으나 단순한 기대로 갖는 것이 아니라, 이와 같은 기대를 정당한 요구로 변화시키는 과정이라고 할 수 있다. 낙인찍힌 개인은 타인과의 분리를 강요받게 되고 이렇게 분리된 개인은 부정적이고 열등하며 자신과 같은 낙인찍힌 개인이나 집단적 지위를 받아들여야만 하였다(정영숙 · 이현지, 2009).

낙인이론에서는 일단 사회에 의하여 장애인이라고 낙인이 찍힌 사람은 스스로를 장애인으로 단정하고, 점점 더 자기비하와 무능력에 빠지게 된다고 설명하고 있다. 그러므로 장애인들이 직면하게 되는 문제의 대부분은 이러한 사회적 낙인으로부터 비롯되었다고 볼 수 있다. 특히 사회계층 가운데 신체적 · 심리적 · 경제적 미성숙기에 속하는 아동과 청소년, 더구나 신체 및 정신적 장애를 가진 사람이라고 판별받음으로써 낙인이 찍히고 사회의 주류적인 관심과 교육 그리고 사회복지정책의 혜택에서 소외당하는 장애인은 그들을 대하는 사회의 인식에 따라서 인간적인 대우를 받을 수도 있고 그렇지 못한 위치에 놓일 수 있게도 된다(신기원 외, 2017).

낙인이론은 낙인을 가하는 비장애인의 입장에서 낙인찍힌 장애인의 권리박탈과 가치박탈 등의 장애에 따른 부수적 문제를 해결하려고 시도하였다. 그러나 이 이론은 근본적으로 장애인문제 해결을 위한 대안으로 낙인을 가하는 비장애인이 장애인에 대한 낙인 부여를 피하려는 노력을 하지 않는다는 비판을 받기도 한다.

(2) 편견이론

편견이론(prejudice theory)은 장애를 사회적 맥락에서 이해하는 이론으로, 어떠한 사람이 사회적으로 그 평가가 절하되는 것은 그 사회가 일반적으로 지향하고 있는 가치와 규범에 따라 규정되며, 이러한 가치와 규범에서 벗어나게 되었을 때 개인이나 집단은 그 가치가 절하된 평가를 받게 됨에 따라 상징적인 낙인이 부여되고, 일탈적인 이미지가 되어 사회로부터 분리되는 과정을 겪는다. 장애인은 가치절하의 대표적인 대상자로 천대, 멸시, 차별의 대상이 되어 왔고, 체계적으로 지역사회생활의 주류에서 배제되면서 신체적·정신적 손상에 의해 장애인이 되는 것이 아니라 편견에 의해 더 큰 장애를 갖게 된다는 것이다(신기원 외, 2017).

장애에 대한 가장 큰 편견은 장애인은 '생산적인 일을 못할 것이다', '범죄율이 높을 것이다', '성적 기능에 문제가 있을 것이다' 등의 잘못된 관념을 통해서 부정적인 인식을 고착화시키는 데 크게 작용하게 된다. 인간은 기억, 신념, 지식, 경험에 따라서 생각하고 행동하며, 이러한 고착된 사고는 과거의 작용에 기초하고 있다. 잘못된 관념 또한 이러한 과정을 현재에 투사함으로써 편견이 강화된다.

(3) 억압이론

억압은 개인의 성장과 야망, 희망을 저해시키고 스스로 주눅 들게 하여, 자신감이 상실되면서 더욱더 의존적인 생각을 하게 만든다. 억압에 대한 경험을 하게 된 사람은 자신이 가지고 있는 능력과 잠재력을 발휘할 기회들을 박탈당하게 되므로, 스스로 무능과 무력감에 더욱더 빠지게 되는 결과로 이어진다. 따라서 억압은 또 다른 형태의 차별로 이어진다.

누군가가 자신이 속해 있는 사회에서 '다른 사람'으로 분류되고, 그 사회와 사회의 구성원들로부터 사회의 한 구성원으로 받아들여지지 않는다는 것은 그 누군가가 사회로부터 억압을 받는 것으로 생각할 수가 있다. 억압은 개인 혹은 집단에 영향을 주게 된다. 억압이론의 중요한 측면은 억압을 받고 있는 사람들은 어떤 특정한 대상이나 집단에 대하여 많은 사람들이 고정적으로 가지는 고정관념으로 인하여 차별을 받게 될 뿐만 아니라, 주류사회에 참여할 수 있는 권리마저 박탈당하고 있다는 것으로 개념화하고 있다. 억압을 받고 있는 사람들은 사실상 지배적인 사회에서 차츰 보이지 않는 존재가 될 것이기 때문이다. 인간은 그 개인이 다른 사람들에 의하여 인식되는 존재로 여겨지게 될 때만 의식이 생겨나게 되는 것이다. 개인은 자신이 속해 있는 그 사회의 다른 사람들에게 인지되지 않거나 한 사람의 구성원으로서 인식되지 않을 때 그 개인은 자신에 대한 존재감을 상실하게 되면서 매우 파괴적인 상태로 빠져들게 된다(신기원 외, 2017).

장애인의 경우에는 이러한 상황들을 가끔 경험하게 된다. 그 예로서 장애인이 자기 자신을 감추기 위해서 어디론가 숨어버리고, 때로는 시설로 들어가고, 스스로 자신을 학대하는 상태로 빠져들게 되는 경우가 있다. 이 밖에도 매우 경직되고 물리적인 환경의 중심사회에서 시민의 권리를 인정받지 못하게 되는 경우나 접근할 수 없는 환경을 접하게 될 때, 장애인들은 그 환경을 외면하게 되고, 사람들의 눈에 띄지 않는 곳으로 숨어버리고 마는 경우가 있다. 이는 경직된 장벽으로 작용하고 있는 사회적·물리적 환경이 장애인을 스스로 사회 밖으로 도피하게 하고 자신을 감출 수밖에 없는 상황을 만드는 원인이 되기 때문이다.

2. 장애인복지의 접근

1) 임파워먼트

(1) 임파워먼트의 개념

임파워먼트의 사전적인 의미는 힘과 권한, 능력을 부여하는 것을 말한다. 이는 서비스 안에서 이용자의 참여, 그리고 자조운동을 언급할 수 있으며 자조집단은 법정서비스에 협력하거나 또는 독립적으로 그들 자신을 위한 행동을 취한다.

이러한 임파워먼트 접근은 장애인들의 잠재력을 문제해결의 핵심요소로 보고, 장애인 스스로가 대인관계 및 경제적·문화적·사회적·정치적 능력을 증가시키는 것에 초점을 둔다. 임파워먼트는 이웃과 지역사회의 자원들의 문제해결이 가능하다는 신념과 장애인 자신의 강점을 강조한다. 결국 사회적·조직적 환경에 대하여 장애인 자신의 능력 증가가 핵심적인 과제이다. 그리고 다른 사람으로부터 통찰력 및 지혜를 얻은 경험을 가진 장애인에게 도움을 받는 방법도 포함된다. 결국 장애인의 자조집단이나 동료상담 등도 여기에 해당한다.

(2) 임파워먼트의 접근

① 개인 문제의 인식과 자각

장애인이 겪는 문제는 개인의 내적 문제에 기인하는 것이 아니라 사회적 차별과 같은 외부의 억압에 기초하는 것으로 장애인이 스스로의 힘으로 외부의 억압에 직면할 수 있도록 원조하고 장애인의 문제가 사회적 문제라고 자각하는 것이 우선되어야 한다.

② 참여와 협력

참여는 장애인의 문제를 해결하고 조직화하는 필수적 과정이며 쟁점을 다양화하고, 변화의 가능성들을 제시함으로써 참여동기를 부여한다.

③ 자원 및 지지세력 확보

지역사회의 다양한 체계와의 협력이 문제해결의 가능성을 높이고 사회적 문제는 사회적 합의 정도, 여론에 따라 해결 가능성이 높다.

④ 역량강화

장애인의 적극성 및 다양한 경험으로 해결을 위한 방법을 획득하고, 경험적 기술, 지식, 조직화, 다양한 자원 등의 기술이 축적된다.

(3) 특징

① 전문적인 관계에 대한 시각 : 협력 및 파트너십

전통적으로 전문직은 통찰, 예측, 활동계획, 지식을 가지고 있는 우월적인 입장의 사회복지사가 지식, 행동계획, 통찰이 부족한 의존적인 클라이언트를 돕는 것이었다. 그러므로 사회복지사는 치료자이며 클라이언트는 수동적인 서비스 수혜자로서 기능하였다.

임파워먼트에서는 기존의 관계에서 벗어나 전문적 협동, 효과적 팀워크, 그리고 사회복지사와 클라이언트, 사회복지사와 기관, 사회복지사 간과 같은 현재의 협력적 향상을 위해서 현재의 욕구를 강조하며, 클라이언트를 원조 과정의 파트너로서 바라본다. 또한 클라이언트를 특징 및 잠재력을 가지고 있는 인간과 자원으로 인식해서 클라이언트 자기 참여를 중시하고, 변화의 노력 전 과정에 있어서 클라이언트 자기결정권을 강조한다. 즉, 클라이언트는 전문가적인 파트너로서의 변화 과정에서 능동적으로 참여하게 되는 파트너이고 자신이 처한 환경 및 능력을 가장 정확히 알고 있는 사람으로서 생각하는 것이다. 이는 사회복지사와 클라이언트 사이의 상호 협력적인 파트너십을 갖게 한다.

② 클라이언트에 관한 시각 : 소비자

임파워먼트 모델에서는 클라이언트에 관련한 시각을 변화시킨다. 임파워먼트 모델에서의 클라이언트는 기존의 수혜자, 도움을 받는 사람, 환자라는 낙인을 제거하고 소비자라는 개념으로 전환시킨다. 여기서 '소비자'라는 용어가 사회복지사와 클라이언트 체계의 파트너십에서 클라이언트 자기결정권 보호와 활동적인 역할을 강조한 것이다.

③ 역량

역량은 인간체계 구성원들을 돌보는 역할을 수행할 수 있으며, 타 체계와 효율적인 상호작용을 하고, 물리적 · 사회적 환경의 자원체계에도 기여하는 능력을 의미한다. 즉, 역량은 주위 환경과의 상호작용을 위해서 체계가 소유한 기술과 지식의 질로 정의할 수 있다.

역량은 개인의 특성과 대인관계, 물리적·사회적 환경에서 비롯되는데, 이런 세 가지 차원이 잘 기능하면 각 개인이 환경에 대처 가능한 역량도 향상된다.

(4) 실천과정

임파워먼트 모델의 접근은 임상실제에서 '대화단계 – 발견단계 – 발달단계'로 구성된다. 첫 번째 대화단계에서는 사회복지사가 대화를 통하여 클라이언트의 현재 감정, 상황, 주요 욕구를 파악해야 한다. 두 번째 발견단계에서는 클라이언트가 보유한 자원에 대한 명확한 사정을 통해서 바람직한 결과의 산출을 위한 계획들을 작성하여야 한다. 또한 이 단계에서는 강점과 해결방안이 구체화되어야만 세 번째 발달단계의 구체적인 개입활동이 나타날 수 있다.

임파워먼트 과정에서 각 단계의 활동, 전략, 과업을 살펴보면 〈표 4-1〉과 같다.

<표 4-1> 임파워먼트 과정

단 계	활 동	전 략	과업들
대화 (Dialogue)	공유하기 (sharing)	클라이언트가 기존에 가지고 있는 것으로 알고 있는 역량 및 자원 구체화하기	1. 상호협력적인 관계 확립하기 2. 기존지식 명확화하기 - 클라이언트의 인지(도전과 강점) - 사회복지사의 인지(이러한 클라이언트 체계에서의 역할) 3. 당신이 가지고 있다고 아는 것 다루기 4. 초기방향 정하기 5. 관계를 위한 계약하기 및 사정에 동의하기

발견 (Discovery)	찾기 (searching)	클라이언트가 그들이 가지고 있다는 것을 모르는 자원 탐색하기	1. 쉽게 드러나지 않는 당신이 가지고 있는 것 확인하기 2. 부가적인 정보와 사실에 대한 경험과 사고 연결하기 3. 감정을 사정, 확인, 표현하기 4. 대인 상호적인 정보 연결하기 - 클라이언트체계, 다른 사람 5. 자원체계 탐색하기 6. 그 밖에 클라이언트체계의 욕구 결정하기 (목표 설정) 7. 해결로 이끌어 주는 계획 개발하기 8. 변화를 위한 계약하기
발달 (Development)	강화하기 (strengthening)	클라이언트 체계가 아직 활용하지 않은 부가적인 자원 혹은 역량사정 혹은 확립하기	1. 클라이언트 욕구 구체화하기 2. 클라이언트가 사용하지 않으나 존재하는 자원 사정하기 - 개인적 - 대인상호관계적 - 조직적 - 지역사회/ 사회적 3. 새로운 자원과 기회 만들기 4. 결론을 위한 계약으로 이끌어 가기

출처 : 이재풍·곽종형(2015).

(5) 임파워먼트의 유용성과 한계점

① 유용성

임파워먼트는 사회복지의 전반에 걸쳐서 다양하게 적용되는데, 이는 임파워먼트가 개인이 가진 능력을 긍정적으로 평가하고, 미래 지향적으로 제시하기 때문이다. 장애인복지에서의 임파워먼트가 가지는 유용함은 다음과 같다.

가. 임파워먼트에서 장애인은 문제 해결에 있어 주체로서의 지위를 가진다

장애인은 자신이 처한 상황에 대해 가장 분명하게 알고 있고, 변화 과정에 능동적으로 참여하며, 역량을 강화하는 참여자이자 파트너이다.

나. 임파워먼트는 우선적으로 장애인들의 적극성과 자발성을 강조한다

사회환경에 의해 오는 일방적인 불이익을 참고 인내하기만 하는 것이 아니고 그것이 사회적 차별임을 인지하여 스스로 비판적인 의식을 형성한다. 그리고 개인의 사고도 조직화한다.

다. 임파워먼트는 사회적인 관계에서 장애인의 역량을 강화하는 것을 말한다

장애인의 임파워먼트는 근본적으로 장애인이 당하는 사회적 차별과 억압을 해소하는 것이 목적으로, 평등한 권리의 주체로서 삶의 질을 강화시킨다. 따라서 개입범주는 장애인 본인에만 제한을 두지 않고 집단, 가족, 지역사회 그리고 나아가서 장애인에 대한 정책과 제도까지 확대할 수 있도록 요구한다.

② 한계 및 비판

클라이언트를 변화가 가능한 존재라고 지속적으로 간주하는 것은 결코 쉽지 않다. 특히 지나치게 낙관적이어서 클라이언트 집단의 조작이나 위험성과 파괴성 여부에 대해 인정하지 않는 경향을 보이며, 실제 문제를 다소 무시하거나 경시하는 경향이 있다. 따라서 실무에서 적용할 때 한계가 있다. 그러나 이런 비판에도 불구하고, 임파워먼트 모델이 실천모델로서 가지는 여러 강점으로 인하여 1990년대 이후에는 더욱 활발하게 연구가 진행되고 있다. 특히 생태체계적인 관점에 근거해서 전체적·통합적 개입의 틀을 제시해 주고 있어서 최근 임상실제에서의 활용이 증가하는 추세이다. 따라서 우리의 현실에 알맞은 실천모델의 정립과 활용 그리고 효과검증이 활발하게 이루어져야 할 것이다.

2) 강점관점

(1) 강점관점의 개념

강점관점은 클라이언트를 독특한 존재로 보고 다양성을 인정하고 존중하며 클라이언트의 결점보다 강점에 초점을 두어서 가능한 한 모든 자원들을 활용하고 클라이언트의 역량을 실현해 나갈 수 있도록 돕는 것을 의미한다.

강점관점은 전통적인 접근방법이 병리적 접근이라고 간주하였으며, 클라이언트가 문제를 안고 있음에도 불구하고 그 문제를 이겨내고 자신의 삶은 건설 가능하다는 전제를 기초로 하고 있다. 장애인복지에서 강점관점 접근은 장애인이 지니고 있는 잠재능력과 재능을 강화시킴으로써 사회적 적응을 보다 가능하게 하는 데 초점을 둔다.

강점관점의 특성은 다음과 같다.

① 장애인이 변화할 수 있는 성장 가능성에 대해 한계를 두지 않았다.

② 강점 관점은 클라이언트가 가진 강점을 강화시키는 과정에서 클라이언트의 역량을 향상시키고 가장 신속히 클라이언트에게 권한부여 할 수 있다는 전략이다.

③ 이 관점에서는 문제 발생 원인과 관련된 관심보다는 해결책을 발견하여 강점을 강화시키는 것이다.

④ 클라이언트의 강점이 변화를 이끌어 내는 자원이고 모든 사람들은 강점을 가지고 있다.

⑤ 사회복지사가 이런 내재된 힘을 지지하면 클라이언트의 긍정적인 성장의 가능성을 고양시킬 수 있다.

⑥ 강점관점은 사회사업의 실천에서 근본적인 가치와 철학을 바탕으로 하고 있는 가장 인간애적인 실천 관점으로, 사회복지사 그리고 클라이언트 간의 협력적인 동등한 관계를 통해서 클라이언트가 아무리 보잘것없고 실패를 하였다고 할지라도 그들의 내면에 숨어 있는 강점을 발견하고 인지할 수 있도록 함으로써, 그들의 과거 병력과 문제는 걸림돌이 되기보다는 오히려 발전 및 성장을 위해서 기반이 될 수 있도록 돕는 실천 이론이 된다.

(2) 강점관점 실천의 전제조건

강점관점 실천을 위한 전제조건들은 다음과 같다.

① 사람들은 성장과 변화를 위한 본래적·개별적 능력을 갖는다는 것을 인식한다.

② 클라이언트 체계는 이미 능력의 보고와 자원을 가지고 있음을 인식한다.

③ 상호 작용 및 협력은 새로운 자원의 구축을 위해서 기존의 자원을 증대시킨다.

④ 긍정적인 변화는 희망과 미래의 가능성을 위하여 구축된다.

⑤ 클라이언트 체계는 그들의 상황을 가장 잘 알고 있으며, 대안이 주어지게 되면 가장 적절한 해결책을 결정하게 함을 확신한다.

⑥ 무력감을 증대시키는 것이 아니라 완수감 및 능력증대 지원의 과정을 지지한다.

⑦ 체계의 결합 안에서 체계 간 상호 교류 과정 내 도전과 관심을 제기한다.

(3) 강점관점의 원리

① 모든 지역사회, 가족, 집단, 개인은 강점을 가지고 있다

클라이언트들은 사회복지사가 그들을 진심으로 보호하려 하며, 그들의 말을 경청하고 존중하며 그들 자신의 역량에 대해 신뢰하는지를 확인하고 싶어 한다. 따라서 사회복지사는 클라이언트의 문제에만 집중하기보다는 클라이언트와 그를 둘러싼 환경의 강점을 찾는 데 초점을 두어야 한다.

② 정신적 외상, 질병, 투쟁의 경험, 질병은 해롭지만, 이와 동시에 도전과 기회의 원천이 되기도 한다

클라이언트는 여러 가지 장애물을 극복할 수 있는 존엄성을 가진다. 때때로 인간은 일상의 만족과 편안한 시기보다 효과적으로 대처할 수 있는 위기의 시기에 더욱 성장할 수 있다. 따라서 문제 자체보다 그것을 어떻게 인식하고 처리하는지에 영향을 미치는 문제 요인에 더 초점을 둘 필요가 있다.

③ 성장 및 변화 가능성의 최대한계선을 모른다고 생각하며, 지역사회, 집단, 개인의 열망을 심각하게 받아들여야 한다는 것이다

개인과 가족과 지역사회는 회복과 대응을 위한 능력을 가진다. 사회복지사가 클라이언트의 희망과 꿈과 관련하여 긍정적 능력을 인정하면 클라이언트는 자신을 더욱 신뢰하면서 자신의 희망과 꿈을 이룰 수 있는 노력을 이끌어 낼 수 있다.

④ 클라이언트와 협력을 통하여 가장 뛰어난 서비스를 제공할 수 있다. 전문가는 클라이언트의 강점, 그리고 유능한 자질을 평가하는 데 있어서 제일 유리한 입장을 제공할 수 없다

이 원칙은 강점관점에서 지향하는 클라이언트와 전문가의 관계를 제시한다. 사회복지사와 클라이언트는 수직적 관계가 아닌 수평적 관계를 가지고서 서로 협력함으로써 함께 문제적인 상황을 변화시켜 나가야 한다. 이때 사회복지사는 전문가로 보이는 것보다 협력자나 조언자로 보일 때 더욱 효과적이다.

⑤ 모든 환경은 자원을 지니고 있다

사회복지사가 자원의 중요성을 확인하고 환경 안에서의 자원을 이용하고자 한다면 기존에 예상하거나 또는 자원이라고 생각하지 못한 자원들도 환경 안에서 발견할 수 있을 것이다.

(4) 강점관점 실천과정에서의 목표 특성과 원칙

성공적으로 목표를 달성하고 사례를 종결하기 위해 클라이언트가 원하는 것을 훌륭히 이루어 내기 위한 잘 형성된 목표가 먼저 있어야 한다.

변화하기 위한 목표를 구체적으로 설명할 수 없을 경우 사회복지사(사례관리자)와 클라이언트는 목표가 성취되었는지 알기 어려워 당초 필요한 시간보다 더 오랜 기간을 소요할 수 있다.

불분명한 목표는 사회복지사와 클라이언트가 서로를 신뢰하지 못하는 원인이 되기도 한다. 따라서 사회복지사는 계약 초기부터 종료의 단계까지 클라이언트와의 목표협의에 주의를 기울여야 한다.

목표는 '무엇을 원하는가', '원하는 것을 이루기 위해 무엇을 할 것인가'로 구성된다. 다음의 원칙들은 사회복지사와 클라이언트가 목표를 협의하고 성공적인 종결을 향해 가는 데 간과해서는 안 될 것들이다.

① 목표는 클라이언트에게서 매우 중요한 것이어야 한다

클라이언트가 택한 목표가 사회복지사가 보기에 적절한 것인지의 여부는 중요하지 않다. 정해진 목표가 클라이언트에게는 중요한 것이 아닐 경우 클라이언트는 목표를 성취하는 과정에서 소극적일 수도 있으며, 그 결과로 인해 목표를 성취하지 못할 가능성이 크다. 그러므로 클라이언트가 중요하다고 생각하는 목표를 선택하였을 때는 변화의 동기가 더욱 유발되고 강화되며, 긍정적인 면접결과를 성취할 수 있다. 그러나 목표를 분명히 정하고 수용하는 것이 결코 쉽지 않다. 이는 클라이언트가 자기 자신에게 무엇이 중요하고, 사례관리를 통해서 성취하고자 하는 것이 무엇인지 분명하고 정확하게 말하는 것이 어렵기 때문이다.

② 목표는 원하는 행동에 대한 종결이 아니라 새로운 행동의 시작으로 나타나야 한다

클라이언트는 종종 이상적이며 문제가 전혀 없는 꿈 같은 결과에 목표를 설정하기도 한다. 클라이언트의 목표가 실행이 가능한 행동으로써 표현될 수 없다면 이 목표는 희망일 뿐이지 도움이 되지는 않을 수 있다. 그러므로 사례를 관리하는 사회복지사는 클라이언트의 견해를 전적으로 수용하려고 하면서 한편으로는 원하는 결과를 성취하기 위해서 처음 단계

에 필요한 것을 클라이언트와 명확하게 하고 구체적으로도 규명해야 한다.

예 어머니 : 제 아들이 바람직하게 행동했으면 좋겠어요.
사회복지사 : 바람직한 방향이라는 첫 신호는 무엇일까요?
➡ 첫 신호, 시작 등의 단어를 사용하는 것이 도움이 된다.

특별한 요구나 강요 없이 비합리적으로 지나치게 높은 목표를 설정하지 않고서 초기의 작은 목표로 구체화할 수 있게 하는 방법이다.

③ 클라이언트가 일상생활에서 성취 가능한 것이어야 한다
클라이언트가 목표를 성취할 때 더욱 성취감을 가지게 되고, 희망을 가질 수 있으며, 변화하고자 하는 동기가 증가된다. 클라이언트는 목표가 작을 때에 쉽게 성취 가능할 뿐 아니라 목표가 성취된 것을 확인하는 것도 용이하다. 이는 목표가 작고 간단할수록 그 목표를 잘 통제할 수 있기 때문이다. 목표가 성취 가능하고자 한다면 목표는 클라이언트가 현실적으로 할 수 있어야 하며 클라이언트의 일상 환경에도 맞는 것이어야 한다.

④ 목표의 내용이 명확하고 구체적이고 행동적이어야 한다
실천가로서, 사회복지사에게 질문을 적절하게 잘 하는 능력은 매우 중요하다. 클라이언트가 자신이 바라는 것에 대해서 분명히 알 수 있도록 도우며 클라이언트가 그 목표를 향해서 구체적이며 명확한 첫 번째 행동을 시작할 수 있도록 독려하는 기능을 발휘한다.
사회복지사는 클라이언트로 하여금 실제 행동되는 목표를 구축하도록 돕고자 '어떻게'라고 시작하는 질문을 하는 것이 필요하다.

예 사회복지사 : ○○씨는 지금 가족들과 친화적인 관계를 만들기 위해 무척 노력하고 계시네요. 다른 가족들이 이러한 마음을 알 수 있도록 ○○씨는 어떻게 하실까요?

클라이언트 : 다정하게 말을 걸고 잘 맞지 않는 부분이 있어도 화를 내지 않도록 노력할 거예요.

➡ '어떻게'라는 질문은 클라이언트에게 자신이 어떤 것을 할지에 대해서 말하면서도 목표에 대한 더욱 구체적인 행동을 나타낼 수 있는 진술을 만드는 데 매우 유용하다.

(5) 강점관점의 한계점

강점관점이 사회복지실천에 제공한 긍정적 시각변화와 유용성에도 불구하고 여러 가지 한계점이 있다.

① 불명확한 주요 개념 정의

강점관점의 주요 개념인 '권한부여(empowerment)'는 그 정의가 명확하지 않다. 실제로 많은 사회복지사들은 권한부여를 단지 '변화를 위한 심리적 과정'으로 인식해서 행동적이고 조직적 수준으로 끌어 올리는 데 한계가 존재한다.

② 비용의 문제

기존 접근에 비해 개입시간이 길고, 긍정적 변화의 측정이 어려우며, 지속적 변화를 이끌어 내는 것이 힘들기 때문에 비용의 문제가 대두된다.

③ 클라이언트의 비협조

만성적인 문제를 가진 클라이언트의 경우, 지속적인 개입을 통해서 긍정적인 결과를 이끌어 내는 것이 어렵고 사회복지사와 동등한 힘의 균형 유지나 자기 결정, 개별화에 기반을 둔 관계를 유지하기가 힘들 수 있다.

④ 사회복지실천 적용의 문제

특정한 접근모델이나 패러다임이 아닌 하나의 관점으로서 사회복지실천에 적용 가능한가 하는 비판을 받고 있다.

⑤ 가이드라인이 확립되지 않음

오늘날 사회복지실천에서 클라이언트의 강점에 대한 것은 많이 언급되고 있지만, 아직까지 강점관점의 효과성을 검증하고자 하는 연구는 많지 않은 편이다. 실제로 사회복지사가 어떠한 방법을 가지고 실천에 임해야 하는지에 대해서는 참고할 만한 가이드라인이 잘 제공되지 않고 있다.

3. 장애인의 생애주기 접근

1) 생애주기의 개념과 장애인복지

(1) 생애주기의 개념

모든 인간의 삶은 출생에서 시작하여 사망으로 끝나는데, 출생에서부터 사망에까지 이르는 시간적 간격을 생애기간(life span)이라 부르며 '출생에서 사망에 이르기까지의 전 과정'을 생애주기(life cycle)라고 부른다.

웹스터 사전에 따르면 생애주기란 유기체가 그 최초의 단계에서 다음 세대와 같은 단계를 재현하는 단계에 이르기까지 나타나는 일련의 발달상 모든 변화들로 정의하고 있다.

(2) 장애인복지서비스의 생애주기 관점

장애인은 비장애인과 마찬가지로 다양한 연령층으로 구성되며 장애에 따라 일상생활에서의 불편 혹은 취업, 교육에서의 욕구가 다르게 나타난다.

장애인은 장애의 특성과 욕구에 걸맞은 정책과 서비스를 필요로 한다. 그러나 일반적인 개인 성장과 발달단계를 설명하는 기준이 장애인에게는 적용되지 않고 그들을 예외적인 존재로 인식하여 장애인의 특성과 욕구를 제대로 반영하지 못하고 있다. 장애인의 성장과 발달에 대한 문제를 어떻게 치료할 것인가의 관점보다는 장애발생 또는 장애발생 후 특정 발달시기에 어떤 서비스가 요구되는지에 대한 파악이 중요하다. 각 장애주기는 다음 단계에 영향을 주어 어떤 영역의 장애로 단계별 과업을 충족하지 못할 경우 다음 단계로 전환하는 데 곤란을 겪을 수 있기 때문이다. 이러한 장애인의 특정 시기 성장 발달에 따른 과업을 수행하기 위해서는 장애인복지의 다양한 이념들과 패러다임 변화에 따라 비장애인과 동일한 생애주기적 접근 방식이 필요하다. 또한 장애인의 욕구와 과업의 중요성에 따라 필요한 서비스를 제공하기 위해서는 장애인의 성장에 필요한 포괄적이며 종합적인 서비스를 지원해야 한다.

2) 장애인 생애주기의 중요성과 필요성

생애주기는 개인의 출생에서 사망까지의 과정에서 일어나는 다양한 이벤트, 즉 입학과 취직, 결혼 등과 생애별 주기에 따른 과업과 정상화 및 사회통합적 이념의 보편화로 인한 발달과업을 강조한다. 그리고 개인과 상황에 대한 균형 있는 접근, 결국 개인이 처한 상황을 적응하기 위한 과정에서의 사회적 관계를 강조한다.

<표 4-2> 생애주기 접근의 관계

생애주기를 고려한 접근	생애주기를 고려하지 않은 접근
개인과 사회적 상황에 대하여 사회문화적 맥락 속에서 상태를 인식	개인의 장애로 인한 능력의 손상이나 제약만 인식하여 문제 치료에 초점을 둠

출처 : 이재풍 · 곽종형(2015).

장애인의 생애주기는 장애가 있는 다음 단계에 영향을 주므로 생애주기 접근은 장애인의 성장과 변화, 발달의 과정 등에서 나타날 수 있는 문제에 효율적으로 대응할 수 있게 되므로 매우 중요하다. 따라서 장애인의 전 생애에 걸친 지속적이고 통합적이며 보편적인 복지서비스 지원을 위해 생애주기 및 생애과업을 구체적으로 다룰 필요가 있다.

3) 생애주기별 특징

(1) 영유아기(0~6세)

영유아기는 경험을 통해 인성이나 품성이 형성되는 중요한 시기로, 부모, 형제 등과의 가정활동이 중심이 되며, 부모의 태도와 가치관은 아동 인성의 형성에 중요하다. 또한 부모의 방임이나 무관심은 인성 형성에 절대적인 악영향을 미친다. 따라서 부모의 일관된 태도, 지지, 격려가 중요하다.

① 발달과업

출생 또는 출생 직후에 장애를 갖게 된 영아는 자신의 장애를 인식할 수 있는 능력을 갖추기 전에 장애를 갖게 됨으로써, 세상에 대한 경험은 모두 장애의 관점과 연관된다.

이 시기의 발달과업은 주로 주변 환경과 관련한 신체적・인지적인 통제력을 획득하는 것이지만 장애영유아는 비장애영유아보다 많은 어려움을 갖게 된다. 특히 이 시기에는 지지적인 환경과 기술훈련으로 발달과업을 획득하게 된다.

② 특성 혹은 장애물

가족이나 다른 사람들의 장애영유아에 대한 잘못된 인식으로 연령별 발달과업을 수행하기 어렵게 만드는 과잉보호나 학대, 낮은 기대감 등의 문제가 발생될 수 있다.

부모의 지나친 과보호는 의존적인 성격을 만들 수 있으며, 이로 인해 적절한 지적・인지적・신체적 능력 발달을 저해하여 자율성을 상실하게 된다. 특히 장애치료(수술, 주사, 약물치료 등)로 인해 환경에 대한 고통을 경험하는 경우가 발생할 수 있으므로, 왜곡되지 않도록 안전 및 신뢰를 강화시켜야 한다(이재풍・곽종형, 2015).

장애영유아는 비장애영유아에 비해 유기 및 방임 혹은 학대를 받게 될 가능성이 높으며, 대부분의 가족과 주변 환경은 장애아동에 대해 낮은 기대감을 가진다. 이는 장애영유아의 능력제한으로 이어지게 된다. 가족과 주변 환경의 무관심과 냉대는 장애영유아의 왜곡된 성격 형성을 유발해 신뢰감 형성이 어렵거나 반사회적 성격을 초래하게 되어 일탈행동, 공격성, 활동과업에 대한 참여 거부, 분노 등을 나타내게 된다.

따라서 장애영유아의 발달시기에 따른 발달과업을 달성하기 위해서는 지지적인 환경구성과 장애의 조기발견을 위한 의료보장시스템 및 조기교육시스템의 확보가 필요하다.

③ 서비스

<표 4-3> 장애인 영유아기 서비스

직접서비스	• 장애사정과 재활계획 수립 • 장애와 가족 관련 상담 • 다양한 교육 및 치료 프로그램 제공
간접서비스	• 권익옹호 프로그램 제공 • 생활환경 조성 • 부모자조모임 활성화 • 자원개발과 연계
지역사회서비스	• 장애예방자료 제작 및 보급 • 사회적 인식개선활동 • 장애예방조치를 위한 입법과 조례제정

출처 : 이재풍 · 곽종형(2015).

④ 부모 및 가족의 역할

가. 현명하고 올바른 모델로서의 역할을 수행한다.

나. 자신감 향상을 위하여 촉매자로서의 역할을 수행한다.

다. 자녀에 대한 적절하고 정확한 정보 제공자로서의 역할을 수행한다.

라. 기능적인 기술 교육실천가로서의 역할을 수행한다.

마. 교육 가능성의 실현가로서의 역할을 수행한다.

바. 부모조직 구성원과 정치적 주창자로서의 역할을 수행한다.

사. 가족 구성원으로서의 역할을 수행한다.

(2) 학령기(7~18세)

학령기는 아동기(7~12세)와 청소년기(13~18세)로 나누어 볼 수 있다.

아동기에는 신체적·지적 성장을 이루고 사회화를 위한 학습능력이 강화되는 시기로, 학교를 중심으로 대인관계가 확대되며, 사회성을 습득하게 된다. 또한 다양한 문제를 경험하고 해결하기 위한 구체적 활동 전개로 능력이 증진되는 시기로, 가족에서의 독립, 학교나 친구 등의 사회적·지리적 관계망 확대가 이루어진다. 이 시기에는 장애를 가진 동료와의 의미 있는 접촉이 요구된다. 일반 아동과의 교류에서 정체성 혼란 및 장애문제에 대한 부정적 인식(대인관계에서의 경험)과 심리적 위축을 초래할 수 있으므로, 교사의 지도와 또래집단과의 관계 강화와 학습권 보장의 제도적 장치 확보 등 교육적 환경 조성이 매우 중요하다.

청소년기는 2차 성징이 출현하는 시기로 성적 변화를 어떻게 수용하느냐가 성격 형성에 영향을 미친다. 특히 사춘기에 접어들면서 신체적·정신적 발달이 만 11~18세까지 나타나지만(학자별로 청소년기에 대한 견해에 차이가 있으며, 사회·문화적 특성 및 환경적 요소에 따라 청소년기에 속하는 연령은 달라질 수 있다), 장애청소년의 경우 장애에 따른 늦은 사춘기 경험으로 인해 발달과업 수행이 어렵다.

청소년기는 또래의식이 형성되는 시기로, 친구의 영향이 커지게 되며, 추상적이고 논리적인 사고를 통해 자신의 사상, 가치관을 형성하고, 이성에 대해 관심을 갖게 된다. 그러나 장애청소년은 비장애청소년과 비슷한 신체적·정신적 변화 경험을 하지만, 낮은 자아개념과 자존감으로 타인에 대한 대응력이 약화되고, 소극적인 태도 및 자신감 저하 등(따돌림, 가족의 수치감, 거부, 좌절, 다름에 대한 인식, 나에 대한 부정, 무관심)의 문제가 발생하기도 한다(이재풍·곽종형, 2015).

또한 청소년기는 성인기로의 전환을 준비하는 시기로, 자율과 독립을 추구하는 특성 때문에 성인들과의 갈등이 초래된다. 그러므로 장애청소년도 성인으로서의 사회적 목표를 달성하기 위해 사회통합을 위한 준비가 필요하다. 장애청소년에게 사회통합은 독립된 자율성과 기본적인 적응능력의 습득이 어려워 지역사회에 통합되기 힘들어할 수 있다(임종호 외, 2018). 학령기의 발달과업을 이루기 위해서는 장애 아동 및 청소년의 통합교육을 위한 지지적 환경과 교육체계가 확보되어야 한다.

① 서비스

<표 4-4> 장애인 학령기 서비스

구분	내용
직접서비스	• 장애사정과 재활계획 수립 • 장애 및 가족상담 • 각종 교육 및 치료 프로그램 제공 • 사회적응훈련 프로그램 제공
간접서비스	• 권익옹호 프로그램 • 학교 및 가정생활에 대한 원조 • 장애형제 프로그램 • 자원개발과 연계
지역사회서비스	• 장애예방자료 제작 및 보급 • 장애예방조치를 위한 입법과 조례제정

출처 : 이재풍・곽종형(2015).

② 부모 및 가족의 역할

가. 교사와 협력자로서의 역할, 보조교사로서의 역할을 수행한다.

나. 가정교사, 강사로서의 역할을 수행한다.

다. 자원봉사자로서의 역할을 수행한다.

(3) 성인기(19~64세)

성인기는 원가족으로부터 독립된 생활을 하는 시기로, 직업을 갖고 사회적 관계에서 가장 활발한 활동을 한다. 그러나 장애인이 직업을 갖기에는 매우 제약이 많아 어려움이 따른다. 고용주의 장애인에 대한 편견과 차별의식, 교육과 훈련의 불평등, 적절한 지원의 부재 등으로 인해 장애인들의 일자리 접근은 크게 제한되어 있다. 일반적으로 장애인은 낮은 경제활동 참가율과 높은 실업률을 보이고 있다. 장애인들의 다양한 직업선택의 기회를 보장하기 위해서는 장애 특성에 맞는 적합 직종 및 고용형태 개발과 장애인의 특성을 반영한 취업지원체계 구축이 요구된다.

성인기의 장애인은 특수학교를 졸업하고 큰 시설에 의뢰되므로, 사회적 보호체계 확립이 필요하며, 대인관계 및 사회적응기술, 직업적 기능, 성적 기능, 재가서비스가 요구된다(이재풍·곽종형, 2015). 특히 여성장애인은 양육, 가사, 임신의 부담들이 증가하게 되므로, 부모로서의 역할을 수행할 수 있는 지원방안이 요구된다. 현실적으로 이 시기에는 나이에 따른 질환(당뇨, 심장질환 등)이 발생되어 장애를 갖게 되기도 한다. 이들은 비장애인의 정체성을 유지하려는 경향이 있어 장애에 대한 정체성을 가지고 장애를 수용하지 않으려 한다(임종호 외, 2018). 이 시기에 장애를 입은 중도장애인에게 장애수용과 새로운 상황에서 새로운 사회, 문화적 요소에 접근할 수 있도록 원조가 필요하다.

① 중도장애인(사고, 질병)의 주기적 특성

중도장애로 인해 집안의 가장으로서, 혹은 다양한 형태의 사회 구성원으로 역할수행 중 장애발생은 장애수용과 적응, 일상생활 제약, 가족 내 역할 변화와 부부관계 및 사회적 관계의 고립 등으로 다른 생애주기에 비해 어려움이 크며, 경제적 활동 중단으로 가족 전체의 위기가 발생하기도 한다. 그러나 성인기 중도장애인은 일반교육을 받았거나 직장생활을 한 경우가 많고, 일반적 사회생활을 통해 인적·사회적 관계의 폭이 넓어 지원을 위한 원조체계 형성 및 이를 통한 재활이 다른 장애인보다 더 유리하다. 중도장애인의 장애수용 및 잔존기능 획득이 가능해지면 직업재활을 비롯한 사회적 적응이 수월해질 수 있다(이재풍·곽종형, 2015). 자활기관 전문가, 동료지원 등은 중도장애인이 성공적으로 새 삶을 살 수 있도록 원조하고, 고통을 겪는 가족을 지원한다.

② 서비스

<표 4-5> 장애인 성인기 서비스

직접서비스	• 장애사정과 재활계획 수립 • 장애와 가족지원 상담 • 각종 직업재활 프로그램 제공 • 장애유형별 재활 프로그램 제공
간접서비스	• 권익옹호 프로그램 • 가정환경개선 원조 • 자조모임 • 자원개발 및 연계
지역사회서비스	• 장애예방자료 제작 및 보급 • 장애예방조치를 위한 입법과 조례제정 운동

(4) 노년기(65세 이상)

노령화된 장애인은 선천적 혹은 중도장애로 인해 장애인이 된 사람, 즉 노인이 되기 이전에 장애가 발생하여 현재 노령에 이른 사람을 의미하며, 노인성 장애인은 노인이 된 후 장애인이 된 사람으로, 노화 때문에 나타나는 신체적 기능저하로 장애를 얻게 되는 경우를 의미한다. 양자는 장애인이라는 공통점이 있지만 살아온 과정과 특성이 구분된다.

이 시기에 장애를 입은 노인은 장애인 문화에 동화하지 않으며, 유사한 장애를 가진 사람과 사회적 관계를 갖지 않으려는 경향을 보여 사회적 고립을 경험할 가능성이 높다(이경준 · 최윤영, 2019). 노년기에 나타나는 문제는 대처면에서 장애를 가지고 살아왔던 사람들이 삶의 후반부에서는 장애를 입은 사람들에 비하여 노년기에 나타나는 문제들을 더 잘 준비하는 경향을 보인다(이재풍 · 곽종형, 2015). 그러나 근본적으로 장애를 가진 노인은 일반노인과 다름없이 사회적 관계와 의미 있는 활동을 유지하면서 적절한 독립생활을 유지하는 것이 중요하며, 장애노인이 성공적인 과업을 이루기 위해서는 장애노인에 대한 지지적 환경 조성이 필요하다.

① 장애노인의 특성

장애노인의 경우 '장애인보다 더 심각한 장애인, 노인보다 더 심각한 노인'이라는 노인문제와 장애문제의 복합성을 갖게 되므로, 어려운 생활 문제가 복합적으로 존재하는 특성이 있다. 일반노인에 비해서 장애노인은 신체적·경제적인 의존성과 사회복지서비스에 대한 욕구가 크다.

노년기 장애인이 가장 높은 욕구를 보이는 것은 의료보장이며, 그 다음은 소득보장, 주거보장의 순서로 나타나고 있다. 노인과 장애인은 각기 독립적 영역에서 각각의 정책이 시행되며, 장애노인은 장애인복지와 노인복지에서 모두 소외되는 양상을 보인다(이재풍·곽종형, 2015).

② 발달과업

노년기의 발달과업을 이루기 위해서는 세대 차이와 사회변화에 대한 이해가 필요하다(은퇴 후에 대한 준비 및 사회변화와 건강증진을 위한 지식 습득 등). 또한 적극적 생활태도를 유지하고, 여가활동, 취미생활을 지속해야 하며, 퇴직 및 수입 감소에 대비하고, 소외되는 환경에 적응하며, 친구나 자신의 죽음에 대한 준비가 필요하다. 그리고 가정과 사회에서는 어른의 역할을 수행하고 자녀와 손자들과의 정서적 관계를 유지하게 된다. 노년기의 발달과업을 이루기 위해서는 감퇴되는 체력과 건강에 적응하고 운동과 영양섭취 등의 관리가 필요하다.

③ 서비스

<표 4-6> 장애인 노년기 서비스

직접서비스	간접서비스	지역사회서비스
• 장애사정 수립, 재활계획 수립 • 장애와 가족지원 상담 • 각종 직업재활 프로그램 제공 • 장애유형별 재활 프로그램 제공	• 권익옹호 프로그램 • 가정환경 개선 원조 • 자조모임 • 자원개발 및 연계	• 장애예방자료 제작 및 보급 • 장애예방조치를 위한 입법과 조례제정 운동

4) 생애주기별 장애인가족의 욕구와 관심

장애가 발견되면 각 장애의 특성에 맞는 교육과 치료가 필요하나, 전문적인 치료기관의 숫자가 부족하고 고가의 치료비를 감당하기 어려운 가정들이 많은 실정이다.

특수학교의 경우 이 문제를 상당 부분 해결해 주지만 수요자에 비해 특수학교의 정원이 적어 경쟁이 치열하고, 여전히 사교육에 비해 학습효과를 기대하기 어렵다(이재풍·곽종형, 2015).

성인기가 되면 한 사람의 성인으로서 본격적인 욕구가 많아지지만, 실질적으로 별다른 대책이 없으며, 부모 사후 등의 상황에 대처할 만한 적절한 수단은 사실상 부재하다. 이러한 장애인가족의 생애주기에 따른 관심사를 살펴보면 〈표 4-8〉과 같다.

<표 4-7> 장애인가족의 생애주기에 따른 관심사

생애주기의 단계	부모의 관심사	형제들의 관심사
영유아기 (0~6세)	• 정확한 진단을 받는 것 • 형제나 친지에게 알리는 것 • 서비스를 찾아다니는 것 • 장애가 있다는 것에 대한 긍정적인 의미를 발견하는 것 • 의사결정을 좌우하는 개인적인 관점을 분명히 하는 것 • 낙인의 문제에 대처하는 것 • 커다란 기대를 가지는 것	• 형제들의 욕구에 대해 부모의 시간과 에너지 할애가 줄어드는 것 • 관심이 줄어드는 것에 대한 질투의 감정 • 장애에 대한 잘못된 이해와 관련된 두려움
아동기 (7~12세)	• 가족기능의 수행을 위해 일상적인 생활을 조정하는 것 • 교육에 관련된 문제들에 대해서 적응하는 것 • 일반학급 통합과 특수학급 분리에 따른 문제를 분명히 하는 것 • 개별화 교육회의에 참여하는 것	• 신체적 보호의 욕구에 대한 책임을 분담하기 • 여자 맏이들이 위기를 맞을 가능성 • 레크리에이션과 여가를 위한 가족의 자원이 제한되는 것 • 친구나 선생님에게 장애형제를 알리는 것

	• 지역사회 자원을 찾고 활용하는 것 • 교과목 이외의 아동의 활동을 조정하는 것	• 동생이 장애를 가진 형이나 누나를 앞지를 가능성 • 장애형제의 통합에 따라 같은 학교에 다니게 되는 문제 • 장애에 대한 기본적인 정보의 욕구
청소년기 (13~18세)	• 장애적 조건의 만성화 가능성에 대해서 정서적으로 적응하는 것 • 성적인 문제의 등장에 대한 이해 • 또래들의 거부와 배제 가능성에 대하여 대처하는 것 • 직업생활에 대해 계획하는 것 • 여가생활에 대해 계획하는 것 • 사춘기의 신체적·정서적 변화에 대해 대처하는 것 • 학교 교육 이후의 생활에 대해 계획하는 것	• 형제에 대한 과잉동일시 • 사람들 사이의 차이점에 대한 폭넓은 이해 • 장애의 영향이 직업의 선택에 미치는 영향 • 낙인의 가능성에 대해서 대처하기 • 형제 훈련 프로그램에 참여하는 것 • 형제 지지집단에 참여하는 것
성인기 (19세 이후–노인기 포함)	• 후견인의 필요성에 대한 준비 • 성인으로서의 적절한 주거의 형태를 구상하는 것 • 성인에게 의존성이 가지는 함의에 대해서 정서적으로 적응하는 것 • 가족 밖에서 사회화의 기회를 가질 수 있도록 대처하는 것 • 취업이나 직업훈련 프로그램을 시작하는 것	• 재정적 지원에 대해 책임을 질 가능성에 대한 문제 • 유전적 문제와 관련된 걱정을 해결하는 것 • 결혼으로 인한 새로운 가족을 장애인에게 소개하는 것 • 직업·주거문제에 대한 정보의 욕구 • 형제들의 옹호인으로서의 역할을 분명히 하는 것 • 후견인 문제의 가능성

출처 : 이재풍·곽종형(2015).

5) 생애주기별 서비스 적용과 전망

① 재활서비스를 삶의 전 과정이라는 거시적인 관점에서 계획하여 실시한다.

② 생애주기별 발달 특성을 고려한 서비스를 제공한다.

③ 수요자의 욕구와 필요를 적극적으로 반영한다.

6) 생애주기별 서비스모델의 유의점

① 전체적인 개인의 삶과 연계되고, 일관성을 유지할 수 있어야 한다.

② 단계별 과정이동에 따른 서비스의 연계체계가 확립되어야 한다.

③ 생애주기에 따른 서비스효과, 즉 자조능력의 신장과 적극적인 자기역할의 수행에 기여할 수 있도록 계획되어야 한다.

④ 생애주기별 서비스는 정상화의 이념을 최대한 만족시킬 수 있도록 설계되어야 한다.

<표 4-8> 생애단계에 따른 장애인복지발전계획

단계	지원내용
출생전	• 모자보건사업 강화로 선천적 장애발생 예방 – 임산부 건강진단 내실화 및 유전상담 강화 – 선천성 대사 이상검사 확대
출생	• 미숙아 및 선천성 이상아 등록관리 – 심신장애발생률이 높은 저체중 출생아 등 미숙아와 선천성 이상아 보건소 등록체계 확립 – 저소득가정 미숙아 및 선천성 이상아 의료비 지원 • 장애인 등록관리 체계 구축 – 장애개념 정립 및 범주의 지속적 확대 – 등록장애인 DB 구축
유아기	• 저소득계층 영유아 건강진단 및 보건소 영유아 성장발달 스크리닝 기능 강화 • 유아특수교육 지원 확대 – 유아특수교육기관 증설 및 교육비 지원 확대 • 중증장애를 가진 영·유아 생활복지시설 확충
아동·소년기	• 장애학생의 특수교육 진단체계 확립 • 재택 장애아동 학교교육지원 및 특수학급·특수학교 증설 • 특수교육 대상학생 통합교육 기회 확대 • 장애아동부양수당 지급수준 현실화 • 자녀교육비 지원 확대 • 장애아동 보육 지원
청년기	• 특수학교 재학생 및 일반학교 장애인 학생을 대상으로 진로지도 교육 연계 및 체계화 • 대학 장애인 편의시설 확충 및 대학 장애학생지원센터 운영 • 장애인 의무고용 확대 및 근로감독 강화 • 직업훈련 및 직업재활서비스 내실화 – 보호고용사업의 확대 및 맞춤형 직업훈련 강화 – 장애인 특성에 적합한 훈련방식 도입 • 취업알선 서비스 개선 – 고용촉진공단, 고용안정센터, 지방자치단체 등 취업알선기관 간 구인·구직 협력체계 구축

단계	지원내용
장년기 이상	• 장애인의 일상생활에 적합한 주택 개선·보급 - 장애인 본인이 거주하는 주택의 개조비용 지원 추진 • 창업자금 융자 등 창업지원 확대 및 컨설팅 서비스 제공
전 생애와 관련되는 정책	• 응급의료기관 인프라 개선 및 응급전문인력·시설 장비 확충 • 교통안전관리체계 정립 • 산업재해 취약 부문 집중 지도·지원 • 장애수당 지원 확대 및 지원수준 현실화 • 세제·요금 감면을 통한 경제적 부담 경감 확대 • 재활의료서비스 체계 구축 및 의료 지원제도 확대 • 편의증진 사업 활성화 • 사회복지시설 확충 및 서비스 내실화 • 장애인 신체기능 회복을 위한 생활체육 기반 확충 • 장애인 정보화 교육장 확대 및 원격·방문교육 활성화 • 특수 정보화 보조장비 및 프로그램 개발·보급 • 시·청각 장애인의 방송 접근권 지원 확대 • 특별수송서비스체계 및 교통정보 제공체계의 구축 - 장애인 전용 셔틀버스 및 장애인 콜택시 확충 • 도시철도·버스·철도·항공·터미널 등의 장애인 교통편의시설 개선 - 엘리베이터, 에스컬레이터 설치 확대 - 시내버스 등에 저상버스 및 휠체어리프트 장착시설을 단계적으로 도입 • 장애인 보행 환경 및 운전면허제도 개선 • 장애인 종합홈페이지를 구축하여 의료·교육·직업정보·재활·복지시설·정부시책 등을 종합적으로 제공 • 장애인 DB구축 및 Work-net과 연계된 장애인 고용정보통합시스템 구축 • 장애인 실태조사 등 통계인프라 구축 • 언론매체를 통한 인식 개선 • 교과과정에 장애인 관련 내용 통합 및 장애체험 실시 • 장애인고용우수사례 발굴 전파 등

출처 : 보건복지부(2003). 제2차 장애인복지발전 5개년 계획.

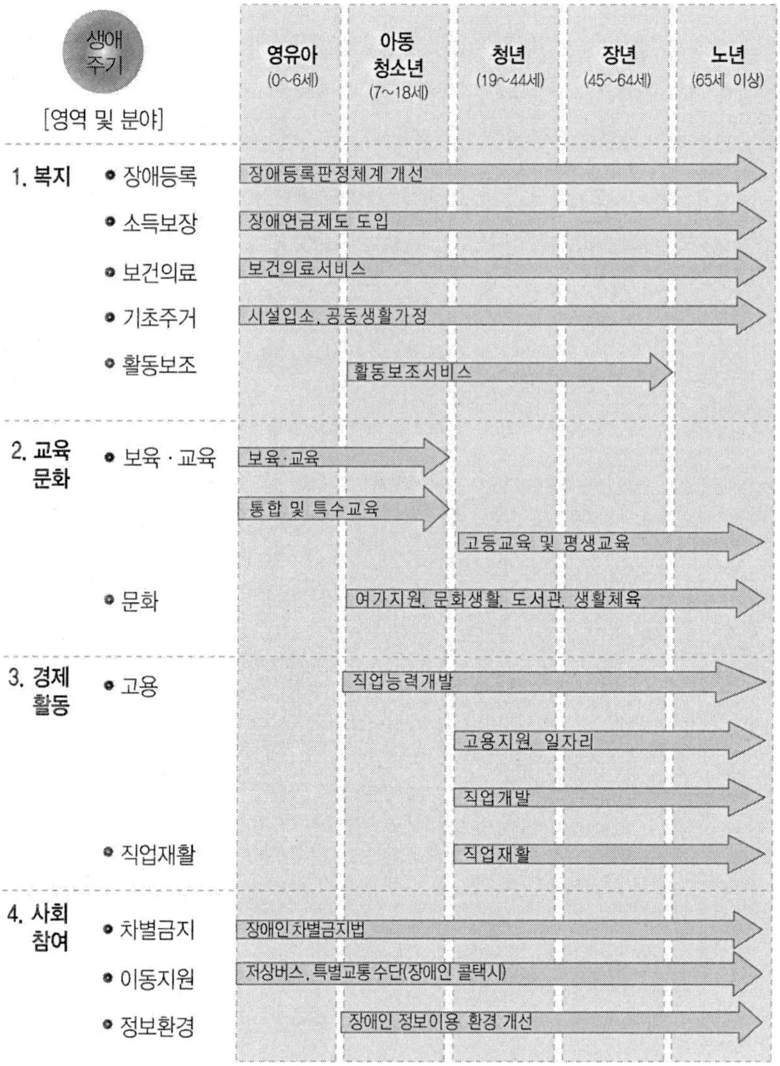

|그림 4-1| 생애주기에 따른 장애인복지서비스

출처 : 보건복지부(2008). 제3차 장애인복지발전 5개년 계획.

CHAPTER

05 | 장애인복지 전달체계

학·습·목·표

1. 장애인복지 전달체계의 개념에 대해 이해할 수 있다.
2. 장애인복지 전달체계의 요소와 원칙에 대해 이해하고 설명할 수 있다.
3. 공공과 민간의 전달체계에 대하여 살펴본다.
4. 장애인복지 전달체계의 문제점을 파악하고 개선방안에 대해 살펴본다.
5. 장애인복지의 정책에 대해 이해할 수 있다.

1. 장애인복지 전달체계의 개념

장애인복지의 효과적이고 효율적인 전달체계라 하면 장애인의 욕구 증대와 문제 해결을 위하여 매우 중요하다. 서비스 전달체계는 서비스를 제공하는 조직, 그리고 서비스를 이용하는 수요자를 연결시켜 주는 조직적이며 체계적인 장치를 말하고 서비스의 제공 방법 및 절차와 관련된 영역으로서 서비스 전달망이라고 할 수 있다

서비스 제공조직(공급자) → 서비스 이용자(소비자)를 연결하는 조직적이고 체계적인 장치

• 서비스를

누구에게 : 장애인에게

무엇을 : 서비스의 내용

어느 정도로 : 서비스의 수준과 비용을

어떻게 제공하느냐 : 전달체계를 통하여 전달하는 것이다.

장애인복지 전달체계는 장애인들이 필요로 하는 다양한 서비스가 중복・누락 없이 필요한 장애인에게 전달될 수 있도록 하여 장애인들의 기본생활을 보장해 줄 수 있도록 하는 핵심 기제이다.

장애인복지 전달체계는 확립되어야 할 욕구와 문제의 파악, 효율성의 증대와 전문직 서비스 지원을 통한 해결을 위해 매우 중요하다(이재풍・곽종형, 2015).

이러한 조직적 전달체계는 일반적으로 공공복지 전달체계와 민간복지 전달체계로 구분할 수 있다. 공공복지 전달체계는 보건복지부에서 시・도-시・군・구-읍・면・동 행정을 통하여 시설 운영자에게 전달하되, 직접적으로 장애인에게 서비스를 제공하고 있다. 민간복지 전달체계는 장애인재활협회, 사회복지시설협회 등이 있지만 의사결정체가 아닌 협의체이기 때문에 민간체계는 분명히 구축되어 있는 것이 아니다.

2. 장애인복지 전달체계의 요소와 원칙

1) 고려 요소

장애인복지 전달체계는 복지정책, 서비스의 공급자 및 수요자를 연결시켜 줄 수 있는 조직적인 장치이며 전달체계 논의에 있어 고려해야 할 요소들이 있다

(1) 서비스의 공급자가 누구인가

지방자치법 제9조 제2항 제2호 및 제5호, 정부조직법, 장애인복지 관련법, 장애인복지법 제9조 규정에 의거하여 장애인복지의 주된 공급자는 국가이며 필요에 따라 지방자치단체가 될 수도 있다.

(2) 서비스의 수급자가 누구인가

수급권자는 장애인과 가족을 대상으로, 종래의 선별주의적 복지에서 보편주의적 복지로의 패러다임의 전환이 서비스 수급권자의 대상 범위를 장애인 전체로 확대시켰다.

(3) 누가 비용을 부담할 것인가

보편적으로 사회복지에 대한 비용을 지방자치단체, 수급권자가 일정한 비율을 분담하고 있지만 장애인은 사회적 접근권이 제한되고 있어 사회적 기본권 보장의 차원에서 국가와 지방자치단체의 적극 개입이 요구되고 그 외 비용의 상당 부분을 정부재정에 의존한다.

2) 장애인복지 전달체계의 원칙

장애인복지 전달체계는 일반적 사회복지정책이나 서비스 전달체계의 전반적인 틀과 제도 안에서 이루어지고 접근성, 전문성, 통합성, 지역참여의 원칙이 준수되어야 한다.

(1) 접근 용이성의 원칙

접근 용이성은 사회복지서비스와 그것을 필요로 하는 욕구들의 연결 상태가 쉽고 원만해야 한다는 것으로, 복지제공 장소가 가까워야 하며, 심리적으로도 소외되고 차별적인 대우가 없다고 느낄 수 있어야 한다. 또한 대상자 선정에 있어서도 신청 절차상의 장애와 자원부족 등이 제거되어야 한다.

장애인의 서비스 접근성에는 서비스 제공 장소와 이용자가 거주하는 곳과의 지리적인 근접성, 심리적인 친밀감, 동등한 권리 보장의 편의성을 포함하고 있다. 따라서 장애인이 서비스가 필요할 때에는 언제나 쉽게 접근할 수 있도록 편리하고 안전하게 제공되어야 한다.

(2) 전달체계 전문성의 원칙

장애인복지 서비스는 전문적인 지식과 기술이 요구된다. 전문성은 서비스 전달체계에서 대상자의 관계에 따라 심리적·기술적 접근이 중요하므로 해당 분야의 전문가들의 전문성을 기본 요소로 해야 한다(김용환 외, 2018; 신애영, 2007). 따라서 장애인의 욕구와 문제에 따라 전문영역별로 전문적 지식을 가진 전문가가 전문적인 방법으로 서비스를 제공해야 한다.

사회복지서비스는 프로그램의 계획과 집행 등 전문인력에 의해 이루어지는 전문적 활동영역에 해당된다. 전문가는 장애인의 구체적 특성과 욕구, 그리고 문제를 정확하게 파악하고, 해결할 수 있도록 세부적인 전달체계까지 세심하게 준비해야 한다. 이를 위해서는 전문가의 권위와 자율성을 보장하기 위한 행정체계가 마련되어야 한다.

(3) 전달체계의 통합성 원칙

장애인의 문제는 복합적이고 상호 연관되어서 다양하기 때문에 필요 서비스도 다양해질 수밖에 없으며 다양한 욕구를 통합적으로 처리 가능하도록 구성되어야 한다.

장애인은 일상생활을 영위함에 있어 복잡하고 다양한 욕구 및 문제와 충돌하게 되고, 신체적·정신적 불편함으로 인해 사회복지서비스를 제대로 이용하지 못하고 있다(김용환 외, 2018).

사회복지 서비스는 다양한 문제를 해결할 필요성이 있다. 장애인의 문제는 교육적, 직업적, 의료적, 정서적, 사회적, 경제적, 대인관계적 영역들의 복잡성으로 인해 다양한 문제와 욕구발생에 대한 종합적 서비스가 요구된다. 그러므로 장애인에게 종합적 서비스를 제공하기 위해서는 보건의료체계, 공공·민간 복지체계, 교육, 훈련, 직업체계, 이송체계 등이 필요하다. 또한 업무의 조정과 체계화가 필요하다. 장애인에게 필요한 다양한 서비스를 통합적으로 관리하며, 업무수행 시에 조정할 수 있는 통합적인 전달체계 확립이 완전한 자립생활과 사회통합될 수 있다.

(4) 지역참여의 원칙

지역사회는 장애인의 삶의 터전이자 생활공간이며 이상을 실현할 수 있는 공간이다. 장애인 지역참여의 근본적인 목적은 장애인이 서비스를 이용함으로써 지역사회 내 활동과 참여기회를 극대화하고, 이로 인하여 사회통합을 실현하는 데 있다(양희택 외, 2011). 장애인이 지역사회에서 적극적인 활동으로 일상생활을 영위하기 위해 지역주민이 장애인을 동등한 권리를 가진 주체로 인식하는 것이 중요하다. 또한 지역사회의 다양한 자원을 통한 지역주민의 자발적이고 능동적인 참여가 요구된다. 따라서 장애인의 적극적인 지역사회 참여를 위해서는 지역사회 특수성의 고려와 지역참여를 극대화시킬 수 있는 전달체계가 확립되어야 한다.

3. 공공과 민간의 전달체계

1) 공공전달체계

(1) 보건복지부

보건복지부는 장애인복지정책을 총괄하며, 장애인정책국 아래 장애인정책과, 장애인권익지원과, 장애인자립기반과, 장애인서비스과를 두어서 장애인 소득보장, 장애인복지시설, 장애인복지 서비스 등 장애인의 고용, 특수교육, 이동권 등 일부를 제외한 대부분의 장애인복지정책을 다루고 있다. 보건복지부 각 부처의 주요 업무 내용은 〈표 5-1〉과 같다.

<표 5-1> 보건복지부 각 부처의 주요 업무

보건복지부 부처	주요 업무
장애인정책국	1. 장애인복지 관련 종합계획 수립에 관한 총괄 · 조정 2. 장애인등록 및 판정에 관한 사항 3. 장애인단체 지원 및 장애인복지 관련 국제협력에 관한 사항 4. 장애예방 및 여성장애인 관련 정책개발 · 지원에 관한 사항 5. 장애인차별금지 관련 법령 및 국제장애인권리협약 등 장애인 권익증진에 관한 사항 6. 장애인 편의시설의 설치 · 관리 및 장애인 복지시설의 지원 · 육성 7. 장애인활동지원제도의 운영에 관한 사항 8. 장애인 자립생활 관련 사업의 지원 및 육성 9. 의료재활 및 장애아동 재활치료 지원에 관한 사항 10. 장애인보조기구의 개발 · 보급 11. 장애수당 등 장애인의 소득보장 및 생활안정 지원에 관한 사항 12. 장애인일자리 창출 및 직업재활에 관한 사항 13. 장애인생산품 판매촉진 및 중증장애인생산품 우선구매에 관한 사항 14. 장애인연금 관련 법령, 장애인연금 재정 및 수급자 관리 등 장애인연금 제도 운영 전반에 관한 사항
장애인정책과	1. 장애인복지 관련 종합계획의 수립 및 조정 2. 장애인복지 관련 정책의 수립 및 평가 3. 장애인복지 관련 법령에 관한 사항 4. 장애인등록 및 판정에 관한 사항 5. 장애인 복지업무 평가에 관한 사항 6. 장애인단체에 관련한 사항 7. 한국장애인개발원 운영의 지원 8. 장애예방과 발생에 관한 사항 총괄 및 조정 9. 외국인의 장애인 복지서비스와 관련한 사항 10. 장애인 차량에 대한 LPG 지원 사업 11. 장애인복지와 관련한 전문인력 양성을 위한 지원 12. 그 밖에 국내 다른 과의 주관에 속하지 아니하는 사항
장애인권익 지원과	1. 장애인생활시설의 지원 및 육성 2. 장애인복지관 등 지역사회재활시설의 지원 및 육성 3. 장애인 의료재활에 관한 사항 4. 장애유형별 재활 프로그램의 개발 및 지원 5. 권역별 재활센터 지원 등 의료재활 서비스에 관한 사항 6. 장애인 자립생활센터 및 관련 서비스의 지원 · 육성 7. 국립재활원의 운영 및 지원

장애인권익 지원과	8. 장애인차별 관련 관리·운영 및 종합대책 수립 9. 장애인차별금지 관련 법령 및 제도개선에 관한 사항 10. 장애인의 권익증진 및 사회적 인식개선에 관한 사항 11. 「장애인의 권리에 관한 협약」 등 국제협력에 관한 사항 12. 장애인의 사회참여에 대한 평가에 관한 사항 13. 장애인 편의증진에 관한 계획의 수립 및 평가 14. 장애인 편의증진과 관련한 법령과 관련된 사항 15. 장애인의 이동편의와 관련한 지원에 관한 사항
장애인자립 기반과	1. 장애인의 직업재활 및 소득보장에 관한 계획의 수립 및 조정 2. 장애인 소득보장 관련 법령에 관한 사항 3. 장애인의 일자리 창출 관련 사항 4. 장애인 직업재활시설의 지원 및 육성 5. 장애인 직업재활 프로그램의 실시 및 평가 6. 장애인생산품의 판매촉진 및 우선구매제도에 관한 사항 7. 장애인의 창업 지원 및 자립자금의 대여사업 등 생활안정 지원에 관한 사항 8. 장애인 직업재활 전문인력제도의 운영 및 지원 9. 장애인보조기구의 개발·보급 관련 서비스전달체계의 지원·육성 10. 장애인보조기구의 표준화, 품질관리 및 산업화 지원 11. 장애인연금 관련 법령 및 제도에 관한 사항 12. 장애인연금 운영에 관한 사항 13. 장애인연금 국비·지방비 부담 기준 관리 등 재정운영에 관한 사항 14. 장애인연금 수급자의 선정 및 적정관리에 관한 사항 15. 장애수당 및 장애아동수당 운영에 관한 사항 16. 장애아동 특별보호연금에 관한 사항 17. 장애인 자산형성 및 경제적 지원대책에 관한 사항
장애인서비스과	1. 발달장애인 지원 기본계획의 수립 및 평가에 관한 사항 2. 여성장애인 관련 정책의 개발 및 지원에 관한 사항 3. 장애아동 및 장애인가족 지원에 관한 사항 4. 장애인 후견제도에 대한 지원에 관한 사항 5. 장애아동 돌봄과 발달재활서비스에 관한 사항 6. 장애인활동지원 관련 법령 및 제도에 관한 사항 7. 장애인활동지원 수급자의 관리 및 지원정책 수립·조정에 관한 사항 8. 장애인활동지원급여의 기준 및 급여비용의 산정에 관한 사항 9. 장애인활동지원과 관련한 이용지원에 관한 사항 10. 장애인활동지원기관 운영 및 활동보조인 양성에 관한 사항 11. 장애인활동지원기관의 현지조사 및 관리·평가 등에 관한 사항

장애인서비스과	12. 장애인활동지원급여에 대한 사후관리에 관한 사항 13. 장애인활동지원사업 관리기관의 관리·감독에 관한 사항 14. 장애인활동지원사업 국비·지방비 부담 기준 관리 등 재정운영에 관한 사항 15. 장애인활동지원사업에 관한 조사·연구·홍보 및 통계관리에 관한 사항

출처 : 보건복지부 홈페이지(www.mohw.go.kr).

(2) 장애인정책조정위원회

장애인정책조정위원회는 국무총리 산하의 조직으로 장애인복지 종합정책을 수립하고 관계부처 간의 의견을 조정하며, 그 정책의 이행을 감독·평가하는 조직이다. 장애인정책조정위원회에서 심의·조정하는 사항은 다음과 같다(장애인복지법 제11조 제2항)

① 장애인복지정책의 기본방향에 관한 사항

② 장애인복지 향상을 위한 제도개선과 예산지원에 관한 사항

③ 중요한 특수교육정책의 조정에 관한 사항

④ 장애인 고용촉진정책의 중요한 조정에 관한 사항

⑤ 장애인 이동보장 정책조정에 관한 사항

⑥ 장애인정책 추진과 관련한 재원조달에 관한 사항

⑦ 장애인복지에 관한 관련 부처의 협조에 관한 사항

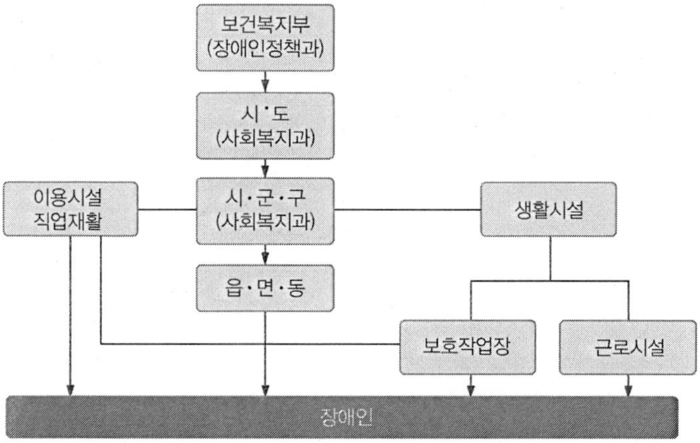

|그림 5-1| 보건복지부의 전달체계

출처 : 보건복지부 홈페이지(www.mohw.go.kr).

(3) 고용노동부

고용노동부는 장애인의 고용과 관련된 정책을 담당하는 부서이다. 고용노동부에서 장애인정책은 고용정책실 산하 장애인고용과에서 담당하고 있다. 장애인고용과의 주요 업무내용은 장애인정책업무, 고용촉진업무, 고용지원업무, 기금전략업무, 기금관리업무, 행사 및 혁신관리업무 등 장애인정책을 담당한다.

장애인고용과의 많은 업무 중에서 상당 부분은 고용노동부 산하 단체인 한국장애인고용공단에 위임하고 있다. 한국장애인고용공단은 「장애인 고용촉진 및 직업재활법」에 따라 장애인이 직업생활을 통해 자립할 수 있도록 지원하고 장애인의 고용촉진 및 직업재활업무를 효율적으로 수행하기 위하여 설립된 기관이다.

(4) 교육부

교육부는 장애아동을 대상으로 하는 특수교육을 담당하는 부서이다. 지방교육지원국 산하 특수교육정책과에서는 특수교육의 발전 기본계획 수립, 특수교육 실태조사 실시, 연차보고, 특수교육과 관련 제도 개선, 장애학생 학업 성취도 평가, 특수교육 관련 서비스 제공, 특수교육 국가교육과정의 운영지원, 통합교육 지원 및 학교현장 중심에서의 장애이해교육 계획 수립, 장애인 고등교육 및 평생교육 지원, 장애영아 교육지원 등에 관한 업무를 수행한다.

(5) 지방자치단체

행정안전부의 일반 지방행정조직인 지방자치단체의 광역시・도, 시・군・구, 읍・면・동을 통해 장애인복지정책 집행 및 서비스를 제공하고 있다. 서울시와 경기도는 장애인복지과에서 장애인복지를 담당하고 있으며, 기타 시・도에서는 사회복지과에서 다른 분야를 포함한 장애인복지를 담당하고 있다. 시・군・구에서는 생활복지국 산하 사회복지과에서 장애인복지를 담당하고 있으며, 읍・면・동에서는 사회복지직 공무원이 장애인복지를 담당하고 있다. 광역시・도와 시・군・구, 읍・면・동의 장애인복지 주요 업무는 〈표 5-2〉, 〈표 5-3〉과 같다.

<표 5-2> 광역시・도 장애인복지 주요 업무

고용 관련	장애인 정책 관련
• 공공시설 내 자판기 등 설치에 관한 사항 • 장애인생산품판매장 운영 관리 • 취업박람회	• 장애인복지 종합계획 수립 • 관련법령, 제도 개선 • 장애인 체육 등 각종 행사 • 장애인 복지 관련 법인(단체) 지도 감독 • 장애인지역사회재활시설, 생활시설관리 및 지원
편의증진 관련	**재활지원 관련**
• 장애인 고속도로 통행료 감면 업무 • 장애인 등록 • 저소득 장애인 전세주택 제공 • 공동주택 특별공급 • 장애인편의시설 설치 및 관리	• 장애인 지역사회재활시설 지도 • 장애인 생활안정 지원 • 장애인 주・단기 보호시설, 재가복지센터 관리 및 지원 • 장애인 보장구 지원 • 장애인 공동생활가정 운영 • 장애발생 예방 및 인식개선

출처 : 이재풍・곽종형(2015).

<표 5-3> 시·군·구, 읍·면·동 장애인복지 주요 업무

시·군·구	읍·면·동
• 국민기초생활수급권자 지원 • 국민기초생활보장수급권자 지원 • 장애수당, 교육비, 의료비·자립자금 대여 • 장애인복지관, 시설, 법인지원 • 자활사업 및 생업자금 융자 • 재활치료바우처 사업 관리 • 활동보조지원제도 관리 • 장애인 편의시설 관리 • 의료급여자 자격 관리	• 장애인 등록 • 국민기초생활보장수급자 지원

출처 : 이재풍·곽종형(2015).

2) 민간전달체계

장애인복지 민간전달체계는 보건복지부로부터 광역시·도, 시·군·구를 통해 시설운영자에게로 전달되며, 대체로 구체적이고 직접적인 장애인복지서비스를 제공하는 사회복지조직으로 구성되어 있다. 이용시설인 장애인복지관은 정부에서 설립하여 운영을 민간기관에 위탁하고 있으며, 장애인복지시설은 대부분 민간법인, 기관에서 운영하고 있다. 이러한 민간전달체계는 장애인의 권익보호 및 복지증진이 목적인 장애인단체가 중심이 된다.

장애인복지시설은 장애인이 거주하거나 장애인이 시설로 통원하여 재활에 필요한 훈련 및 요양·상담·치료·교육 등의 장애인복지서비스를 전달받게 하는 사회복지시설이다. 장애인복지시설은 자기 스스로 자립생활을 영위하기 어려운 장애인에게는 사회적 공공성을 실현하면서도 심신의 미발달, 노화, 미성숙 또는 장애 같은 사유로 가지는 사회적인 핸디캡을 극복할 수 있도록 도와줌으로써, 생활, 치료, 사회성 함양, 교육의 장이 되는 가정에서의 대리적 역할을 수행한다. 장애인의 심리적 안정을 위한 정서적 지지와 격려, 일상생활 영위를 위한 생활지원, 기능 강화와 사회적응을 위한 재활 서비스, 가치 있는 일에 종사하고 대인관계를 증진시키는 사회서비스 등의 모든 서비스를 제공한다(고명석 외, 2016). 장애인복지시설의 입소 대상자는 국민기초생활보장법의 수급권자를 중심으로 운영되어야 하나 시설정원의 30% 이내에서 입소에 대한 실비를 받을 수 있다. 장애인복지시설은 거주시설과 이용시설, 장애인직업재활시설로 나눌 수 있다.

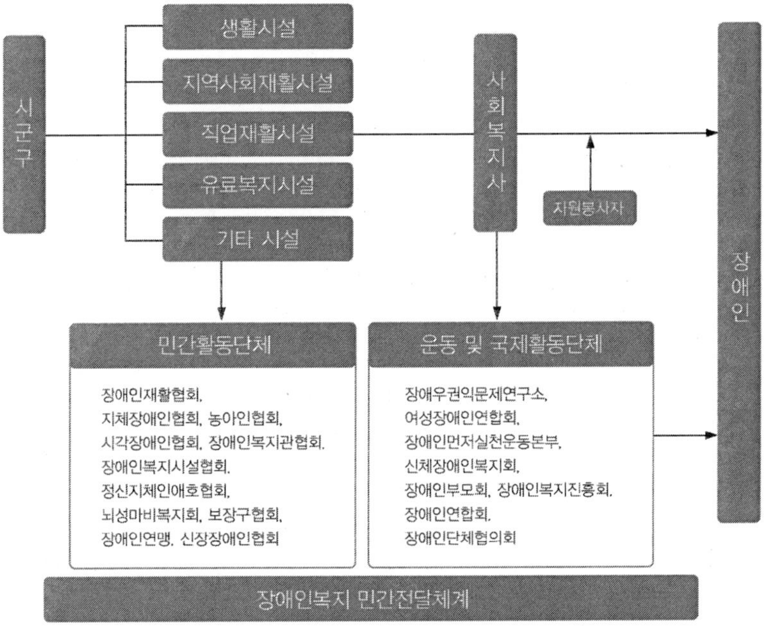

|그림 5-2| 장애인복지 민간전달체계

출처 : 이재풍 · 곽종형(2015).

4. 전달체계의 문제점 및 개선방안

1) 전달체계의 문제점

장애인의 다양한 요구와 문제해결을 위해서는 다양한 조직이 유기적으로 협력과 조정을 통한 서비스를 전달해야 한다. 그러나 한편으로는 각 부처의 담당업무를 중심으로 단편적인 서비스를 제공하기 때문에 여러 가지 문제점이 있다.

(1) 수직적 전달체계

① 전달체계가 일방적인 상의하달식 체계로 구성되어 있다.

② 보건복지부의 수직적 체계는 장애인복지조정의 역할에 장애가 된다.

③ 5대 보험과 공공부조에서와 같이 일방적인 상의하달식 전달체계는 지역적인 특성과 욕구가 반영된 복지서비스를 제공할 여건이 되지 못한다.

④ 지역 특성 및 욕구가 반영 장애인 욕구 수렴의 전달 및 의사소통의 통로가 부재하다.

⑤ 중앙 정책의 획일적 수행에 다른 지역과의 연계 부족 등의 문제점이 있다.

(2) 전문인력 부족

① 전문인력의 부족 및 전문성의 결여로 전문인력에 의한 전문적 서비스가 이루어지지 않고 있다.

② 세분화된 전문인력 부족으로 인해 장애인이 가지고 있는 다양한 욕구를 제대로 평가하지 못하고 있다.

③ 장애인의 자립과 자활을 가능하게 만들려면 상담 등에 대한 전문적 대인서비스가 필요하다.

(3) 연계성과 통합성 부족

① 중앙정부 부처 간 연계가 부족하고, 정책기관과 집행기관의 이원화로 인해 통합·조정에 의한 집행이 이루어지지 않고 있다.

② 장애인 복지서비스는 대부분 공공부조 대상자이며 제공서비스 연계가 효율적임에도 불구하고 기관 간 유기적 연계성, 통합적 조정, 계획기능이 부족하다.

③ 서비스 종류별 사업이 비체계적이며 지역적으로 편중되어 있다.

④ 고용 부문은 보건복지부와 고용노동부로 이원화되어 실무기관들과의 연계가 어렵다.

⑤ 지역사회 내 비장애인에 대한 이해 부족과 연계체계가 결여되어 있다.

(4) 역할분담 미비

① 중앙과 지방 간 또는 공공기관과 지방 간 및 민간기관 간의 정확한 역할분담이 이루어지지 않고 있다.

② 정책부서 간의 협조조정이 미비하다.

③ 전달체계의 역할분담의 미비로 공공기관, 시설, 의료재활 병·의원, 학교 등에 대한 접근권이 저해된다.

2) 개선방안

보건복지부와 고용노동부에서는 장애인복지 전달체계를 새롭게 개선하려는 노력이 진행되고 있는 시점에 장애인복지 전달체계의 개선방안으로 몇 가지를 제시하면 다음과 같다.

(1) 중앙부처 기능의 통합과 조정

① 정책 및 집행의 일관성 및 전체성을 중시해야 한다.

② 부처 간 업무조정으로 유기적 서비스가 제공되도록 전달체계를 재정비하며 통합적으로 운영하여야 한다.

③ 중앙부처 간의 조정과 연계성 유지, 그리고 업무 효과성 조정을 위해 장애인복지조정위원회의 실무위원회 상설화를 통해 장애인복지조정위원회의 위상을 강화해야 한다.

(2) 광역시・도의 역할과 기능 강화

① 시・도 업무분담 기능을 강화한다.

② 관련부서 업무통합 조정 등의 구조개혁이 필요하다.

③ 시・도 전달체계의 기능을 강화하고 전문적 서비스를 위해 지방장애인복지위원회의 설치로 시・도 장애인복지서비스 종합계획 수립 및 집행 기능을 수행하도록 한다.

④ 지역 실정에 맞는 정책을 실행할 수 있도록 통합・조정기능을 강화하고 전달체계를 재정비, 확충하여야 한다.

(3) 전문인력에 의한 전문적 서비스 지원

① 장애인의 복지서비스에 대한 욕구를 바탕으로 전문인력에 의한 전문적 서비스가 이루어지도록 장애인 전담부서 및 창구를 설치한다.

② 사회복지직 공무원과 재활전문인력을 배치해야 한다.

③ 보건복지부의 산하조직들이 없으므로 시・군・구 보건소를 적절히 활용해서 장애인 전담인력들을 확보하는 방안도 고려할 수 있을 것이다.

(4) 지역사회의 역량강화

① 다양한 조직과 단체의 네트워크를 형성하도록 한다.

② 자원 활용, 재활사업 참여, 인식개선 등에 지역사회 참여 촉진 및 역량을 강화시킨다.

③ 장애인의 복지욕구에 대처하기 위해 지역사회 역량을 강화해야 한다.

④ 현재 공적전달체계만으론 증가하는 복지욕구에 대처하기 곤란하기 때문에 지역사회 내 민간시설 및 자원을 활용, 확충하여 장애인의 접근권을 확대하여야 한다.

⑤ 비장애인의 인식개선과 협의체 운영, 자원봉사활동 등 지역사회의 적극적 참여의식 촉진을 통해 지역사회의 역량을 강화해야 한다.

5. 장애인복지정책

1) 장애인복지정책의 기본 방향

장애인복지정책은 장애인을 대상으로 한 사회적 조치이며 장애인복지법의 규정을 근간으로 장애인복지의 기본 이념을 충실히 이행하는 것을 기본으로 하고 있다.

장애인이 개인으로서의 존엄과 가치를 존중하고, 장애로 인한 차별 금지, 참여 기회를 보장받는 것은 장애인복지법에 명시되어 있으며, 장애인의 인권과 인간다운 삶을 보장받을 권리가 어떠한 이유로도 침해되지 않아야 하고, 권리 행사에 있어 차별받아서도 안 된다.

장애인복지의 기본 이념과 정부의 장애인복지정책의 추진목표는 장애인이 대등한 시민으로 참여하는 통합사회를 실현하는 것이다.

장애인복지정책의 기본 방향은 다음과 같다.

① 생애주기별로 특화된 복지서비스 개발・제공

② 일반교육과 특수교육의 책무 공유를 통한 통합교육 확대

③ 복지와 성장의 조화를 통하여 안정적 장애인고용의 실현

④ 신체적 여건과 상관없이 정보화 혜택을 누릴 수 있는 디지털 복지사회 구현

⑤ 장애인에게 안전하고 편리한 이동편의체계 구축

2) 부문별 장애인복지정책

(1) 소득보장정책

소득보장정책은 사회보장정책의 하위개념으로 장애인의 소득을 일정 이상 유지시켜 주는 제도이다. 장애인의 경우 현실적으로 자조적 방법으로 임금소득을 확보하기 어려우므로 국가의 사회정책을 통하여 보장받을 수밖에 없다. 장애인 소득보장정책은 직접적 소득보장정책과 간접적 소득보장정책으로 구분할 수 있다.

① 직접적 소득보장정책

직접적 소득보장정책은 장애인의 생존권 보장과 기본적 생활을 영위하는데 필요한 비용들을 현금의 형태로 직접 제공하는 것을 말한다. 장애인의 직접적 소득보장정책으로는 가입자의 기여에 기반한 사회보험, 장애유형 및 정도 등 일정 조건을 충족하는 경우 급여를 지급하는 사회수당, 소득 및 자산조사를 통해 일정 수준 이하의 장애인에게 급여를 지급하는 사회부조가 있다. 사회보험으로는 국민연금보험과 산업재해보상보험이 있고, 공공부조는 국민기초생활보장제도가 있다. 그리고 사회수당으로는 장애수당이 있다.

가. 국민연금보험

국민연금은 소득의 일부를 납부했다가 은퇴나 질병, 사고, 사망 등으로 인하여 소득능력이 상실되거나 감소되었을 때 기본적인 생활을 유지할 수 있도록 매월 일정의 금액을 지급함으로써, 개인의 생활안정을 유지시키고, 복지증진에 기여할 수 있도록 하는 소득보장정책이다. 국민연금의 종류 중 장애연금

은 가입 중에 발생한 질병이나 부상으로 인해 완치 후에도 신체 혹은 정신적 장애로 노동력을 상실하여 그 장애 정도에 따라 급여를 지급하는 것을 말한다(이채식 외, 2018). 장애연금을 받고 있는 사람이 국민연금 사업장에 근로하는 경우(18~60세 미만)에는 사업장 가입자로 가입해야 한다.

장애연금은 장애인연금법에 의해 물가상승률 등을 반영하여 매년 인상된 연금을 지급받게 되는 장점이 있으나, 국민연금은 보험료를 납부한 기여자에게 연금을 지급하므로, 20세 이전에 장애를 갖게 되거나 선천적인 장애가 있는 사람은 장애연금의 사각지대에 놓일 문제점이 있다. 이러한 문제점의 대안으로 2010년에 장애인연금법이 제정·시행되고 있다(김용환 외, 2018).

나. 산업재해보상보험

산재보험은 산재근로자와 그 가족의 생활을 보장하기 위하여 국가가 책임을 지는 의무보험으로서 사용자의 재해보상책임을 보장하기 위하여 사용자로부터 보험료를 징수하여 그 재원으로 사업주를 대신하여 장애를 입은 산재근로자에게 보상을 해주는 제도이다(이채식 외, 2018).

산업재해를 당한 근로자는 요양급여, 휴업급여, 상병보상급여, 장애급여, 간병급여, 유족급여, 장의비를 지급받을 수 있다. 장애급여는 장애등급이나 신체의 손상 정도에 따라 장애의 정도를 획일적으로 판정하고 있어, 비장애인의 일상생활을 기준으로 한 장애급여는 노동자들의 노동능력상의 손실과는 일치되지 않을 수 있다. 그러므로 장애연금 지급은 산업재해에 의한 노동능력 상실자를 대상으로, 개인별 노동능력에 적합하게 조정될 수 있는 보안방안 마련이 필요하다.

다. 국민기초생활보장제도

국민기초생활보장제도는 생활이 어려운 국민의 기초생활을 보장할 수 있도록 지원하는 제도로 빈곤가구의 소득을 보존하기 위한 대표적인 사회복지정책이다.

국민기초생활보장제도의 수급자가 되기 위해서는 부양해 줄 수 있는 사람이 없거나, 부양의무자가 있다 하더라도 부양을 받을 수 없는 경우에 인정된다. 또한 수급자로 인정되기 위해서는 자산조사 등을 통하여 장애와 관련 없이 일정한 소득과 자산수준 이하인 사람들만 수급권자로 인정된다. 국민기초생활급여에는 생계급여, 주거급여, 의료급여, 교육급여, 자활급여, 해산급여, 장제급여가 있다.

국민기초생활보장제도에서 최저생계비를 산정함에 있어 장애로 인한 소요비용은 산정되어 있지 않고 동일시하고 있다. 그러므로 최저생계비에 장애로 인한 추가비용을 고려하여 장애인의 최저생계를 보장할 수 있는 방안 마련이 필요하다.

라. 장애수당

장애수당에는 '경증장애수당'과 '장애아동수당'이 있다. 경증장애수당은 기초생활보장 대상 경증장애인에게 장애수당을 지급하여, 장애로 인한 추가적 비용 지원과 저소득 장애인가구의 생활안정을 도모하기 위한 제도이다.

중증장애인의 경우 장애인연금으로 이관하며, 기존의 장애수당은 경증장애수당으로 지급하고 있다. 경증장애수당은 장애인 본인을 기준으로 지급하므로, 1가구에 지급대상 장애인이 2인일 경우 각각에게 지급된다(이채식 외, 2018).

장애아동수당은 다른 사람의 도움 없이는 일상생활을 영위하기 어려운 중증장애아동 보호자에게 장애아동수당을 지급함으로써, 저소득층 장애인가구의 생활안정을 도모하고자 하는 제도이다. 지급대상은 국민기초생활보장법상 수급자 및 차상위계층(최저생계비의 120% 이하)의 18세 미만의 장애아동 보호자이며 당해 장애인이 초·중·고등교육법에 의한 학교와 특수학교에 재학 중인 20세 이하의 경우를 포함하며, 특례수급 장애인에게는 수당지급이 불가하다.

② 간접적 소득보장정책

간접적 소득보장정책은 서비스를 제공에 소요되는 경비들을 감면하는 성격의 현물급여와 각종 세제혜택, 요금감면을 간접적으로 제공하는 것으로, 장애인자녀교육비 지원제도와 장애인자립자금 대여제도, 각종 경제적 부담 경감시책 등을 들 수 있다.

가. 장애인자녀교육비 지원

장애인자녀교육비 지원은 자녀의 교육을 위한 간접비용이 상대적으로 높은 저소득층 장애인가구 자녀들의 교육비를 지원하여, 최소한의 교육기회의 보장으로 장애인가구의 생활안정을 도모하고자 하는 제도이다.

장애인자녀교육비는 장애인복지법 제38조에 의해 중학교 재학생 수업료와 고등학교를 입학한 입학생, 그리고 재학생에 대한 입학금 및 수업료를 전액 지원하며, 타 법에 의해 이중지원을 받는 경우는 제외한다.

나. 장애인자립자금 대여제도

장애인자립자금 대여제도는 저소득층 장애인의 생업활동 등에 필요한 자금을 장기 저리로 대여해 주어, 장애인의 자립을 지원하는 사업으로 장애인복지법 제41조에 의해 자활·자립이 가능한 저소득장애인 가구주 또는 가구주의 배우자에게 자립자금을 대여하여 이들의 자활·자립 및 생활안정을 도모하기 위한 제도이다.

자립자금대여는 생업자금과 취업에 필요한 지도 및 기술 훈련비, 생업을 위한 자동차구입비, 기능회복에 필요한 장애인 보조기기 구입비, 사무보조기기 구입비, 자기계발 훈련비, 의료비 등이 있다.

다. 각종 경제적 부담 경감시책

경제적 부담 경감시책은 장애인의 경제적 부담을 경감시키는 조치로서, 각종 공공요금과 세금을 감면하는 제도로 감면대상 범위를 매년 확대하고 있다.

경제적 부담 경감시책으로는 승용자동차 개별 소비세 면제, 장애인용 차량에 대한 등록세・취득세, 자동차세 면제, 승용자동차 LPG연료사용 허용, 소득세 공제, 상속세 인적공제, 증여세 면제, 장애인 의료비 공제, 시・청각 장애인 TV수신료 면제, 전기요금 할인, 유선전화요금 할인, 항공요금 할인, 연안 여객선 운임요금 할인, 철도・도시철도 요금감면 등이 있다.

(2) 고용보장정책

장애인 고용보장정책은 장애인의 직업생활을 통하여 인간다운 생활을 할 수 있도록 지원하기 위한 제도로, 장애인의무고용, 보호고용, 유보고용이 있다.

① 장애인의무고용 정책

장애인의무고용은 장애인의 고용기회를 확대하기 위해 일정 수 이상의 근로자를 고용하는 사업자에게 의무적으로 장애인을 고용하게 하는 제도이다. 국가와 지방자치단체, 근로자 50명 이상 공공기관과 민간기업에게 장애인을 일정 비율 이상 고용하도록 하는 의무를 부과하고, 미준수 시 부담금을 부과한다. 의무고용률 이상을 고용한 사업주에게는 규모에 상관없이 초과인원에 대해 장려금을 지급하고 있으나, 국가와 지방자치단체는 비공무원의 경우 부담금은 적용하고, 장려금은 미적용하고 있다.

② 보호고용정책

보호고용은 정상적인 작업환경에서 일하기 어려운 장애인을 위하여 특정한 환경을 근로환경으로 제공하고, 그 근로환경에서 일할 수 있도록 하면서 장애인에게 고용의 기회를 제공하기 위한 제도이다. 보호고용으로 장애인 직업재활시설이 있으며, 장애인 직업재활시설은 장애인 보호작업장과 장애인 근로사업장, 장애인 직업적응훈련시설의 유형이 있다.

③ 유보고용정책

유보고용은 일정한 직종을 지정하여, 그 지정한 직종에 대해서는 장애인을 우선적으로 고용하도록 하는 제도이다. 「장애인고용촉진 및 직업재활법」에 특정한 장애인의 능력에 적합하다고 인정되는 직종에 고용비율을 정하고 있으나, 현재 우리나라는 시각장애인의 안마사 자격에만 그 범위와 기준을 정하고 있는 상태이다.

유보고용제도는 중증장애인에게도 직업의 기회를 제공하고 확보해 주기 위해 채택된 것이지만 현재 우리나라는 장애의 범위에 따른 직종선정에 어려움을 보이고 있어 실제적으로 활성화되지 못하고 있는 실정이다(강영실, 2010).

PART

2

장애인재활

CHAPTER

06 | 장애인과 재활지원

학·습·목·표

1. 장애인재활의 기본 이념과 원리, 목표를 이해하고 설명할 수 있다.
2. 접근방법에 따른 재활서비스의 내용을 이해한다.

1. 장애인재활의 개념

'재활'을 표현하는 영어 'rehabilitation'은 어원적으로 '다시 활동함'으로 장애를 극복하고 살아간다는 것을 의미한다. 이 용어는 1943년 미국재활회의(National Conference for Rehabilitation)에서 처음으로 사용되었으며, WHO(세계보건기구)에서도 재활을 "의학적·교육적·사회적·경제적 수단을 동원하고 이를 상호 조정하여 교육 또는 재훈련을 통하여 장애인의 기능적 능력을 가능한 한 최고 수준에 달하도록 하는 것"이라고 정의하고 있다.

이는 곧 재활을 '장애인이 일상생활에 직접 참여하는 능력을 보호하거나 유지하도록 하며 자활을 위해 의료적 관점과 교육적·사회적 관점, 경제적 관점에서 행해지는 행위'로 볼 수 있는 것이다.

이와 같은 다양한 견해와 정의에 따라서 재활은 "육체적·정신적 안녕상태를 다시 형성하고, 나아가 더욱 포괄적인 사회(재)통합으로 가는 과정"(Badura & Lehmann, 1988)으로 종합해 볼 수 있다. 이것은 곧 장애 당사자가 살아가기 위한 어떤 기능이나 기술 영역에 국한된 정신적·신체적 기능을 회복할 뿐만 아니라 심리, 사회, 경제 등 삶의 전 영역에서 잠재력을 발산하고 전체적으로 기능할 수 있도록 촉진하는 것을 목표로 한다. 따라서 사회 속에서 자립생활을 유지하기 위한 지속적이고 종합적인 재활을 위해서 국가와 지역사회가 적극적으로 나서야 한다.

2. 재활의 이념

재활이념은 일반적으로 인간에 대한 기본 원리 세 가지를 바탕으로 한다. 그것은 바로 모든 인간에 대한 기회의 균등한 보장, 인격적 존재로서의 인간, 그리고 인간은 개별적이고 독특한 존재라는 원리이다.

인간은 누구든 사회적으로 동등한 기회와 방법으로 참여할 수 있고, 특히 장애에 따른 개인의 불리를 해소하기 위한 욕구에 대해 정당하게 요구할 수 있다. 그리고 정신적, 신체적, 사회적, 경제적 상호 관계에서 총체적인 자립을 할 수 있는 방법을 도모할 수 있으며, 각자 개인적 잠재성과 그에 따라 각기 개인의 삶의 목표를 인정받을 수 있다.

이를 바탕으로 재활 목표의 설정은 장애에 따른 개인의 손상과 기능적 한계의 측면보다는 인간에 대한 잠재능력을 끌어올려 주고 자립할 수 있는 개념의 접근에서 시작한다.

3. 재활서비스의 접근방법

재활서비스의 제공은 여러 영역의 유기적으로 긴밀한 관계가 필요하다. 장애인에게 재활서비스를 제공하기 위해서는 클라이언트로서의 장애인과 클라이언트에게 전달할 재활서비스의 실체인 서비스 제공 내용이 필요하다. 또한 재활서비스를 효과적으로 전달할 수 있는 전달체계가 마련되어야 하고 이를 뒷받침할 수 있는 재정적 지원 확보 및 법적 제도가 필요하다. 따라서 재활서비스를 보다 효율적으로 실현하기 위해서는 이와 같은 영역 및 요소를 체계적으로 갖추고 있어야 한다. 재활복지를 실천하기 위한 실제적인 노력에 앞서 재활서비스에 접근하는 접근방법을 검토해 볼 필요가 있다. 그 이유는 이론적 접근방법을 통하여 재활서비스에 적합한 조직구조체계와 전달체계를 모색할 수 있을 뿐만 아니라 실제적인 재활서비스 조직체계나 전달체계를 분석할 수 있기 때문이다(황운철, 1998).

재활서비스는 장애인 인격의 존엄성 및 인권 회복의 노력과 더불어 장애인의 사회복귀, 사회참여를 통한 사회통합의 기회 보장이라는 이념에 기반하고 있으며, 구체적인 접근방법으로 장애인에 대한 재활서비스적 접근방법에 대해 정리하면 다음과 같다(이현주 외, 2001 : 41-45).

1) 장애 예방적 접근방법

모든 장애에 대한 질병이나 사고는 발생한 후에는 정신적·육체적 고통을 수반하거나 많은 고통을 겪게 된다. 그러나 미리 그 발생을 예방하고 조기에 발견한다면 장애를 예방하는 데 있어서 조기개입에 대한 효과가 높을 것이고, 사회비용을 줄일 수 있어서 경제적이다. 장애인을 위한 3단계 장애 예방적 접근방법에 대하여 생각해 볼 수 있다.

첫째, 장애의 발생을 감소시키기 위한 조치이며, 둘째, 이러한 문제가 장애로 발전되는 것을 방지하기 위한 조치이고, 셋째, 장애인이 재활불구로 전환되는 것을 막기 위한 조치이다. 이와 같이 장애의 예방과 조기발견 및 조기치료에 대한 관심은 세계적으로 확산되고 있으며 예방접종, 모자보건, 정기검진, 건강관리, 생활환경의 개선 및 정비, 장애인 사회 의식 및 인식 등이 장애 예방적 접근방법의 여러 요소에 속한다.

2) 재활 보장적 접근방법

베버리지 보고서에 의하면 "재활은 연속적인 과정으로서 의료적인 치료로부터 치료 이후의 단계를 통해 소득능력이 최고도로 달할 때까지 계속되어야 하며, 모든 장애인에게 적용되어 그들의 무능력의 원인과는 관계없이 수입을 올릴 수 있어야 한다"는 입장이다. 재활서비스는 본인의 추가부담금이 없이 국가의 재정지원에 의하여 최대한 보장받아야 할 뿐만 아니라 장애인이 의료보호를 받는 능력이 없는 상태에서 벗어나 생산자나 소득을 얻을 수 있는 자로서 경제적인 생활의 삶을 살 수 있도록 충분히 지원해야 한다.

장애인의 재활이라는 개념은 단지 치료나 재활훈련을 하는 기술적인 적용을 넘어 심리적인 장애를 가진 사람이 한 인간으로서 정상적인 생활을 할 수 있도록 하는 모든 노력을 말하는 것이다. 그러므로 재활이란 여러 분야의 전문가들의 협력이 필요한 전인적・통합적 접근방법이다. 그러므로 재활서비스 정책은 장애인이 가지고 있는 능력을 발휘할 수 있게 지원하는 모든 방법을 활용하는 시스템으로 구성된다. 따라서 의료재활에서 심리적 재활, 경제적 재활에 이르기까지 재활복지서비스정책이 종합적이고 체계적으로 확립되어야 된다.

실제적으로 장애의 수용과 극복을 위한 심리적 안정감 부여, 불안요소 극복, 직업교육, 진로안내를 위한 교육 프로그램의 개발, 직업훈련원의 운영, 취업제공, 고용촉진, 직종개발과 직능연구가 체계적으로 이루어져야 한다. 또한 전문의, 사회복지사, 물리치료사, 언어치료사, 작업치료사, 특수교사, 직업훈련교사, 상담사 등의 전문인력 관리가 통합적 차원의 사회보장적 측면에서 더욱 강화되어야 한다.

3) 생활보호적 접근방법

장애인이라 하더라도 장애종류와 장애정도에 따라 이들에 대한 보호서비스는 개별적으로 제공되어야 한다. 장애인 생활보호를 위한 정책은 크게 세 가지로 시설보호서비스, 가정보호서비스, 지역사회보호서비스로 생각할 수 있다.

첫째, 장애인 시설보호서비스는 장애유형별, 장애정도별, 욕구수준별로 구분하는 것이다. 지체장애인, 정신장애인, 청각장애인, 언어장애인, 중복장애인으로 분류한 다음, 의료·교육·직업재활서비스 시설에 분류하고 그것을 장애의 정도에 따라 경도, 중도, 중증으로 분류하고 이를 다시 국가부담시설, 반액부담시설, 전액개인부담시설 등으로 분류하여 최종적으로 통원재활시설, 중간재활시설, 완전수용시설 등에 분류배치 하는 것이다.

둘째, 가정보호서비스는 장애인이 있는 가정을 지원하는 것으로, 이러한 가족들은 장애인의 장애정도와 치료에 따라 많은 고통과 부담을 안고 있다. 특히 중도와 중복장애인을 둔 가족의 부담은 더욱 크다. 이에 따라 장애인이 있는 가족을 위하여 장애인의 장애정도에 맞추어 경제적 지원과 치료를 강화할 뿐 아니라 장애인을 위한 재활교육 및 상담서비스를 제공한다. 이와 함께 일상생활을 위한 보장구 지급, 주택개조를 위한 주택자금의 대여, 장애인 가족들의 불편함을 도와주는 가정돌봄서비스가 있다.

셋째, 지역사회보호서비스는 장애인을 시설이나 기관에 수용하여 보호하는 것보다 오히려 지역사회 내 거주지에서 보호해야 한다는 것이다. 장애인에게 일정한 시설규모의 장애인들의 시설과 공간을 제공하여 장애인들을 수용하는 것이 아니라 지역사회가 장애인을 보호서비스를 제공하는 것이다. 이 정책은 20세기 초 아동복지에서 도입해 실시해 왔으며, 이후에는 노인 및 장애인의 서비스에도 다양하게 적용되고 있다.

지역사회보호서비스는 지역의 자원활용에 필요한 심리적 영역으로 정신의학적 개념을 도입한 것으로서 장애인의 지역사회에서의 보호개념은 장애인에게 미치는 심리적 영향력과 사회경제적 효율성 면에서 모두 중요하다. 이 서비스는 지역사회에서의 보호를 통하여 지역사회자원을 최대로 활용할 수 있고 지금까지의 개방적이지 않은 수용시설에서 개방적인 서비스시설을 이용할 수 있다는 장점이 있다. 특히 장애인 재활정책에 대한 지역사회의 책임감을 가지고 실천할 때 장애인의 효율적인 사회적 통합이 달성될 수 있으며, 재활서비스정책을 저해하는 사회적 환경의 개선이 이루어질 수 있다고 본다.

4) 소득 보장적 접근방법

장애인에게 경제생활에 대한 보호는 중요하다. 장애인은 정신적 · 신체적 장애를 지니고 있지만 스스로 할 수 있는 자립에 대한 욕구가 강하다. 그러나 현실적으로 장애인이 경제적으로 자립하는 것은 쉽지 않은 일이다. 특히 장애의 정도가 심한 경우에는 더욱 어렵다. 따라서 장애인의 최소한의 인간다운 생활을 보장해 주는 소득 보장적 서비스는 매우 중요하다. 장애인의 소득보장서비스 접근을 위해 다음과 같은 정책을 세울 수 있다.

첫째, 연금 및 수당을 지급하는 제도로 국민연금을 활용한 장애복지연금제와 장애연금제, 특수아동 부양수당제 등이 있다.

둘째, 재해보상제도이며 이것은 근로기준법, 재해보상법에 의한 사고 및 업무재해에 대해 보상하는 제도로서 후천적인 장애발생에 대비할 수 있는 제도이다.

셋째, 세금에 대한 우대조치를 들 수 있다. 주민세, 사업세, 소득세, 상속세, 부동산취득세 등 세금을 감세하거나 비과세 및 면세하는 방법으로 간접적으로 부담을 줄여주는 제도이다.

넷째, 기관 및 공공시설에 대한 이용료에 대해 특별조치를 하는 소득보장제도이다. 예를 들어, 전철, 버스, 철도, 항공 등 이동수단에 대한 운임, 우편요금 등의 공공서비스 요금에 대한 감면이나 면세를 제공하는 제도이다.

5) 취업 보장적 접근방법

장애인의 재활정책 중에서 중요한 것 중의 하나는 취업에 대한 정책이라고 할 수 있다. 장애인의 의료, 교육, 직업재활 등은 사회참여를 통한 사회통합이 목표이며, 이는 취업문제를 해결하여 장애인재활복지가 실천되었다고 보는 것이기 때문이다.

4. 재활의 목표와 과정

재활의 목표는 장애인 자신의 장애 문제해결을 도모하기 위한 지원과 당사자에게 가장 적절한 기능 및 환경의 조성, 그리고 사회적응을 통해 사회 구성원으로서의 역할 및 사회통합적 환경에서 자립적인 생활이 가능하도록 하는 것이다.

재활의 과정은 우선적으로 재활의 이념과 원리에 기초한 상호 협력적 상담과 당사자의 개별 욕구 파악, 서비스의 구성 및 실행에서의 당사자 참여 등을 전제로 한다. 이어서 장애인에 대한 종합적인 진단과 객관적인 평가를 통한 재활목표 설정과 그에 따른 재활 프로그램이 구성되고 실행됨으로써 재활의 과정은 본격적으로 연속적이고 역동적으로 진행되기 시작하며, 동시에 각 재활 전문분야 간에 협력적이고 총체적인 지원이 가능할 것이 요구된다.

일반적으로 장애인의 재활과정은 의뢰와 상담, 검사와 진단 및 평가 등을 통해 클라이언트의 욕구가 반영되고 이에 따라서 치료 등 각종 서비스를 제공받는 과정으로서, 장애인복지관의 종합적인 재활서비스과정 사례를 살펴보면 다음 |그림 6-1|과 같다.

또한 이러한 과정과 체계를 장애인 이용자의 요구에 더욱 부합하고 효율적으로 강화하도록 하기 위한 일종의 서비스관리시스템이 필요하다. 이는 다음의 |그림 6-1|과 같이 재활의 과정 및 그 과정을 통해 산출되는 재활서비스의 질을 보장하고 관리하기 위한 평가체계로서, 양질의 프로그램이 지속적으로 제공됨으로써 체계적인 재활과정설계에도 기여하게 되는 체계를 의미한다.

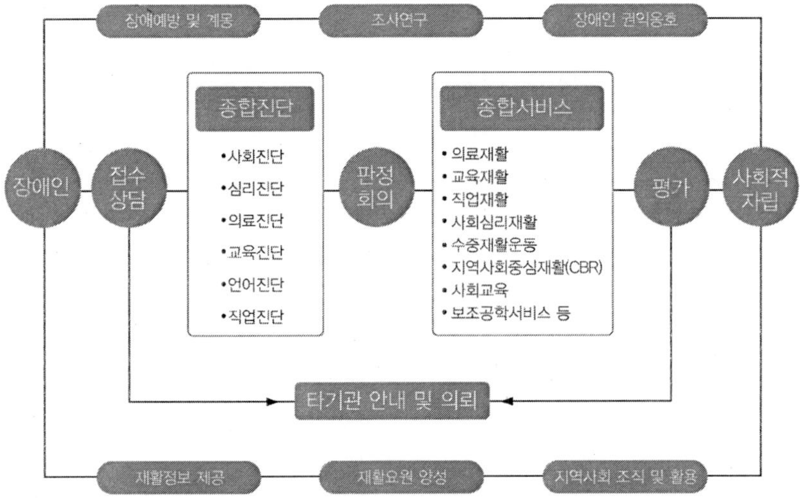

|그림 6-1| 서울시 장애인종합복지관의 재활서비스과정 사례

출처 : 서울장애인종합복지관(http://www.seoulrehab.or.kr/home/index).

CHAPTER

07 | 장애인재활의 과정

학·습·목·표

1. 장애인재활의 과정을 이해할 수 있다.
2. 장애인재활의 각 분야에 따른 재활의 개념을 이해하고 설명할 수 있다.
3. 장애인재활의 각 분야에 따른 재활서비스를 이해할 수 있다.

1. 의료재활

1) 의료재활의 개념

장애인 재활서비스에서 의료재활이란 종합적 재활서비스에서 첫 번째 단계에서의 재활이라고 할 수 있다. 후천적 장애인들의 수가 점점 늘어가면서 의료재활서비스가 다양해지고 세분화되어 많은 서비스들이 생겨나고 있다. 의료재활은 몸의 상처인 외상을 비롯해서 정신적 문제와 이런 문제에 대한 실질적인 치료뿐만이 아니라 장애를 예방하는 것까지도 포함하는 개념이며, 나아가 장애를 가진 후 발생하는 많은 문제를 해결하고 장애를 입지 않은 부분과 관련해서 일상생활 수행하는 데 어려움이 없도록 재활을 돕는 것이라고 할 수 있다. 또한 의료적 치료는 외상이나 질병과 관련한 병소에 대한 치료만으로 끝나는 것이 아니라, 환자가 장애를 가지게 되었을 때, 잔존기능으로 일상생활은 물론 직장생활도 수행할 수 있도록 훈련시키는 것이 포함된다고 할 수 있다(이재풍·곽종형, 2015).

장애인들의 치료를 위해서 의학적인 조치뿐만이 아니라 물리치료, 작업치료, 재활보조기구의 처치와 훈련, 언어치료, 의료사회사업가에 의한 지원 등을 통해서 장애를 최소화하며 신체회복의 가능성을 극대화해 나갈 수 있다.

WHO는 이러한 의료재활의 개념을 '질병이나 사고에 의한 후유증과 만성질환, 그리고 노인질환 등 치료기간이 장기적으로 되기 쉬운 환자들의 잠재능력을 활동시켜서 자연치료를 적극적인 방식으로 촉진시키는 기술이고, 내외과적 치료의 응용과 함께하여 물리적이고 심리적인 수단을 보완하고 보충해 주는 의료적인 조치'라고 정의한다. 그러므로 의료재활은 장애가 있는 사람이 정상화와 사회통합에 대해 기여할 수 있는 근본적 기회부여의 과정이자 전인적인 재활의 기초라 할 수 있다.

의료재활의 대상은 신경계질환자[외상성 뇌손상, 중추신경 및 말초신경병증, 척수손상 및 척수질환, 뇌졸중(뇌경색, 뇌출혈) 등], 근·골격계 질환자(근육병 및 근육질환, 결합조직질환, 골절 등), 사지절단으로 인한 호흡기질환자, 장애인, 정신건강분야, 심장질환자 등이 있다.

의료재활의 접근 방법을 크게 세 가지로 살펴보면 첫째는 변형과 교정, 손상 부위에 대한 수술 등의 포괄적 치료를 통하여 기본적 기능장애의 개선으로 의료재활의 일차적인 성격을 가지며, 둘째는 기능장애의 대처로서, 기본적인 기능장애 회복에서 한계가 있는 경우에는 다른 기능을 훈련시켜서 통상적인 기능도 발휘할 수 있도록 전체적인 능력에서의 향상 도모에 목적이 있으며, 특히 재활보조기구 활용을 통해서 손상 부위의 기능을 대체 또는 능력 향상에도 기여한다. 셋째는 기능장애의 개선과 능력 함양, 그리고 이후 당사자가 스스로 자립생활을 영위하도록 의료적 입장에서 자문하는 것으로서, 일상생활에서 지속적인 사후관리의 기능을 담당한다.

2) 재활치료의 종류

(1) 물리치료

대근육 운동 활성화가 주된 목적으로 신체손상으로 인해서 정상적 생활에 지장을 주는 비정상적인 운동감소, 손상된 기능 회복을 위한 물리적 요인을 신체에 적용시켜 잔존기능 회복 및 신체적 재활을 유도한다.

① 아동 물리치료

아동 물리치료 대상은 선천적 혹은 후천적 요인에 의한 중추신경계 질환이나 운동장애(뇌성마비, 운동발달지체아, 뇌손상, 근이양증)가 있는 아동이다. 뇌성마비나 발달지체의 영유아에게 재활치료를 통해서 정상 운동 발달을 촉진시킴으로써 신체의 운동능력을 보존하거나 증가시켜 일상생활에서 최대한의 정상적 기능을 회복할 수 있도록 하는 것으로, 관절의 가동 범위 증가 및 분리 운동을 촉진시키고, 비정상적 운동 패턴을 개선하여 정상적 자세를 경험할 수 있도록 하며, 자세 교정을 통하여 장애 변형과 구축을 예방한다. 또한 정상적 자세를 획득하여 아동이 독립적으로 일상생활을 감당할 수 있도록 한다(이재풍·곽종형, 2015).

아동 물리치료의 필요성을 살펴보면, 뇌성마비나 발달지체 등 중추신경계의 손상으로 정상적 움직임이 저하되거나 상실되는 경우, 조기에 체계적 재활치료를 받지 않으면 정상적인 운동기능과 조절능력이 떨어지고, 신체의 구축 또는 변형이 초래되어서 신체의 잠재능력과 잔존능력을 잠식시켜 독립적 생활을 영위하기 어렵게 하므로 개인의 장애정도와 잠재능력에 따른 치료를 적용함으로써 2차적 장애예방은 물론이고 독립된 일상생활에 필요한 신체적 기능 회복을 통해서 잔존 기능과 잠재능력을 최대한 이끌어 낼 수 있도록 하는 데 그 필요성이 있다.

② 성인 물리치료

산업재해, 교통사고 등으로 인한 중추신경계 손상의 신체적·정신적 장애를 치료함으로써 후유증을 예방하고, 기능 회복을 촉진하여 신체적·잠재적 능력과 잔존능력을 최대한 일상적인 생활을 영위하는 데 활용할 수 있도록 기능을 회복시키는 것이다.

현대사회는 노령화, 식생활의 변화, 사회적 변화로 인하여 뇌혈관 질환에 노출되는 인구의 수가 증가하고 있다. 중추신경계 이상으로 정상적인 움직임이 저하되거나 상실되는 경우 치료를 받지 않으면 운동 및 조절 능력이 떨어지고 신체의 신체능력과 잔존능력을 잠식시킨다(이재풍·곽종형, 2015). 이때 일상생활수행의 큰 어려움에 봉착하게 되는데, 이러한 시기에 치료를 함으로써 후유증을 예방하고 기능을 회복시켜 신체적 잠재능력을 최대한 이끌어 낼 수 있다.

<표 7-1> 물리치료의 내용

프로그램명	내 용
아동 물리치료	• 보바스, 보이타, PNF 등을 활용하여 부족한 운동조절능력의 개발과 손상된 기능을 회복, 유지, 발전시킨다. • 정기적 평가를 통해 치료의 방향을 설정하고, 치료방법을 보호자에게 교육시켜 가정에서도 계속적으로 치료가 될 수 있도록 한다. • 운동치료, 보바스, 광선, 전기, 온열치료 등의 방법을 이용하여 치료한다.
성인 물리치료	• 보바스, PNF 등의 치료를 통하여 잠재된 능력을 향상시키고, 운동 형태의 정상회복을 시켜 새로운 환경에 적응하도록 한다. • 보바스, 광선, 전기, 온열치료 등의 방법을 이용한다.

출처 : 이재풍·곽종형(2015).

(2) 언어치료

지적장애, 난청, 발음 문제나 말더듬, 자폐증, 정서적 문제, 뇌졸중, 뇌 외상 및 뇌전증 등의 신경학적인 이상으로 인한 후유증 등 여러 요인으로 인하여 발생하는 언어장애치료 방법이다. 특히 언어에 대한 발달지체를 가진 아동은 표현할 수 있는 단어 및 개념들이 부족해서 일반 아동들보다 말하는 문장길이가 짧으며 단순하고 상황에 맞는 적절한 대화를 잘 못 하는데, 이러한 아동의 언어적인 능력 향상을 위해서 실시한다(이재풍·곽종형, 2015).

성인 언어치료의 경우에는 주로 뇌 손상과 신경학적 이상이 연관되는 경우가 많으며, 이런 경우에는 이전에 언어 습득이 되어 있었던 상태이므로, 주로 발음의 교정을 위한 근육운동, 사물 이름 대기와 같이 재활의 개념으로서 치료가 진행된다. 즉, 언어치료는 언어의 발달지체, 조음장애, 말더듬 등 전반적인 의사소통의 문제로 인해서 사회 적응에 어려움을 가지고 있는 아동, 그리고 성인의 의사소통을 원활히 하기 위해서 전문적으로 치료하고 교육하는 것이다(서울대학교병원 의학정보, http://www.snuh.org).

언어치료의 대상으로는 언어장애가 있는 아동이나 성인 그리고 조음장애의 기질적 조음장애 및 기능적 조음장애(혀, 발음상의 이상) 또한 말더듬, 속화로 나타나는 유창성장애와 소음, 자연손상, 전염병, 기타 여러 가지 원인으로 인해 손상을 입게 되어 듣는 능력의 불능을 가진 청각장애를 대상으로 한다.

언어치료로 발성기관훈련, 조음기관훈련, 호흡, 발성훈련, 조음훈련, 낱말훈련 등이 있고, 조음장애의 치료는 기질적 언어장애와 기능적 조음장애를 구별하여 이루어지고 있다. 유창성장애 말더듬과 속화 등에 관한 장애로 심리·사회 생리학적 요인, 심리언어학적 개선을 요구한다.

(3) 작업치료

장애인에게 작업, 동작, 놀이를 통한 불완전한 신체기능 회복, 일에 대한 동기부여 등, 장애인을 대상으로 적절한 작업 활동을 통해 최대한의 독립생활을 영위할 수 있도록 자립성을 향상시키는 것을 목적으로 하며, 직업적 작업요법, 기능적 작업요법, 심리적 작업요법, 일상생활 동작훈련 등으로 분류된다. 실행증, 실인증 등의 치료도 작업요법을 통해 그 성과가 인정되고 있다(이재풍·곽종형, 2015).

지체 및 지적장애인, 재활의학 전문의의 진단에 의한 치료 대상자의 장애의 특성을 파악하여 각각에 맞는 활동을 선택하여 정상적 사회인으로 능력을 발달, 올바른 삶을 영위하도록 하기 위한 훈련과 치료가 필요하다.

① 일상생활동작 평가 및 훈련

인간이 매일 접하는 개인의 신변처리능력인 식사하기, 옷 입기, 세수하기, 몸치장하기, 걷기, 대소변 조절 및 이동 등을 일정한 평가도구를 사용하여 평가하고, 평가 결과에서 나타난 장애요인을 분석하고 체계화하여 독립성을 향상시키기 위한 훈련과 도구를 제시한다.

② 감각운동 훈련

중추신경계 손상환자를 대상으로 비정상적 움직임과 협응운동의 문제점을 해결하기 위해 근 긴장도를 정상화하고 정상에 가까운 운동 반응을 끌어내기 위해 신경 생리학적 기전을 이용하여 치료한다.

③ 구강운동 기능 치료

식사하는데 필요한 운동능력, 구강운동 및 감각 지각 기능을 평가하고 신경학적 손상으로 나타나는 구강 반사와 혀, 턱 조절능력 및 얼굴 표정 등을 평가한다. 평가 후 안정된 자세를 취하고 자세를 정렬하여 먹기에 필요한 모든 요소를 분석하고 훈련하여 구강기능 형성을 위해 치료한다.

④ 손 기능 치료

목적 있는 활동 수행에 중요한 도구인 손의 관절 가동범위 소실, 기능적 제한 및 관절의 구축과 변형을 확인하고 뻗기, 쥐기, 옮기기, 손 안 조작 기술 및 양손 사용을 평가 및 치료한다.

작업치료방법으로 학령기 아동에게는 시지각을 증진시켜 효율적인 학습을 지원하고, 다양한 도형을 겹치게 그려놓고 겹친 도형 찾기를 통하여 전경/ 배경 구별하기를 증진시키고, 퍼즐 맞추기를 통하여 눈-손 협응, 공간관계, 좌우변별력을 강화시키고, 찰흙 안에 숨겨 놓은 물건 찾기를 통해 소근육 발달을 도모한다. 공굴리기, 체조를 통하여 대근육을 발달시키고, 눈, 코, 입 등 신체 부분 가리키기를 통하여 신체도식을 확립시킨다. 벨크로 탈부착, 단추, 지퍼 채우기를 통하여 일상생활수행능력, 즉 ADL(Activities of Daily Living)을 증진시킨다. 성인의 경우에는 경직 완화를 위해 도수치료하고 치료용 마사지 술을 통해 신전 근육을 자극하여 강화한다.

(4) 재활운동치료

장애인의 자율적 자가 운동을 통한 능동 운동은 자신의 건강관리와 증진에 보다 효율적으로, 장기치료 대기자 및 재가 장애인, 노인 등에게 재활 운동의 기회를 주고, 장애인의 전인적 재활에 대한 지역사회 인식 개선과 참여의식을 고취시켜 준다.

재가 장애인, 치료대기자, 시설이용자에게 장애유형과 건강 상태에 따른 재활 운동의 방법을 활용하고 적절한 시기에 맞추어 재활서비스를 제공해야 하나 기존 재활병원이나 시설은 재활운동 시설 및 전문 인력이 부족해 많은 장애인들은 재활 운동의 기회를 갖지 못한다. 이로 인해 발생되는 이차적인 장애의 발생과 변형 등에 관한 어려움을 가중시키고 있어 재활운동을 위해 시설에 보다 근본적이고 즉각적인 대책이 필요하다(이재풍·곽종형, 2015).

따라서 치료사와 지도교사의 운동 처방에 따라 시설 및 가정에서 각종 재활 운동기구를 이용하여 자율적으로 운동할 수 있도록 한다.

(5) 건강관리 및 장애예방교육

건강관리 및 장애예방교육은 개인의 장애정도와 유형에 따라서 건강관리에 필요한 운동 방법을 개발하고 적용하여 심신의 건강도 증진시키고, 지역의 주민과 대인관계를 형성해서 취미생활과 여가활동 폭을 넓혀줌으로써 지역사회의 구성원으로 역할을 수행하기 위해 필요하다.

장애인의 일상생활에서 일어날 수 있는 질병이나 약물, 생활태도, 습관 등이 건강관리에 있어서 중요함을 인식하고, 각종 생활 체조 및 수중 운동을 통하여 심신의 건강을 향상시켜 이차적으로 일어날 수 있는 장애 발생을 예방한다(이재풍·곽종형, 2015).

방법으로 생활체조 교실에서 취미 생활이나 여가활동을 위한 일상생활체조를 특정 장소에 관계없이 생활 속에서 쉽게 접근할 수 있도록 비디오를 제작하여 실시하도록 한다. 수중운동교실에서는 물의 특성을 이용한 기능적 운동 치료와 능동적 자세적응훈련 등을 개인의 장애에 맞게 접근시켜서 근골격계의 기능 향상과 정상운동발달을 촉진한다. 건강검진센터에서는 장애인의 2차적 질병과 장애예방과 장애변형 및 성인병 발병 등의 정기적 건강검진과 예방교육 및 재활치료를 통해서 건강관리의 중요성을 인식시킨다.

2. 교육재활

1) 교육재활의 개념

교육재활이란 장애인의 능력을 최대한 향상시키고 잠재능력을 개발해서 사회생활에 적응할 수 있도록 도움을 주는 교육적인 서비스이다. 교육재활은 아동기뿐만 아니라, 장애인 전 생애에 걸쳐서 이루어질 필요가 있다.

교육재활은 학교에서의 교육 이외에도 장애인이 성장해서 대학교육이나 사회교육도 배려가 필요한 부분이 많이 있기 때문에 그 범위가 넓다고도 볼 수 있다. 장애아동의 독특한 교육적 욕구에 부응할 수 있도록 특수교육시설, 특수교사, 특수교육 기자재 등 자료를 비롯한 여러 전문가들이 필요하며, 별도의 교육과정도 마련되어야 하는데, 이러한 교육이 특수교육이다.

특수교육은 일반적인 지도보다 나은 교육환경에서 장애아동의 가능성을 최대한 개발·신장하는 것이다. 심신의 장애나 기타 이유로 초·중·고등학교 과정에서 통상적 학급에서 교육받기 곤란한 아동, 또는 교육상 특별한 배려를 필요로 하는 아동에게 특성에 맞는 교육적인 환경을 마련해 주며, 아동의 가능성을 최대한 발휘할 수 있도록 하기 위해 준비된 학교 교육의 한 분야이다.

2) 특수교육의 발달사

특수교육은 19세기 초 유럽에서 장애아를 기숙사에서 따로 생활하게 하는 분리교육으로 시작되었다. 20세기 후반에 이르러서 장애인도 비장애인들과 함께 생활해야 한다는 사회통합 이념이 강조됨에 따라 오늘날에는 통합교육에 역점을 두고 있다.

3) 특수교육의 대상 아동

특수아동은 신체, 정신, 정서, 사회적 특성의 발달 정도와 속도가 평균과 차이가 있는 아동을 말한다. 시각, 청각장애처럼 특수한 교과 외 교재를 요하는 경우, 비장애아동과 같은 교육과정 이수가 가능한 지능은 있으나 신체적 혹은 일시적 치료와 훈련을 위해서 정규과정의 일반교육기관에서 교육을 받을 수 없는 경우를 말한다.

4) 특수아동의 교육

(1) 시각장애교육

시각장애학교 교육과정은 일반학교 교육과정과 그 전체적인 내용은 같다. 장애 영역에서는 일반 초등학교와 중학교의 일반교과와 특별활동이 그대로인데 교과활동으로 국어, 수학, 사회, 자연, 영어, 과학과 같은 교과와 어린이회, 학생회활동, 클럽활동, 학교행사와 같은 특별활동 영역도 같은 내용이다.

고등부에서는 일반 고등부 학생들이 배우는 국어, 수학, 과학 등과 같은 교과를 그대로 배우고 전문교과 영역에서는 침술, 안마, 마사지, 지압, 전기치료, 보건, 위생 같은 특수한 교육을 받아서 졸업과 동시에 안마사 자격증을 소지하여 의료인으로서 활동을 하게 된다.

맹학교 교육의 특색을 보면 보이지 않는 장애를 극복하는 교육을 하기 위해 보행훈련도 받고, 기본적인 생활을 익히는 생활적응훈련을 받는 것 또한 두드러진 내용이라고 볼 수 있다. 시각장애는 글자를 볼 수 없으므로 점자라는 독특한 글자를 써서 교육받지만 일반학생과 같은 교육을 받는다.

(2) 청각·언어장애 교육

청각장애학교 역시 일반학교 교육과정을 그대로 배운다는 것이 전제이고 단지 말하기 힘들고 듣지 못하는 불편함 때문에 일반 학생들보다 조금 낮은 수준의 공부를 하는 학생들도 있다.

초등부와 중학부에서는 국어, 수학, 자연, 사회 같은 교과활동과 특별활동의 내용을 교육받고 있다. 단지 농학교는 영역에서 언어훈련, 청각훈련 등의 특수한 교육을 받게 되는 것이 특색이라고 하겠다.

고등부에서는 일반학교에서 교육하는 국어, 사회, 수학 같은 교과를 그대로 배우는 한편, 직업교과로서 목공예, 도자기공예, 상업미술, 인쇄, 자수, 물, 한재, 양재, 원예, 축산, 전산과 같은 교과목의 지도를 받는다. 의사교환이 충분히 되지 못하는 불편함 때문에 교육하는 데에 다소 애로사항이 수반되기도 한다.

(3) 지적장애 교육

다른 장애 영역은 일반학교 교육과정을 그대로 또는 일반학교 교육과정을 재구성한 내용을 교육받지만, 일반학교 교육내용보다 가장 특색적인 교육을 받는 영역이 바로 지적장애 영역이라고 볼 수 있다.

이 영역의 교육내용으로 초·중·고등부에서는 생활, 교육활동, 특별활동 영역의 교육이 실시되는데, 생활이라는 영역 속에는 사회, 언어, 인지, 건강, 예능, 수량, 자연 같은 교과에 가까운 내용을 교육한다. 중학부와 고등부에서는 장차 직업인으로서 최소한의 능력을 가질 수 있도록 사육, 재배, 공예, 공작,

가사, 기초작업 등을 교육시킨다. 특히 요육활동이라는 영역에서 감각, 운동기능훈련, 언어훈련, 행동적응훈련 등의 특수한 교육을 받는다고 할 수 있다.

(4) 신체장애 교육

신체장애학교 교육과정 역시 일반학교 학생 등의 내용을 그대로 배운다는 것이 전제이고, 뇌성마비 같은 장애로 지적으로 열악성을 겸한 아동들은 다시 재구성한 교육과정으로 공부하게 된다. 다른 장애교육과의 가장 큰 차이는 재활훈련으로서, 그 내용은 감각지각훈련, 언어훈련, 작업훈련, 물리치료 등의 교육내용이 특수하다고 볼 수 있다. 고등부에서도 다른 장애영역과 마찬가지로 직업교육을 받는데, 그 내용은 전자조립, 컴퓨터, 조립, 포장, 원예, 사육 등의 직업교육을 받는다.

공통점으로 전 장애영역에서 독자적으로 자립이 힘들며, 단순한 운동기능면에서도 문제를 지니고 있고, 언어적인 표현과 대인관계에서도 어려움을 많이 보이며, 이상행동과 문제행동을 보이는 경우가 많이 있다. 중복장애 교육은 개별화를 전제로 해야 한다.

(5) 통합교육

① 통합교육의 개념

통합교육은 인간의 다양성을 수용하며 가치를 부여하는 것이고, 모든 아동과 가족들이 선택했던 프로그램에 참여 가능하도록 필요한 지원을 제공하는 것이다. 또한 장애아동을 가장 정상적 교육환경에 배치하는 것을 의미한다.

일반아동, 즉 비장애아동과 발달장애아동 중 통합 가능한 아동과의 완전통합을 통하여 비장애아동에게는 장애아동에 대한 두려움 해소, 이해의 기회, 편견 시정의 기회, 사람 간의 차이점과 유사성에 대한 이해를 기대할 수 있고, 장애아동에게는 통합 기회, 관찰학습의 기회, 친구 선택의 확대 등을 기대할 수 있다.

② 통합교육의 필요성

장애아동과 비장애아동의 사회적응력 신장과 비장애아동의 장애아동에 대한 이해와, 더불어 살아가야 한다는 인식 개선을 위해서 꼭 필요한 프로그램이다.

③ 통합교육의 목적

가. 보다 우수한 교수를 제공한다(better instruction)

일반 학급에서 교육을 받는 중인 장애학생에게 더욱 적절하고 효과가 높은 지도의 제공을 목적으로 통합교육을 실시한다.

나. 학습시간 낭비를 줄인다(more time on task)

장애학생에게 주어지는 이동 프로그램의 경우 한 환경에서 다른 환경으로 이동하는 과정상의 적응 때문에 불필요한 시간을 낭비하지만, 통합교육은 이런 이동과 적응의 시간을 줄이는 데 효과적이다.

다. 서비스 전달에서의 방해를 최소화한다(fewer interruptions)

통합교육이 일반 학급에서의 내용과 맥락에서 전달되어 서비스 전달에서의 방해가 최소화되고 유연히 전달된다.

라. 보다 밀착된 점검이 가능하다(closer monitoring)

일반 학급에서 공동으로 활동하는 특수교사들은 다른 학생들의 수행의 수준과 특성, 학생의 목표와 발달상황을 보다 정확하게 파악할 수 있다.

마. 보다 높은 자긍심을 가지도록 한다(higher self esteem)

장애학생이 일반 학급에도 배치되어 교육을 받는 것이 장애학생뿐 아니라 비장애학생들에게도 긍정적이어서 각자 높은 자긍심을 가질 수 있도록 한다.

바. 소속감을 갖게 한다(sense of belonging)

원적 학급에서 종일 생활하는 것이 원적학급에 대해서 소속감을 가질 수 있도록 하는 데 상당히 유리하며, 비장애 학생의 입장에서도 장애학생들을 급우로 생각하도록 하는 데 도움이 된다.

사. 보다 많은 위험들을 제거한다(more risk taking)

높은 자긍심 및 소속감과 함께 학생은 위험을 당하게 될 가능성이 감소되고, 더욱 어려운 과제를 시도할 수 있게 되면서 일반 학급의 활동에도 참여하는 것이 증가한다.

아. 교사의 팀워크를 강화한다(teacher teamwork)

통합교육은 상호 보완적인 형식으로 진행되는 현직의 연수 분위기에서 함께 가르치는 교사들의 사이에서 효과적 협력을 요구한다.

자. 우리라는 공동체적인 주인의식을 갖게 한다(ownership by all)

'당신의 학생', '나의 학생'이라는 감정보다 '우리의 학생'이 되어야 한다는 것이다.

④ 통합교육의 수준

가. 물리적 통합

장애학생과 비장애학생의 접촉이 가능하고 증가될 수 있도록 건축물의 구조를 정비한다.

나. 용어 통합

장애학생에 대한 차별적인 의미를 부여하는 명칭이나 표현들을 사용하지 않도록 한다.

다. 정적 통합

장애학생은 다른 학생과 동일한 법적 체계에 포함시킨다. 다만, 배치, 성취수준, 교통수단 등과 관련한 규정은 다를 수 있다.

라. 사회적 통합

장애학생과 비장애 학생의 사회적 접촉의 빈도와 강도를 증가시킨다.

마. 교육과정 통합

장애학생과 비장애 학생에게 동일한 교육과정의 구조와 장기 목표를 적용한다.

바. 심리적 통합

모든 학생이 같은 교실에서, 같은 시간에, 같은 내용으로 학습한다.

3. 사회심리재활

장애로 인해서 야기되는 문제들은 개인의 감정, 자아개념, 가치관 등과 같이 심리적 요인 및 사회적 요인이 원인이 되어서 발생한다. 장애인들에게 흔히 나타날 수 있는 심리사회적인 문제들을 간략하게 살펴보면 다음과 같다(윤치연, 1995; 이재풍·곽종형, 2015). 첫째, 불안, 우울의 문제인데, 장애인에게 가장 흔히 나타나는 부적응 양상이라 할 수 있다. 직업, 신체, 사회, 경제적인 능력 상실로 인하여 자존감이 저하되고 무기력해지며 삶에 대한 회의와 미래에 대한 불안을 심하게 느낄 수 있다. 이로 인해 현실에 순응하지 못하여 재활동기가 저하되기도 한다. 둘째, 부정적인 자아개념으로 열등감, 불확신감, 회피성향을 보이게 되어 자기 자신의 존재를 가치 있는 것으로 받아들이지 못하는 부정적 자아상을 가지게 되기도 한다. 셋째, 강한 의존성 및 재활동기 부족으로 자신의 장애에 관하여 비관하거나 불만을 나타내고 의존적인 행동을 강하게 보일 수 있다. 재활에 대한 욕구가 높은 사람들은 장애나 환경에 잘 적응하여 성공적인 재활에 이르지만 장애에 대한 낙담, 비관, 무력감 등으로 인하여 재활동기를 저하시킬 수 있다. 넷째, 성 문제와 관련한 것으로, 장애로 인한 성적인 기능 손상은 재활과정에서 장애인을 우울하거나 불안하게 만들고

의기소침하게도 할 수 있다. 다섯째, 가족관계와 대인관계의 문제로, 장기 입원으로 인하여 가족관계 및 인간관계가 소원해질 수도 있으며 자신이나 타인에 관련한 부정적 태도는 본인뿐만이 아니라 가족과 그 주변인 모두를 힘들게 만들 수도 있다. 가족의 경우에는 수입이 감소되고 장애인을 돌보아야만 하는 과중한 부담으로 인하여 정서적 또는 사회적 스트레스를 유발할 수 있다. 여섯째, 직업적응상 문제로 생산적으로 사회에 기여하려는 욕망은 연령, 장애발생 전에 했던 직장경험, 사회활동 정도 등에 따라서 다르게 나타나지만 그러한 욕구충족을 위해서는 어느 정도의 재활훈련이 필요하다. 특히 이전의 직장으로 복귀하기 위해서는 부분적인 또는 전반적인 재훈련을 필요로 한다. 일곱째, 사회 구성원으로서 적응해 가는 과정에서 적응상의 문제가 생길 수도 있다. 이러한 문제들을 해결하기 위해서 장애인 스스로는 장애에 관하여 올바르게 통찰하고 자기가 속한 환경 속에 충분한 기능을 발휘할 수 있도록 적응력이 향상되도록 지원할 필요가 있다. 이와 같은 심리사회적인 문제 해결을 위해서는 총체적인 심리사회적 접근을 필요로 한다.

1) 사회재활

(1) 사회재활의 개념

사회재활이란 장애인이 사회의 구성원으로서 사회적인 활동을 하는 데 기본적으로 요구하는 사회적인 기능을 수행할 수 있는 능력들을 최대한 향상 및 유지시키는 과정인 동시에 장애인을 둘러싼 물리적·문화적·사회심리적·제도적 환경들이 장애인들의 욕구를 충족시키기 위한 최적의 상태가 되도록 지원해 나가는 제 과정들을 의미한다. 즉, 사회재활은 장애인을 사회 구성원으로서의 역할을 지닌 전인격적 존재로 인식하고 장애인의 사회생활보장을 지향하고자 한다. 따라서 장애인의 능력개발에도 초점을 두고 있지만 장애인에 대한 태도, 물리적인 환경, 그리고 제도적인 환경의 개선에도 관심을 둔다. 이러한 맥락에서 사회재활 프로그램은 장애인의 사회생활에서 필요로 하는 적응능력, 인간관계기술 등을 향상시키기 위한 개입뿐만이 아니라 장애인의 가족, 학교, 직장, 지역사회 등 다양한 환경에서 존재하는 제약조건들을 개선 및 자원화하기 위한 다양한 프로그램을 운영하고 있다. 장애아동을 형제·자매로 둔 아동 및 청소년 상의집단 프로그램, 중도장애인들의 자조집단 프로그램, 장애인 학생들이 통합된 일반학교의 학생과 교사들을 대상으로 진행한 장애인식개선 프로그램 등이 그 예가될 수 있다.

장애인 완전 참가와 평등의 이념에 입각해서 어떠한 차별과 불편도 느끼지 않고 그가 속한 사회에서의 주류 문화를 공유하며 직업생활, 가정생활 등 사회생활을 충분히 영위할 수 있도록 하는 사회적 인식을 개선하는 것이다. 사회재활의 목표는 장애인을 의학적·직업적·교육적 기준이 아닌 사회의 한 구성원으로서의 역할을 지닌 전인격으로 인식하고 장애인과 사회와의 관계를 물심양면으로 개선하는 것을 목표로 한다(이재풍·곽종형, 2015).

국제재활협회(RI : Rehabilitation International)의 사회재활위원회에서는 "사회재활을 장애인을 둘러싼 물리적·사회적·경제적·심리적 환경 조건을 정비하여 장애인이 인간다운 생활을 영위할 수 있도록 하는 것"이며 이를 위한 선행조건은 다음과 같다고 하였다.

① 인간중심 복지사회를 만들기 위하여 사회제도의 개혁을 시행할 것

② 장애인의 생활을 위협하는 심리적·사회적·문화적 요소가 무엇인지에 대해 규명할 것

③ 각국의 사회재활과 관련한 정책 또는 보편 원칙은 국제수준에 맞게 진행할 것

④ 전인재활이라는 차원에서 다른 재활분야와 역동적(유기적) 관계를 가질 것

(2) 사회재활의 대상

광의의 대상은 장애를 가지고 있는 모든 사람, 즉 일반적인 사회복지 대상 또는 사회생활을 하고 있는 모든 사람을 의미하며 협의로는 사회적 불리(장애의 마지막 개념)에 의해 장애를 가진 사람을 말한다.

(3) 사회재활의 영역

사회재활의 영역에는 장애인 관계법의 정비(주류화), 행정의 정비(행정전달체계가 장애인에게 쉽고 빠르게 전달될 수 있도록 지속적으로 정비), 경제적 환경 정비(직업재활을 통해 경제활동에 참여할 수 있게 그 환경을 정비), 물리적인 환경 정비, 장애인의 정서적·심리적 문제의 해명, 문화적·사회적 기회의 확대 등이 있다.

(4) 사회재활의 방법

① 문제해결 원조체계

재활에 있어 문제 해결과 극복의 주체자는 장애를 지닌 본인이며 전문가는 문제해결의 원조자이며 추진자이다. 여기서 전문가는 그의 역할에 따라서 여러 가지 명칭이 붙여지는데, 개별적 문제해결이 과제인 경우는 생활상담원, 사회복지사, 의료사회사업가가 되고 장애인의 집단 처우가 과제인 경우에는 집단사회사업가가 되며 지역사회에서의 장애인 문제를 지역조직 안에서 해결하는 것이 목적일 때는 지역사회사업가로 참여하게 된다.

② 재활목적을 달성하기 위한 행동체계

문제 해결을 위하여 어떻게 문제에 접근하는가에 따라 결정된다. 개별적 문제에 대응하는 것은 개별사회사업과 장애인 집단 역동 관계, 그리고 집단 활동을 통해서 문제의 해결에 접근하는 집단사회사업, 지역집단에서의 힘을 사용하여 사회의 문제 해결을 위한 능력을 조직화하고 사회조사에 바탕을 두어 자원 및 행동력을 계획화하고 문제를 해결하는 지역사회조직활동 등이 있다.

③ 문제대상체계

개별문제 배후에 있는 전체 문제를 말한다. 장애인의 개별적 문제도 문제체계의 배경 속에서 나타나게 된다. 국재재활협회의 사회적 재활위원회에서는 문제대상체계(환경)에 대해 다음과 같이 정의하고 있다.

가. 장애인 정책과 행정(행정적인 환경)
나. 장애인 생활 기반으로서의 소득의 보장(경제적 환경)
다. 건물, 주택 등의 건축학적 문제(물리적 환경)
라. 장애인을 둘러싸고 있는 사회 일반인들의 이해도(정서 · 심리적 환경)
마. 사회, 스포츠, 문화 등의 기회에의 참가도 보장하는 상황(사회 · 문화적 환경)

2) 심리재활

(1) 심리재활의 개념

심리재활이란 장애인들이 장애로 인해 파생되는 대인관계, 불안, 열등감 등의 심리적 문제를 겪게 됨으로써 재활의욕을 상실하게 될 수 있기 때문에 이와 같은 저해요인을 제거하고 장애인으로 하여금 새로운 가능성을 찾도록 도와주는 것으로 정의되고 있다(전용호, 2001).

심리재활은 장애로 인해 자기 자신의 능력과 사회환경 내 부적응 때문에 비장애인에 비해서 심리적인 좌절감을 겪게 되고 재활의지도 잃기 쉬운데, 이러한 심리적인 문제를 해결하도록 원조하는 과정이다. 장애인이 교육적 · 의료적 · 사회적으로 치료를 달성했다고 하더라도 심리적인 문제가 해결되지 않는다면 완전한 재활도 이룰 수 없다(이재풍 · 곽종형, 2015). 심리재활은 전인적 재활의 토대가 된다.

장애인의 신체적 불안, 사회적 불안, 자기 불확실 등은 심리적 문제의 원인이 된다. 장애 자체, 장애에 대한 자신의 불안, 장애인에 대한 일반인의 부정적 태도라 할 수 있다. 심리재활은 장애인의 심리적 문제들을 찾아 제거・극복하여 새로운 가능성을 찾도록 돕고 장애인 자신의 장애를 극복하여 사회적 기능을 다하도록 돕는 데 있다.

(2) 심리재활 대상

심리재활의 대상은 일반적으로 심리적인 문제에 직면하고 있는 장애인과 그 가족, 주위 사람들이라 할 수 있으며, 넓은 의미는 심리적인 문제를 지닌 장애인과 장애인에게 심리적인 영향을 줄 수도 있는 모든 사람을 말한다.

(3) 목표와 방법

심리재활의 목적은 장애인들이 자신의 의미 및 가치를 발견할 수 있도록 하여 장애를 현실적으로도 극복하도록 도움을 주며, 재활목적(사회통합)이 이루어질 수 있도록 하는 데 목적이 있다. 구체적인 재활목표는 동기 강화, 감정적 노출, 잠재력의 개발과 원조, 의사결정능력의 향상, 습관의 변화, 인지구조 변화, 자기통찰, 의식 상태의 변화, 대인관계의 개선 등이다.

(4) 과정

심리재활과정은 일반적으로 검사, 상담, 치료로 이루어진다.

① 심리검사

신뢰도와 타당도를 확립한 심리검사 도구를 통해서 개인의 다양한 심리적 속성들, 예를 들어 지능, 흥미, 적성, 학업 성취도 및 성격 특성을 측정하여 진단, 분류, 치료(상담), 예후 등에 대한 유용한 정보들을 얻고자 하는 것으로, 지능검사와 성격검사로 분류되며, 개인의 행동방식을 객관적으로 표준화된 방식으로 측정한다.

지능검사는 인간의 정신기능(감각, 지각, 기억, 사고, 판단력 등)을 측정하는 표준화된 질문과 과제로 구성된 심리측정도구이다. 지능검사도구는 포테이지 아동발달지침서(영유아의 발달 상태를 평가), K-WAIS(성인용·아동용 웩슬러 지능검사), KEDI-WISC(한국판 아동용 웩슬러 지능검사), 인물화에 의한 간편 지능검사, 고대-비네검사, 교육진단검사, 학습준비도 검사 등이 있다.

성격검사는 성격의 특성 및 그의 증상적인 경향 중의 일부를 과학적으로 측정하고 평가하여 학업과 진학, 그리고 취업의 성격지도와 교정 등에 기초자료를 제공하며, 피검사자의 현실적·객관적 자기이해에 도움을 주고자 하는 것으로, 대상자는 IQ 80 이상의 중학생 이상 성인이며, 성격검사도구, MMPI(다면적 인성검사), 성격진단검사, MBTI(성격유형검사), 문장완성검사, 인성진단검사, 그림검사 등의 지필검사, BGT검사, 인물화검사, 폐증평정척도 등이 있다.

가. 웩슬러 지능검사

연령에 따라서 WPPSI(4~6세용), WISC(6~19세용), WAIS(성인용)의 세 가지로 구분된다. 언어성 검사와 동작성 검사로 구성되며 각 5~6개의 소검사들로 세분된다. 각 항목에 대한 반응형태 및 소검사 간의 득점 차 분석을 통한 지적 지체현상과 정신병리적 징후의 진단에도 이용된다.

나. 고대-비네 검사

적용 범위는 4~14세이나 지적장애인에게는 14세 이상도 14세로 간주하여 해당 IQ환산표를 적용해도 무방하며, 연령당 6개 문항으로 하위요인은 언어, 지각, 추리, 수량, 공간, 지각, 운동의 일곱 가지가 있다.

다. 인물화에 의한 간편 지능 검사

아동에게 인물화를 그리게 하고 일정한 채점체계를 토대로 분석하여 지능을 평가하는 방법이다. 구디너프(Goodenough)는 아동의 그림은 지적 요소와 밀접한 관계가 있다고 하며 인물화로 지능을 측정할 수 있는 체계로 구축하였다. 이는 선천적이 아니라 학습에 의해 수정 및 연령의 증가에 따라서 반응이 풍성해질 수 있는 지적 성숙을 염두에 두어야 한다.

라. 학습준비도 검사

입학 초기에 학습문제가 예상되거나 다소 주의를 필요로 하는 아동을 가려낼 수 있는 선별 검사도구로 학습상의 문제를 나타내는 아동의 조기선별이 주목적이나 모든 아동이 활용 가능하다.

마. 심리교육 프로파일

학습에 문제를 가지고 있는 아동들의 행동 및 능력을 평가할 수 있게 구성되어 있으며, 생활연령이 1~12세이면서 정신연령이 1~5세인 아동에게 적합하고 모방, 지각, 작은·큰 근육운동, 언어이해 및 언어표현능력, 눈-손 협응 등의 발달수준들을 측정한다.

바. 미네소타 다면적 인성검사

개인의 적응에 영향을 주는 주요한 성격 특성을 평가한다. 성격장애를 판별하는 데 가장 많이 사용되는 자기보고식 검사이며 문항이 경험적 증거, 즉 검사문항이 임상집단과 정상집단의 구별 여부에 따라 구성된다.

사. 집-나무-인물화 검사

피검자가 그린 집이나 나무, 그리고 남자와 여자의 인물 그림 등에 피검자가 주요하게 여기고 있는 일들을 투사하여 피검자 자신과 환경에 대해 가지고 있는 내면적인 견해를 파악하는 일종의 인성 검사인 비언어성 검사로, 어린아동, 교육 정도가 낮은 사람, 지적장애, 위축된 사람에 적용하여 실시하며 검사

시간이 짧고 방법이 간단하다.

아. BGT검사

9매의 간단한 기하학적 도형을 한 장씩 보여주고 종이에 그리도록 하여 그 결과에 대하여 형태심리학의 이론적인 기초에 따라서 개인의 심리적인 과정을 분석・파악한다. 정서적 문제, 개인의 특징적 인성 등의 성격구조뿐만이 아니라 지각-운동기능의 성숙도, 기질적 뇌장애, 학습준비도, 지능, 학업 성취도 등 포괄적으로도 유용한 검사이다.

자. 사회성숙도 검사

사회성숙도 검사는 개인의 일상생활 중 필요로 하는 요구와 책임 정도를 살펴본 다음 그 발달수준을 평가할 수 있도록 고안된 표준화된 기록 양식이다. 사회적 능력 수준을 측정하기 위해 117개의 항목들이 발달과정의 순서로 배열되어 있으며, 식사, 착・탈의, 신변자립, 의사소통, 사회성, 자기관리, 작업, 이동의 8개 범주로 구분된다.

② 심리상담

장애인과 가족들이 가진 심리적인 문제들을 수용하고 문제해결을 위하여 지역사회의 자원과 연결하며 문제해결능력을 만들어 갈 수 있도록 지지하는 과정이다. 개별상담, 전화상담, 집단상담 등의 방법을 활용하여 이루어지는 개별상담은 상담자와 내담자가 1 : 1로 진행하며 집단상담은 집단을 형성하여 의도적인 계획하에서 집단의 역동성과 상호교류를 이용해서 장애인의 대인관계 기술, 자기통찰, 의사소통 기술 등을 증진시키는 방법이다. 전화상담은 자신을 드러내기를 어려워하는 사람들을 전화통화로 문제를 파악하여 돕는 방법이다(이재풍・곽종형, 2015). 상담은 주로 상황적인 문제의 해결과 의식적인 내용의 자각에 중점을 주지만 심리치료에서는 심층적이고 분석적인 문제해결과 무의식적인 동기의 통찰에 중점을 둔다.

③ 심리치료

심리치료는 전문가가 환자와 전문적인 관계를 의도적으로 형성해서 정서적인 문제를 심리학적인 방법으로 치료한다. 놀이치료는 아동의 심리적 불안감과 정서적인 문제를 놀이를 통하여 발산할 수 있도록 유도하여 이를 경감시키는 기회를 제공하며, 궁극적으로 아동의 심리적 문제를 해소하는 과정이다.

음악치료는 노래 부르기, 율동, 음악 듣기, 악기 다루기 등을 통하여 심리적인 문제를 해소하는 것을 도와주는 과정이다. 미술치료는 미술을 이용하여 정서적 · 심리적 문제 상황을 파악하며 이를 해결하기 위하여 도움을 주는 프로그램으로서 동적 가족화, 만다라 그리기, HTP(House, Tree, Person) 등이 있다. 가족치료는 대상이 장애인 가족이라고 보는 관점으로 문제 해결을 위해 문제를 가족에게 전환시켜 다른 가족 구성원의 개입을 통하여 필요한 변화를 유도하는 치료방법이다.

4. 직업재활

1) 직업재활의 개념

국제노동기구(ILO)는 직업재활을 직무지도와 훈련, 그리고 취업알선 등과 같은 직업적 서비스를 포함하는 연속적이고 협력적인 재활 과정의 일부로서, 장애인이 적절한 고용을 확보하고 유지할 수 있도록 원조하는 것이라고 규정하고 있으며, 맥고완(Mcgowan)은 직업재활을 심신의 결함을 지닌 장애인들의 신체적 · 정신적 · 사회적 · 직업적 · 경제적 능력을 최대한으로 찾고 길러줌으로써 일할 권리와 의무를 일반인과 똑같이 갖게 하는 것으로 정의하였다(이재풍 · 곽종형, 2015).

장인협(1996)은 직업재활을 의학적인 재활을 기반으로 하여, 장애인의 생활을 일반적인 경제사회 생활수준에서 전개시킬 수 있도록 하는 것으로서, 장애인의 다양한 욕구 중에서도 직업적 생활능력의 회복 및 장애인의 신분보장을 위하는 일련의 원조 담당이라고 정의하고 있다. 따라서 직업재활이란 장애인들이 직업에 종사하며, 그것을 유지시킬 수 있도록 하는 직업상의 제 원조, 즉 직업훈련, 직업지도, 취업알선 등을 포괄하는 계속적이며 종합적인 재활의 과정으로 정의된다. 장애인의 정신적・신체적・직업적・사회적・경제적 능력들을 최대한으로 찾아 길러주면서 일할 수 있는 권리와 의무들을 비장애인과 똑같이 가지게 하는 것으로서 장애인의 성공적인 사회 통합에 최대의 과제인 자립생활을 영위할 수 있도록 하는 재활 프로그램 중에 가장 중요하고 핵심이 되는 과정이다.

2) 직업재활의 대상

직업재활의 대상은 일정한 교육적・의료적・직업적・사회적 대책을 마련하여 주면 직업을 가질 수 있는 가능성이 있는 장애인이다. 국제노동기구(ILO)는 정신적 또는 신체적 손상의 결과로 적당한 취업의 장을 얻으며 그것을 지속적으로 할 수 있는 상태도 상당히 감퇴하고 있는 사람으로 규정하고 있다. 「장애인고용촉진 및 직업재활법」은 신체 또는 정신상의 장애로 인하여 장기간에 걸쳐 직업재활에 상당한 제약을 받는 자로 대상을 규정하고 있다.

3) 직업재활의 기본 원칙

국제노동기구의 장애인 직업재활 및 고용에 관련한 기본 원칙은 다음과 같다.

(1) 종합적인 접근 원칙

장애인 직업재활 및 고용에 대한 국가정책을 입안 및 실시할 때에는 국내적인 여건과 관행에 따라서 종합적으로 시행 및 정기적 검토를 해야 한다.

(2) 지역사회통합의 원칙

장애인 직업재활 및 고용정책은 모든 유형의 장애인에게 유용하고 적절한 재활 방법을 세워야 하며, 공개적 노동시장에서 취업 기회를 촉진시켜야 한다.

(3) 기회 균등의 원칙

장애인 직업재활 및 고용정책들은 장애인과 일반근로자들 사이의 동등한 기회의 원칙에 기초하여야 하며, 남녀 장애인은 기회와 대우에서 동등해야 한다.

(4) 고객중심주의

장애인 직업재활 및 고용정책을 시행하고자 할 때 고용주 또는 근로자를 대표하는 단체 및 장애인단체의 협의 과정 등을 통해 장애인의 의견이 반영되어야 한다.

(5) 직업재활의 원칙

직업훈련, 직업소개, 취업 및 기타 고용에 관한 직업재활 프로그램을 수립하고, 적절한 기관이 수행·평가를 하며 필요에 따라 기존 고용 정책도 적합하게 적응시킨다.

(6) 소외지역 우선배려의 원칙

농촌·벽촌 지역의 장애인 직업재활 및 고용안정 수립과 발전의 촉진을 위한 조치를 취해야 한다.

(7) 전문인력을 통한 서비스 제공의 원칙

국가는 장애인의 훈련, 직업안내, 훈련, 취업과 고용을 책임지게 될 직업훈련교사와 재활담당자 등의 적절한 자격을 갖춘 직원의 훈련 및 인력을 확보해야 한다.

4) 직업재활의 특성

개별성(개인의 욕구와 능력, 특성에 따른), 현실성(장애에 따른 한계성 인식), 전문성(전문적 서비스가 필요), 포괄성(종합적 서비스 제공), 계속성(서비스 지속 제공), 신축성(욕구에 따라 서비스가 조정), 복잡성(장애 유형과 정도별), 역동성(직업재활정책 결정과정), 책임성(장애인과 후원자 및 사회) 등의 특성이 있다

5) 직업재활의 과정

(1) 접수 및 직업상담

① 내담자의 접수 후 직업상담을 실시한다.

② 직업상담은 전문 상담자가 내담자의 능력 및 기술, 흥미, 적성 등을 객관적으로 평가하며 원하는 직업적인 조건을 평가해서 적합한 직업을 가질 수 있도록 돕는 것이다.

③ 상담자는 장애인의 직업적인 욕구와 현실적인 목표에 적합한 범위에서 자기 탐색을 돕는 것이다.

(2) 진단 및 직업평가

① 장애인이 어떤 직종에 대해 직업적 가능성을 가졌는지를 종합적으로 평가한다.

② 맥고완(Mcgowan)의 진단

신체적 · 정신적인 장애와 직업에 대한 실질적인 제한을 의학적으로 판별하며 현재의 건강상태를 증진시키고, 잠재적인 직업적 능력의 가능성과 한계를 측정하며, 신체적 장애 개선 정도와 범위를 어떤 방법으로 제거, 수정, 최소화할 수 있는지 측정한다. 능력과 한계에 적합한 직업을 선택하기 위한 사실적 근거를 제공한다.

③ 코치(Couch)

재활의 가능성 결정, 개인의 자산 확인, 재활을 저해하는 요인 발견, 직업적 방향성을 찾고, 바람직한 행동 계획을 책정할 것을 요구하고, 직업평가는 장애인의 교육적 · 사회적 · 의학적 · 심리적 · 작업 기능적인 측면에서 종합적으로 평가한다(이재풍 · 곽종형, 2015).

의학적 평가는 직업수행이 가능한 일반적인 건강 상태를 의미하며, 안과, 정형외과, 이비인후과, 정신의학과, 재활의학과 등 전문의의 진찰을 통해서 현재 육체적인 기능 정도에 대한 정보를 제공하고 제한받게 되는 행동을 결정하게 한다.

심리적 평가는 내담자가 자신의 신체적 장애와 일에 대해 어떠한 태도를 가지고 있는지를 평가하는 것이다. 심리적 평가에서 정서 상태, 지능 정도, 적성, 흥미, 성격은 직종 선택 시에 중요한 자료가 된다.

사회적 평가는 장애인과 그가 접한 환경 간의 역동적 관계를 알아보는 것으로 장애 발생 후 가족, 친지들과의 관계 및 문화적 · 사회적 · 교육적 · 경제적 · 종교적인 배경은 장애인의 행동, 그리고 재활 동기에 많은 영향을 준다.

직업적 평가는 일의 습관, 직업기능의 정도, 동기, 일의 학습력, 일에 대한 태도, 지구력, 책임감, 이해력, 순응력, 자신감, 성실성, 대인관계, 창의력, 민첩도, 신체 적응력, 취업에서도 이겨낼 수 있는 내구성, 직업 준비태세, 직업에 대한 마음가짐과 동기설정, 자신의 흥미 · 적성에 어울리는 직업영역, 직장·집단 내의 인간관계와 적응도, 취미생활과 습관 등에 대한 평가를 한다.

(3) 직업적응훈련

직업적응훈련은 장애인이 가질 수 있는 직업적인 부적응을 해결하여 작업환경에도 쉽게 적응할 수 있도록 하는 것으로, 다양한 기초 훈련과 경험을 제공함으로써 기본적 일상생활과 사회생활이 가능하도록 하며, 궁극적으로 직업적응 능력을 배가시켜 사회적 존재로의 가치 부여와 사회의 구성원으로서의 역할과 의무를 다 함께 할 수 있게 하여 사회적 존재로서의 통합을 목적으로 한다(이재풍·곽종형, 2015). 일상생활 자립훈련에는 신변자립, 의사소통, 생활자립, 이동능력이 포함되고 사회성 훈련에는 대인관계를 맺거나 유지하는 기술 훈련, 자기주장능력, 책임감, 협동심, 감정이나 행동에 대한 통제, 타인의 일에 대한 공감 등이 포함된다. 인성적응훈련에는 직업에 대한 적응과 관련된 습관·태도를 개발하는 것과 신뢰성, 인내력, 일관성, 시간관념 등이 포함된다.

(4) 직업훈련

직업훈련은 직업평가과정에서 적합한 직으로 선택된 직종·직무에 대한 기능(기술)훈련이다. 장애인은 직장생활에 필수적인 직업적인 지식과 기술들을 제공하는 훈련의 조직적인 형태로 작업행동, 작업태도, 작업기술에 필요한 능력, 습관, 작업에 대한 이해력, 성공적으로 수행할 수 있는 능력 배양 및 전인적 훈련이 필요하다(이재풍·곽종형, 2015).

국제노동기구의 직업훈련의 원칙을 살펴보면 첫째, 통합성의 원칙이 있다. 직업훈련은 지역사회 내 직업훈련기관·회사·학교 등에서 통합된 형태로 이루어져야 한다는 원칙이다. 둘째, 기회 균등의 원칙이다. 장애인 직업훈련 시 국가·민간기업 등 모든 영역에서의 동등한 기회를 제공해야 한다는 원칙이다. 셋째, 동등 조건의 원칙이 있다. 장애인, 비장애인이 함께, 동등한 조건에서 훈련을 받게 해야 한다는 원칙이다. 넷째, 특수성의 원칙이다. 장애유형·장애정도 등 개별적 특수성을 맞추어 개개인에게 적합한 훈련시설, 훈련과정, 훈련방법 등을 실시해야 한다는 원칙이다. 다섯째, 평생 훈련의 원칙이다. 생애주기에 따라 지속적으로 직업능력을 개발, 유지해야 한다는 원칙이다. 여섯째, 고용주 지원의 원칙이다. 고용주는 지속적 관심을 갖고 장애인의 능력개발을 지원·배려해야 한다는 원칙이다. 일곱째, 훈련 직종 취업의 원칙이다. 직업훈련을 받은 직종, 또는 유사한 직종에 취업해야 한다는 원칙이다.

(5) 취업알선

취업알선은 직업훈련을 받은 장애인들이 이에 적합한 직업을 가질 수 있도록 조언하고 알선해 주는 직업재활의 마지막 단계이며 사회통합의 초입단계이다. 취업준비를 위해 계획된 모든 서비스가 성공적으로 이루어지게 되면 장애인의 욕구 및 적성, 그리고 능력에 맞춘 적절한 직업에 배치하는 단계로, 일반고용, 보호고용, 자영업으로 나뉜다.

일반고용은 비장애인과의 직업적인 통합을 이루는 형태로 일반 사업체·국가기관의 고용을 의미하며, 비장애인과 같은 기술·능력을 가지고 있는 경쟁이 가능한 소수의 장애인에게만 가능하다. 일반고용은 강제고용(의무고용, 할당고용이라고도 함)과 비강제고용으로 분류하는데, 강제고용은 법률이 정하고 있는 의무고용사업체(국가기관, 기업, 사회단체, 공공기관 등)가 법적인 의무고용률에 따라서 의무적으로 장애인을 고용해야 하는 고용 형태이다. 의무고용률을 달성하지 못할 경우 '납부금'을 납부하게 하여 장애인고용촉진에 기여하고, 의무고용률을 초과달성할 경우 지원금을 지급하도록 한 규정이다. 비강제고용은 장애인고용에 대한 강제규정을 법제화하지 않고서 일반적인 사업체가 장애인들을 고용하도록 촉구하는 형태의 고용이다.

보호고용은 고용을 확보하기가 어려운 장애인들을 대상으로 특별하게 계획된 조건하에서 실시되는 훈련 및 고용으로서, 보수가 있는 직장에서 일할 기회를 제공하고, 장애인들의 직업적인 욕구를 충족시켜 주는 것으로, 보호작업장 고용과 재가고용으로 나뉜다. 보호작업장 고용은 직업재활시설에서 중증장애인이 경제적인 수입을 가지면서도 기술과 지식을 익히는 것이다. 재가고용은 장애정도가 심해 출·퇴근이 불가능한 장애인도 집에서 일할 수 있도록 하는 것이다.

(6) 사후지도

취업 후에 발생하는 직업과 관련된 다양한 문제의 해결을 위하여 원조하는 것이다. 스스로 사회적으로도 자립할 수 있고, 고용의 상태를 계속 유지할 수 있도록 지원하며, 직장생활 적응에 있어서 스스로 문제를 해결함으로써 만족스러운 직장생활이 가능하도록 하는 데 목적이 있으며, 고려해야 할 사항으로는 선택된 직업의 역할 및 자기 직무를 올바르게 이해하도록 원조해야 하고, 새로운 작업환경에 적응하도록 지도해야 하고, 자립심을 함양하도록 격려하며, 자기 자신, 그리고 직업 환경에 대한 이해를 도우며, 직업생활의 계획을 세우도록 원조해야 한다.

CHAPTER

08 | 지역사회중심 장애인재활

학·습·목·표

1. 지역사회중심재활의 개념과 이념을 이해할 수 있다.
2. 시설중심재활과 지역사회중심재활의 주요 차이점을 비교하여 설명할 수 있다.
3. 우리나라 장애인자립생활 모형과 주요 요소를 이해할 수 있다.

1. 지역사회중심재활과 개념

지역사회중심재활이란 지역사회의 인적·물적 자원을 개발, 활용하여 주변 기관과의 자원연계 활동을 통하여 지역사회 내의 장애인의 기본적 문제를 해결해 줌으로써 전반적 재활서비스가 이루어지도록 하고 재활인식을 고양시킴으로써, 장애인의 사회활동을 위한 여건을 편리하게 만들어 장애인의 사회통합과 복지를 증진시키고자 하는 것이다. 지역사회중심재활은 장애인의 재활과 일반인의 사회통합을 위해 지역사회중심재활 방법으로 시작하여 지역사회에 안정적으로 정착시키고 확산시켜 나가자는 것이 목표이다.

지역사회중심재활은 지역사회 참여에 대한 중요성, 간소화된 재활기술력의 사용, 서비스 전달체계와 같은 기본적 특성을 가지고 있는데, 지역사회중심재활의 서비스 전달체계는 먼저 장애인 가족 내의 자원에 의존하게 된다. 장애인의 지역사회중심재활에서 가장 먼저 도움을 주는 사람을 가족 구성원 중에서 찾아야 한다. 모든 지역사회에서는 지역사회중심재활 중간관리자, 즉 도움을 주는 자가 있어야 하며, 이들은 일정 훈련을 받은 후 지역사회에서 장애인을 찾아내고, 도움을 주는 훈련자를 통하여 장애인에게 알맞은 일련의 훈련과정을 제공하고 이것이 어떻게 이용되는가를 제시하고 결과에 대해 평가할 수 있어야 한다. 즉, 서비스 전달체계는 장애인 자신과 그들 가족의 참여를 기반으로 공공서비스가 장애인서비스에 통합되는 공동형태를 갖게 된다. 세계보건기구(WHO)는 1976년에 다음과 같은 기본 원칙을 제시하였다.

첫째, 재활의 주체는 장애인 자신과 가족이다.

둘째, 지역사회 주민에게 그 지역사회 내의 장애예방 및 이미 발생된 장애인의 재활에 대한 올바른 이해와 중요성을 인식시키고 자립과 재활의 책임의식을 갖도록 한다.

셋째, 지역사회 내의 가능한 인적·물적 자원을 최대한 동원한다. 장애인 본인과 그 가족 및 친지 그리고 지역사회 주민을 재활훈련을 통하여 재활요원화한다.

넷째, 기존의 재활서비스 전달체계에 통합되어 수행되는 것이다.

다섯째, 지역사회의 경제적·사회적 수준에 적합하며 저렴한 비용으로 할 수 있는 재활기술과 방법을 활용하도록 권장함으로써 재활 전문가의 역할을 분담하고 스스로 문제를 해결할 수 있는 기회를 제공한다.

여섯째, 보건, 사회복지, 교육의 재활서비스 전달체계 구축 및 통합으로 지역사회를 중심으로 한 재활을 발전시킨다.

일곱째, 지역사회에서 해결하기 어려운 문제는 2차, 3차 기관으로 의뢰할 수 있는 후송 의뢰체계가 필요하다.

2. 지역사회중심재활의 이념과 방법

지역사회중심재활은 장애인의 평등성, 사회정의성, 연대성, 통합성 그리고 존엄성이라는 기본 이념에 기초를 두고 있다.

1) 평등성

모든 인간은 누구나 동등한 가치를 부여받으며 평등한 권리와 책임을 지니며 각자 개별적 존재로 인정받는다. 재활 프로그램은 장애인들의 잠재능력을 강조하고 그들의 책임성과 권리를 증진시키며, 장애인들에게 평등하고 인간적인 가치기준을 제공하고, 장애인의 권한을 증대하고자 하는 데 목적이 있다.

2) 사회정의성

사회정의란 장애인들을 위한 서비스와 기회가 특정한 소수자를 위한 것이 아니며 모두에게 제공되어야 한다는 것을 의미한다. 우리는 모든 장애인들에게 최소한의 기본적 서비스가 제공되도록 노력해야 하며, 장애인들이 그들의 합법적 권리와 혜택을 누리지 못하는 이유에 대해 올바르게 바로잡아 모두에게 서비스가 제공되도록 해야 한다.

3) 연대성

연대의 목적과 그것을 위한 노력은 자선과 봉사가 아니라 모든 사람들의 권리로 인식되어야 한다. 의존은 장애인들만의 특성이 아니며, 연대는 장애인들과 같이 의존해야 하고 도움을 필요로 하는 사람들을 위해 이루어져야 한다. 따라서 연대는 우리 사회의 중요한 원리 중의 하나이다.

4) 통합성

사회의 모든 구성원들은 지역사회의 주류로 참여해야 한다. 장애인은 때때로 그들을 특별하게 보는 시각이나 잘못된 인식으로 인해 특별히 분리된 서비스나 정책을 세우는 것과 밀접하게 관련되기도 한다. 장애인들도 일반 사람들과 같이 가족들과 지역사회 중심에서 더불어 살아가도록 해야 한다. 장애인들의 통합이란 장기적으로 볼 때 다른 사람들로부터 더불어 살아가며 존중과 사랑을 얻도록 하며, 결국에는 인간의 존엄성을 영위할 수 있게 하는 것이다.

5) 존엄성

모든 장애인들은 개인에 삶에 존엄성을 영위해야 한다. 장애인의 존엄성은 모든 인간은 동등한 가치와 권리를 지닌다는 것이 인정될 때 가능한 것이다. 장애인이 사회의 한 구성원으로서 비장애인과 함께 더불어 살아가고 보편적 삶을 유지할 수 있도록 지원할 때, 그들의 삶에 사회참여와 평등이 실현될 수 있는 것이다.

3. 지역사회중심재활의 방법

1) 시설중심재활

시설중심재활(IBR : Institution Based Rehabilitation)이란 시설을 기반으로 제공되는 재활서비스 개념을 말한다. 즉, 시설에 거주하는 장애인을 중심으로 제공되는 서비스 형태로서, 과거 장애인시설은 집단수용과 통제를 기본으로 생활하고 있는 장애인의 기능이나 성격, 개인적·사회적 영향 면에서 많은 문제점을 노출시켜서 비판의 대상이 되었다. 구체적으로 거주 장애인을 수용 및 보호, 치료의 대상 기준으로 평가하였으며, 의료적이고 전문가 중심의 극히 제한된 자원에 의한 서비스가 이루었다. 이 과정에서 장애인들의 인간다운 권리와 개별적인 다양한 욕구는 시설 운영자와 서비스 제공자 중심의 일방향적 중심 사고에 따라 제대로 인정받지 못했던 것이 사실이다. 또한 시설수용을 통제한다는 관점에서 지역사회와의 다양한 교류를 제한함으로써 장애인의 타율성과 사회적 격리를 초래하기에 이르렀다.

이러한 형태의 시설중심서비스는 장애인복지의 궁극적 목적인 가족, 이웃, 지역사회와의 상호작용이나 적응 도움, 그에 따른 지역사회통합에 역행하는 역사적 오류를 낳았다는 비판에 직면하였다.

현실적으로 장애인이든, 비장애인이든 간에 여러 가지 이유로 인해 자신을 스스로 돌보지 못하거나 상황에 적절한 결정을 내리지 못하는 경우가 존재하기 마련이다. 하지만 이와 같은 상황에서 시설화와 결부되어 더 많은 보호나 구제에 맞추어진 장애인서비스 영역에서 장애는 곧 무력감이나 자기결정에 대한 무능력으로 치부될 위험이 높다. 이는 곧 인간 존재의 본질이자 권리로서의 자기결정과 선택권, 책임의 박탈을 의미하며, 결국 '학습된 무기력'(Seligman, 1986)과 같은 타율화된 삶의 방식으로 고착될 수 있다.

이러한 시설수용 보편화에 대한 문제점과 한계에 대한 인식으로 마침내 1960년대부터 선진국 여러 나라들을 중심으로 이른바 탈시설화(deinstitutionalization) 운동이 주창되기에 이르렀으며, 동시에 정상화(normalization) 이념의 대두로 더욱 적극적이고 활발한 지역사회중심 내지 지역사회기반의 장애인복지서비스에 대한 논의가 시작되었다.

2) 지역사회중심재활

1981년 세계보건기구(WHO) 재활전문위원회에서는 '지역사회중심재활'(CBR : Community Based Rehabilitation)의 정의와 관련하여 "장애인의 재활성취를 위하여 지역사회의 자원, 즉 장애인 자신과 그의 가족 및 전 지역사회를 활용하기 위하여 지역사회 수준에서 채택된 모든 방법을 포함할 것"을 권고하였다. 다시 말해, 지역사회중심재활이란 장애인의 재활과 사회통합을 목적으로 지역사회의 인적 및 물적 자원을 적극 활용할 것을 기본으로 하며, 직접적 서비스 외에도 간접적인 지역사회 인식과 태도의 변화, 물리적 환경의 개선 등을 포함하는 포괄적인 재활과정이자 도구로 재정리할 수 있다. 그러나 지역사회중심재활은 무엇보다도 시설중심재활의 비판과 대안으로서 나타난 것이니만큼

시설에서의 한계점을 극복할 의무와 목표를 갖는다. 따라서 지역사회의 다양한 인적·물적 자원을 통하여 인간중심의 서비스를 계획하고 실행함으로써 장애인의 사회통합에 기여하는 것을 최고의 이념으로 하는 지역사회기반지원의 기본이라 할 수 있다. 이를 위해서는 지역사회 장애인문제의 체계적 정보관리와 장애 당사자를 비롯한 모든 지역사회 구성원의 참여가 전제되어야 하며, 이들이 함께 연계하고 협력함으로써 최적의 서비스를 제공하고 장애인의 잠재능력 개발과 사회참여의 지속성을 촉진해야 하는 중대한 과제를 가지고 있다.

장애인복지를 발전시킨 역사적인 사건으로는 1960년대 말 아일랜드의 장애인재활 관련 종사자들의 공통된 인식이 가시화됨으로써 지역사회중심재활이 제안된 것으로 알려져 있다. 이들은 급속하고 다양하게 변화되는 사회속에서 재활지원에 관한 욕구를 가진 장애인의 수가 증가하는 반면에, 훈련된 전문가나 기존의 재활서비스구조에서는 현실적 문제를 효과적이고 효율적으로 해결하는 데 한계가 있음을 인식하고 그에 대한 다양한 대안을 제시하였다. 이를 통해서 장애 당사자와 그의 가족 및 이웃, 지역주민이 상호 이해와 협력으로 장애인재활 영역에서의 문제에 공통으로 대처해 보자는 취지로 확산되기에 이르렀다. 따라서 지역사회중심재활이란 현대적 의미에서 '지역사회기반지원'이라는 거시적·보편적 관점을 바탕으로 전문가의 직접적이고 주도적인 개입보다는 장애 당사자가 우선 지역사회에 활용 가능한 다양한 인적 및 물적 자원을 통해 스스로 기능화하는 것에 우선적인 원칙을 두고 있다. 그러나 이러한 원칙과 추구 방향이 곧 재활전문가의 개입을 전적으로 배제해야 한다는 의미는 아니다. 단지 지금까지 일방향적이었던 전문가 중심의 서비스지원체계를 개선하고 지역사회와의 적극적 협력과 협조를 전제로 전문가의 역할과 기능의 재정립이 필요하다는 의미를 갖는다. 따라서 지역사회기반지원은 장애 당사자를 둘러싼 환경에 존재하는 지역과 사회적 자원들을 적극적으로 활용하고 장애인재활에서의 자발성이나 지속성을 위한 참여적 가치와 서비스 제공과 이용의 비용효율성, 정서적 지지 및 확대 등이 핵심인 것이다.

지역사회기반지원 관점에서 재활의 개념은 다음과 같은 핵심적 기능을 포함한다.

① 지역주민에 대한 장애인 및 재활에 대한 올바른 이해 확대와 공동책임의식 고취

② 자조자립의 의지와 잠재능력 강화, 장애 당사자와 그의 가족 및 지역주민 참여와 역할을 통한 지원인력으로서의 인적자원 확보

③ 지역 수준에 적합한 적용과 활동 및 효과적일 수 있는 재활 기술과 방법의 활용 권장으로 전문가와의 역할 분담과 스스로 해결 기회의 제공

④ 재활서비스 전달체계의 구축 및 확대를 위한 기존 지역사회 관련 기관 및 단체 등의 활용으로 국가적 차원에서 재정적 자원의 효율성 극대화 기대

이에 따라서 지역사회기반지원은 인간 권리와 평등성, 책임성, 존엄성, 사회적 연대와 의무, 사회정의의 실현, 그리고 사회통합에 기여하며, 실제적인 재활지원사업이나 프로그램 또한 장애 당사자와 그의 가족, 지역사회 구성원에게 가능하고 적합한 자체적 자원의 활용을 통해 최대한의 성취를 이루고, 최종적으로는 지역사회와 통합하는 기본 이념들을 포함하고 있다. 따라서 기존의 시설중심재활과 지역사회에 기반한 자원과 역량을 활용하고자 하는 지역사회중심재활은 성격상 분명한 차이를 나타낸다. 시설중심재활과 지역사회중심재활을 비교하면 〈표 8-1〉과 같다.

<표 8-1> 시설중심재활과 지역사회중심재활 비교

구 분	시설중심재활(IBR)	지역사회중심재활(CBR)
추구 목적	• 개인변화	• 개인-지역사회 변화
서비스 접근	• 의료/ 치료중심 • 단편성	• 관련 분야 간 연계/ 통합 지속성
서비스 전달	• 중앙집권/ 통제 • 하향식	• 관련 분야 간 연계/ 협력 • 평행식
서비스 자원	• 제한적/ 특정적 • 산발성	• 포괄적/ 보편적 • 기존성
서비스 기술	• 고도/ 특정 전문 기술 의존	• 보편적/ 기존 지역사회 기술 활용
서비스 이념	• 공급자-전문가 중심 • 복지/ 관리/ 정책 지향	• 이용자-가족-지역사회 중심 • 욕구/ 권리/ 정치 지향
서비스 구성 및 실행	• 비합의적/ 일방적(공급자 전문가-대변자 중심) • 일시적/ 비계발적 • 단기적/ 물질적	• 합의적/ 민주적(당사자-지역사회 참여 전제) • 지속적/ 계발적 • 장기적
서비스 평가	• 폐쇄적 • 수동적 변화	• 개방적/ 적극적/ 참여적 • 능동적 변화
장애인상	• 치료/ 수혜 대상자 • 수동적 태도	• 서비스 이용 당사자/ 소비자 • 자기결정적 태도

4. 지역사회중심 장애인재활의 과제

우리나라 지역사회중심재활사업에 대한 현실적 논의로서 다음과 같은 여섯 가지 지향점을 제시하고자 한다.

첫째, 서비스 이용자로서 장애인의 권리 강화가 이루어져야 한다. 지역사회중심재활사업은 지역사회에 거주하는 장애인 당사자의 자기결정과 그에 따른 자발적 참여가 전제되어야 한다. 그럼으로써 다양한 재활 기술의 습득과 기능 강화로 재활 의욕을 고취시켜 사회통합에 스스로 기여하도록 하는 것이다. 따라서 지금까지의 일방적인 서비스 수혜자로서의 장애인상(象)과 역할을 지양하고, 당사자의 욕구와 권리에 기반한 장애인서비스의 계획과 실행 및 평가 등이 이루어져야 하며, 이 과정에서 그들에 대한 주체적 참여자로의 인식 전환과 실제적 서비스 이용자의 참여방안들이 다양하게 강구되어야 한다. 이는 장애인에 대한 지역사회 전반의 인식 변화 고취를 위한 전략체계로서도 적극 활용될 수 있다.

둘째, 지역사회 내의 서비스 제공 및 공조체제의 수평화가 더욱 진행되어야 한다. 의료적 서비스 측면이 다소 강한 현재의 거점 보건소 중심의 지역사회 중심재활사업은 앞으로 그 지향 및 실천에서 지금보다도 더욱 균등하게 교육, 직업, 사회심리 등 다양한 측면에서의 서비스 개발과 협력이 이루어져야 한다. 이러한 맥락에서 보건의료 인력뿐만 아니라 사회복지사 등 다양한 인력의 구성 및 배치, 교육과 훈련 활성화를 통해 지역사회재활요원으로서 보다 효율적이고 체계적인 팀 접근을 구상하여야 한다.

셋째, 장애인종합복지관과 장애인자립생활센터 등 그 활동 내용에서 중첩성이 있거나 혹은 그 성격 면에서 다소 경쟁적 측면이 강하게 인식되는 관련 단체들 간의 개방적이고 협력적인 사업연대를 도모하여 궁극적으로는 지역 장애인들의 통합서비스 구축과 연대책임에 적극적으로 임할 수 있도록 해야 한다.

넷째, 지역사회중심재활 관련 기관의 기존 서비스 내용 및 이용에 관한 전문분야별 조사가 지속적으로 이루어지고, 주민 조직이나 장애인 자조모임 등과 같은 지역에 기반한 참여적 민간조직들에 대한 표집과 그들에 대한 지역사회 내 정보관리체계가 마련되어야 한다. 또한 정부 주도 이외에 지역장애인 및 그의 가족 등을 대상으로 복지 욕구에 대한 정기적인 전면 조사가 필요하며, 이때 지역사회 관련 기관들의 상호연계를 바탕으로 보다 효율적으로 기능할 수 있도록 도모해야 한다.

다섯째, 장애인을 위한 재활전문적 접근으로서의 지역사회 조직을 이해할 필요가 있다. 지역 장애인에 대한 공동체 구성원으로서의 소속감이나 연대의식, 책임감 등을 도모하면서 지역사회 자원의 자발성과 적극성으로 연대적 참여가 가능하도록 지역사회 계획과 개발 및 조직행동을 통한 다양한 프로그램이 구성되어야 한다.

여섯째, 장애인의 다양하고 복합적이며 지속적인 욕구에 대한 전문적 관리체계로서의 케어매니지먼트(care management)를 가속화시켜야 한다. 이는 지역사회에 위치한 기존의 다양한 자원을 적절히 연계하고 협조체제를 공고히 함으로써 지역사회보호 차원에서 장애인의 재활의지와 능력을 배양하며, 그러한 환경을 더욱 적극적으로 조성하도록 하기 위한 서비스 지원체계를 의미한다. 따라서 장애인의 지역사회재활과 관련한 당사자의 욕구와 그에 따른 각종 자원들, 그리고 각 사례들에 따른 개별성과 고유성을 인정하면서도 포괄적이고 통합적이며 체계적인 서비스제공이 가능하도록 하기 위해서는 지역사회 기반 재활서비스 제공기관에서의 과학적인 관리가 필요하며, 이것이 곧 케어매니지먼트의 활동 전제가 되어야 한다.

1) 지역사회중심지원서비스(CBSS)

앞장에서 살펴보았던 지역사회중심재활(CBR)의 핵심은 궁극적으로 지역사회 내 장애인의 자립과 사회통합을 위한 안정적이고 효율적인 서비스 시스템의 구축과 실행으로 정리될 수 있다. 그중에서 장애인복지관은 지역사회 수요자들에 대한 서비스 제공과 관리의 일선이라는 측면에 있어서 그 어떤 조직 이상으로 장애인 재활에 핵심적 역할을 담당해 온 것이 사실이다.

그러나 여전히 부족하고 미흡하다고 평가받는 장애인복지 재정이나 자립생활 패러다임에 입각한 사회적 지원체계, 반면에 그 어느 때보다도 고조되고 있는 장애와 인권에 대한 감수성이나 그에 기반한 서비스 이용자 권리에 대한 사회적 인식 등 다양한 측면의 요인들을 종합적으로 돌아볼 때, 지금까지의 지역사회중심재활 수행 체제와 장애인복지관의 역할과 기능에 대한 적절한 변화 모색이 필요한 시점이다.

전통적인 지역사회중심재활 방식은 두 가지 비판점이 있다.

첫째, 지역사회중심재활은 기본적으로 의료적 접근에 기반하고 있으며, 세계보건기구에서 제안하고 있는 내용도 의료자원이 빈약한 조건에서 의료전문가를 중심으로 준전문가나 지역사회자원을 활용하는 방법이 핵심을 이루고 있다.

둘째, 지역사회중심재활은 세계보건기구가 개발도상국가들에서 실행할 수 있는 재활전략으로 공식화한 것이다(김용득 · 윤재영 · 이동석 · 이호선 · 김재훈, 2013). 이 방식은 최근의 자립생활 패러다임의 확산이나 사회적 내지는 복합적 모델에 의한 서비스 지원체제 및 요소들을 충분히 수용하지 못하고 있다는 점과 그동안 개선되어 온 국가 및 장애인복지 환경에 적용되기에는 이미 시기적으로 적절하지 않을 수 있다는 점에서 이제는 우리 현실에 보다 적합한 형태로의 전략수정이 요구된다는 것이다.

따라서 지금까지 지역사회중심재활이 주된 대상으로 삼았던 건강이나 복지문제를 포함하여 정치, 경제, 교육, 문화, 인권 등 지역사회환경 및 생활 전반에 영향을 미치는 요소들과 그와 관련한 문제들을 고루 다루고 욕구를 해소시킬 수 있는 대안적 모델에 대한 고민이 등장하기 시작하였는데, 그것이 바로 지역사회중심지원서비스(CBSS : Community-Based Supporting Services)이다.

2) 장애 패러다임 변화와 지역사회중심지원서비스(CBSS)

세계보건기구(WHO)가 공식화했던 지역사회중심재활(CBR)은 30여 년의 흐름 속에서 더 이상 지역사회의 각종 문제들을 해결하는 데에는 완벽하지 못한 상태로 근본적인 한계점들을 노출하기 시작하였다. 이 방식은 적용되는 문화적 맥락에 맞게 다양하게 구성될 수 있다는 철학 정도로 이해하는 것이 더 적절할 것으로 여겨지고 있다. 그만큼 새로운 사회적 욕구와 해결을 하는 데 있어서 변화된 대안적 형태의 개입 방안들이 필요함을 인식하게 되었다.

이에 따라 기존 지역사회중심재활에 대한 대안적 방법은 재활이나 사회복지에 개입에 대한 문제뿐만 아니라 정치와 경제 또는 장애인 인권의 문제, 참여 문제 등을 반영해야 하는 과제를 가지게 되었다. 동시에 전문가에 의한 재활보다는 장애인 당사자의 지속적 참여를 강조하고, 분야도 보편적인 인권의 문제, 통합적인 장애인 개인의 삶의 문제, 지역사회 개발 문제 등으로 확대되어야 할 필요가 있기에 '재활'보다는 '지원서비스'라는 용어가 더 적합할 것으로 보인다. 따라서 지역사회중심재활(CBR)의 'R'을 대신하여 'Supporting Services (SS)'의 개념을 포함시켜 '지역사회중심지원시비스(CBSS)'라 명명할 수 있다.

지역사회에서의 자립생활을 목표로 하는 CBSS에 근거한 서비스 실천은 지역사회의 준전문가가 장애인과 더불어 협력관계를 이루어 실천해야 함을 기본으로 한다. 또한 준전문가가 선택하고 결정하기보다는 장애인 당사자의 선택과 자기결정이 강조되어야 한다. 지역의 준전문가 또는 주도집단은 지역사회 환경의 개선에 더욱 노력하여야 하며, 장애인이 선택할 수 있는 환경을 조성하도록 많은 노력을 해야 한다.

이에 CBSS와 자립생활 모델의 관계성은 이용자 중심 사고에 입각한 서비스 지원 체계를 더욱 공고히 하면서 지역사회 서비스 철학과 실천 기반을 상호 제공하는 데에 기여하도록 기능한다.

3) 지역사회중심지원서비스(CBSS)의 구성 요소

(1) 장애인의 자기결정과 자조조직화

자기결정과 자조집단을 강조하는 새로운 대안으로서의 지역사회중심지원서비스(CBSS)는 다음과 같은 요소들을 강조하여야 한다.

첫째, 장애인의 부모와 장애인들의 능동적인 참여
둘째, 지역의 장애인 부모들과 장애인들의 조직화 지원
셋째, 지역 장애인 단체와 전국 조직과의 정보 교류
넷째, 장애인과 장애인 단체들에 대한 역량강화를 위한 지원 활동 등

(2) 지역사회조직사업

지역사회중심지원서비스(CBSS)사업은 장애인복지라고 하는 지역사회의 이슈를 지역사회 활동을 통해서 해결한다는 점에서 지역사회조직사업의 한 실천분야라고 볼 수 있으며, 지역사회조직사업은 지역사회의 문제해결을 위하여 사람들을 조직하고 동원하는 과정이며, 지역주민의 자치적인 능력 향상을 위하여 상설적인 자치기구를 결성하는 과정에서 활용될 수 있는 방법이다

(3) CBSS 1 개별적 지원

지역사회중심지원서비스의 기본적인 목표는 지역사회에 존재하는 활용 가능한 자원을 총동원하여 포괄적인 도움을 필요로 하는 장애인의 서비스 욕구와 연결하는 것이다. 이런 활동을 CBSS 1(Community Based Supporting Services 1)이라고 할 수 있으며, 이러한 과정에서 중요한 방법론으로 개별적 지원 기술이 활용될 수 있을 것이다. 또한 개별적 지원의 과정은 사정, 계획의 수립, 서비스의 실행과 점검, 서비스의 평가 등의 과정을 통해서 이루어진다.

(4) CBSS 2 지역사회 역량강화

장애인의 자립생활을 이루기 위해서는 장애인 개인에 대한 지원뿐만 아니라 장애인 주변의 사회환경을 개선하여 지역사회가 장애인의 자립을 지원할 수 있도록 하여야 한다. 이를 위해 지역사회 전체가 문제해결을 위하여 집단적으로 노력하도록 하는 지역사회 역량강화(empowerment)를 수행해야 하며, 이런 활동을 CBSS 2라고 할 수 있다.

이 프로그램은 지역사회 주도기관이 주체가 되어 CBSS 2 기금을 조성하고, 이 기금으로 지역사회의 작은 모임들에 장애인의 자립을 지원할 수 있는 활동을 신청받아 지원한다. 말 그대로 지역사회 문제를 해결하고자 하는 집단적인 '작은 불씨'를 통해 지역사회의 문제를 해결함과 동시에 지역사회 자체의 역량이 강화되는 것을 말한다.

(5) 훈련 프로그램

지역사회지원서비스(CBSS)가 효과적으로 수행되기 위해서는 관련 주체들의 참여를 촉진할 수 있는 구조화된 훈련 프로그램이 필요한데, 훈련 프로그램의 유형은 제도적인 환경, 인구 규모와 특성, 경제 및 문화적 조건, 인적 자원의 특성, 장애에 대한 지역적 의식 등에 따라 다양하게 구성될 수 있다.

(6) 종합모형

지역사회중심지원서비스(CBSS) 실천과 관련된 구성 요소들을 정리하면 다음과 같다.

첫째, CBSS에 근거한 서비스 실천의 목적은 지역사회 중심의 자립생활을 이룩하는 데 있다.

둘째, 장애인복지관은 지역사회에서 주도조직을 만들고, 이 조직이 제대로 활동할 수 있도록 적절하고 지속적인 지원을 해야 한다.

셋째, 주도조직은 개인단위를 지원함으로써 개인적인 역량강화를 이루도록 해야 한다(CBSS 1).

넷째, 주도조직은 지역사회단위 지원을 함으로써 지역사회의 역량강화를 이루도록 해야 한다. 즉, 지역사회 전체가 문제해결을 위하여 집단적으로 노력하도록 하는 지역사회 역량강화(empowerment)를 수행해야 한다(CBSS 2).

다섯째, 주도조직이 이상과 같은 활동을 원활하고 적절하게 할 수 있도록 지속적으로 훈련 프로그램이 실행되어야 한다.

장애인과 그의 가족을 대상으로 전문적인 상담 및 치료, 훈련 등을 제공하거나 여가 활동 및 사회 활동 등에 편의를 제공하는 시설로서 장애인복지관, 주간보호시설, 체육시설, 수련시설, 생활이동지원센터, 수화통역센터, 점자도서관, 점서 및 녹음서 출판시설, 재활치료시설 등이 있다.

CHAPTER

09 | 장애인과 보조공학

학·습·목·표

1. 장애인과 보조공학의 상관성을 설명할 수 있다.
2. 보조공학의 유용성을 이해하고 실제 적용 사례들을 조사하여 공유할 수 있다.
3. 우리나라의 장애인복지법 등에 명시된 보조기기에 관련한 내용들을 이해할 수 있다.

1. 보조공학과 재활공학

인간의 생활 전반에서 물리적 환경에 대한 접근은 가장 기초적인 자립과 생활유지의 전제조건이다. 이 문제는 다른 심리사회적 영역에도 영향을 미쳐 개인의 삶 영위에 상당한 저해를 초래할 수 있다. 더욱이 장애로 인해 다양한 한계적 상황에 처할 수밖에 없는 장애인 당사자들에게 있어서 이러한 접근 제한은 삶의 질 수준을 더욱 심각하게 훼손시킬 수 있다. 따라서 장애로 인한 문제와 그 영향을 최소화하고 그 부분에 대한 보상과 지원체제를 마련하는 것은 장애인복지의 최우선 과제이다.

이런 가운데 현대 과학 기술 문명의 발달과 인간과의 접목에 대한 관심과 노력은 꾸준히 성장해 왔으며, 장애인, 노인 등 신체적 제약이 불가피한 대상자들을 위한 보조공학 접근은 앞으로 그들의 삶에 더욱 현격한 변화를 가져올 것으로 기대하고 있다.

일반적으로 장애를 가진 사람들의 장애로 인한 문제를 해결하거나 부분적으로 해소함으로써 기능을 보완하는 차원에서의 공학적 접근은 크게 두 가지 분야, 즉 보조공학과 재활공학을 통해 살펴볼 수 있다. 우선 보조공학(assistive technology)은 재활치료가 불가능한 장애를 가진 사람을 대상으로 일상생활지원을 위해 제작되는 기계공학으로서 이해된다. 여기에는 휠체어나 로봇손, 집게손 등이 해당한다. 반면에 재활공학(rehabilitation engineering)은 재활치료나 운동처방 등을 통해 어느 정도 정상적인 생활이 가능한 장애인 당사자가 주 대상이 될 수 있으며, 보행보조기 활용을 그 예로 들 수 있다. 그러나 이 두 분야는 장애인이나 노인 등의 이동이나 접근성 측면에서부터 궁극적인 자립과 인간다운 생활지원 추구라는 기본 취지나 목적에서 볼 때, 엄격하게 구분하기보다는 인간재활과 공학 기술을 바탕으로 하는 필수적 상호관계성을 가지고 있다고 할 수 있다.

2. 보조공학의 개념과 유형

보조공학의 정의는 미국 공법 100-147의 규정을 따른다. 이 법에서는 보조공학을 보조공학기기(Assistive Technology Devices)와 보조공학서비스(Assistive Technology Services)로 나누어 정의하고 있다.

보조공학기기는 장애를 가진 사람들의 기능적인 능력을 개선, 유지, 확대시킬 수 있도록 상업적으로 생산되거나 수정 혹은 새롭게 만든 도구(item), 물품(piece of equipment), 생산시스템(product system)으로 정의된다. 기계적, 전자적, 마이크로프로세서 기반의 도구와 비(非)기계적 혹은 비전자적인 도구, 특별히 고안된 교수를 위한 매체, 서비스와 전략들을 포함하고 있다. 그리고 상업적으로 출시 판매되는 것과 함께 개인적인 특별한 요구에 의해 설계되어 제작된 것, 그리고 가정에서 편리하고 간단하게 만든 것을 포함한다.

보조공학서비스는 장애인들이 보조공학기기를 선택, 획득, 사용할 수 있도록 직접적으로 지원하는 서비스를 총칭한다. 일반적인 환경에서의 기능적 평가를 포함하는 장애인의 요구평가와 장애인이 보조공학기기를 사용할 수 있도록 구입, 임대, 기타 제공방법, 보조공학기기의 선택, 설계, 조정, 맞추기, 순응, 적용, 유지, 수리, 개선 및 장애인과 그의 가족을 위한 교육과 기술적 지원, 교육 및 재활전문가, 기타 서비스 제공자, 고용주, 기타 생활에 개입되어 있는 이들을 위한 교육·기술과 지원을 말한다.

이 같은 개념의 보조공학은 장애인의 교수·학습 효율성을 증진시킬 수 있으며, 장애인의 독립적인 기초생활을 비롯한 가정생활, 학교생활, 지역사회 활동에도 능동적으로 참여할 수 있게 해주는 장점을 가진다(Church & Glennen, 1992). 또한 관련 기술이 점차적으로 발달하면서 이전에는 생각해 볼 수 없었던 기구들이 개발되고 가격도 내려가면서 점차 일상생활이 되어가고 있기 때문에(조광순, 1996) 그 사용의 범위와 폭이 확대되고 있다.

보조공학기기의 유형은 장애인의 환경과 상황을 고려하여 기능적 측면에서 분류된다. 일반적으로 부가 및 대체 의사소통기기, 컴퓨터 접근 관련 기기, 보는 것과 듣는 것에 관련한 보조공학기기, 환경조정장치, 놀이 및 여가생활과 관련한 보조기기, 앉기 및 자세 관련 보조공학기기, 일반적 이동기기 및 전동식 이동기기류, 보철기기(prosthetic devices), 재활공학 관련 기기 및 로봇장치, 가정·학교·지역사회·직장에서 활용할 수 있는 통합기기 및 도구 등으로 나뉜다.

3. 장애인 보조공학의 유용성

보조공학은 장애를 가진 개인들의 사회·정서적인 측면과 지적인 측면에서 장애를 경험하는 것을 줄이거나 이를 경험하지 않도록 하는 데 있어 잠재적 가능성을 가지고 있다(Lesar, 1998). 또한 관련 기술의 발전으로 그 사용의 범위와 폭이 장애 영역 및 경중에 상관없이 확대되고 있다는 점도 매우 고무적이라 할 수 있다.

보조공학은 신체 및 운동 장애를 가지고 있는 이들에게 긍정적인 영향을 제공할 뿐 아니라 발달장애를 가지고 있는 이들에게도 일상적인 장애 및 제한 요소들을 보상해 주어 독립생활을 위한 제한적 요소들을 극복하는 데 도움을 제공하며, 지역사회에 통합될 수 있도록 다양한 지원을 할 수 있기 때문에 발달장애인들이 가지고 있는 타인에 대한 의존성을 줄일 수 있다(Assistive Technology Messenger Newsletter, 1999). 특히 보조공학을 활용하였을 때 장애인 개인은 다른 사람과의 의사소통이나 사회적 활용과 자신이 원하는 여가 활동 등 일상적인 삶의 기술들을 증진시킬 수 있다.

이러한 기초적 유용성들을 통해서 점차 교육, 직업, 여가문화 등 전 생활영역에서의 구체적인 활동 효과성과 효율성을 더욱 확대할 수 있는 기회가 제공될 수 있으며, 장애인 당사자의 사회적 자기활용과 가치 면에서도 상당한 의미를 부여할 수 있다.

또한 보조공학의 사용은 장애인뿐만 아니라 가족에게도 영향을 미칠 수 있다. 이와 관련해 우선 보조공학의 활용과 관련한 모든 과정에서 가족의 적극적인 개입을 요구하고 있다(Dunst, Trivette, & Deal, 1998). 보조공학을 활용하기 위해서는 가족의 독립성, 수용, 그리고 일상생활의 변화와 관련된 문제들을 충분히 고려해야 하기 때문이다(CEC Today, 1999 참조). 이를 통해서 가족은 장애를 가진 가족 구성원의 요구에 맞는 이용 및 접근용이성을 높이고, 더 나아가 가족 전체의 생활안전과 활동성 보장 등 기존 가족 내 지원체계 전반에서의 질적인 변화를 도모하는 데 기여할 수 있다.

4. 장애인보조기구의 개념과 지원 근거

1) 유엔장애인권리협약

유엔장애인권리협약에서는 보다 근본적으로 장애인 지원과 적용의 필요성을 강조하고 있는데, 특히 장애인 접근성 제고를 위한 각종 노력과 보조기술 관련 내용을 찾아보면 다음과 같다.

제9조 접근성

장애인이 자립적으로 생활하고 삶의 모든 영역에 완전히 참여할 수 있도록 하기 위하여 장애인이 다른 사람과 동등하게 사는 지역에서 물리적 환경, 안전, 정보와 의사소통 기술 및 체계를 포함한 정보와 의사소통, 그리고 대중에게 개방 또는 제공된 기타 시설 및 서비스에 대한 접근을 보장하기 위한 적절한 조치를 취한다. 접근성에 대한 장애와 장벽을 식별하고 철폐하는 것을 포함하는 이러한 조치는 특히 다음의 사항에 적용된다.

(가) 건물, 도로, 교통 및 학교, 주택, 의료시설 및 직장을 포함한 기타 실내외시설

(나) 정보, 의사소통 및 전자서비스와 응급서비스를 포함한 기타 서비스

제20조 개인의 이동성

당사국은 장애인에 대하여 최대한 독립적인 개인적 이동성을 보장하기 위하여 효과적인 조치를 취한다. 여기에는 다음의 사항이 포함된다.

(가) 장애인이 선택한 방식과 시기에 그리고 감당할 수 있는 비용으로 장애인이 개인적으로 이동하는 것을 촉진할 것

(나) 장애인이 감당할 수 있는 비용으로 이용하게 하는 것을 포함하여 양질의 이동 보조기, 장치 및 보조 기술 그리고 지원자와 매개인에 대한 장애인의 접근을 촉진할 것

(다) 장애인 및 장애인과 함께 근무하는 전문직원에게 이동 기술에 관한 훈련을 제공할 것
(라) 이동 보조기구, 장비 및 보조 기술을 생산하는 기업이 장애인 이동의 모든 측면을 고려하도록 장려할 것

제21조 의사 및 표현의 자유와 정보 접근권

당사국은 이 협약 제2조에 따라 선택할 수 있는 모든 의사소통 수단을 통하여 장애인이 다른 사람과 동등하게 정보와 사상을 구하고, 얻고, 전파하는 자유를 포함한 의사 및 표현의 자유를 행사할 수 있도록 보장하기 위하여 모든 적절한 조치를 취한다. 여기에는 다음의 사항이 포함된다.

(가) 일반 대중을 위한 정보를 다양한 장애 유형에 적합하게 접근 가능한 형식과 기술로 장애인에게 시의적절하고 추가 비용 없이 제공할 것
(나) 장애인의 공식적인 교류에 있어 장애인의 선택에 따른 수화, 점자, 확장적이고 대체적인 의사소통, 그리고 의사소통의 기타 모든 접근 가능한 수단, 방식 및 형식의 사용을 수용하고 촉진할 것
(다) 인터넷 경로를 포함하여 일반 대중에게 서비스를 제공하는 민간 주체가 장애인에게 접근 및 이용 가능한 형식으로 정보와 서비스를 제공하도록 촉구할 것
(라) 언론 매체의 서비스가 장애인에게 접근 가능하도록 인터넷을 통한 정보제공자를 포함한 언론 매체를 장려할 것
(마) 수화의 사용을 인정하고 증진할 것

이와 같은 명기는 결국 장애를 가진 사람들의 일상에서의 편의와 자립 지원을 위한 국가정책적 지원의 올바른 대처를 요구하는 것이며, 동시에 모두에게 가능한 접근성과 활용성 도모를 위한 '무장애(barrier-free) 관점'과 '보편적 디자인(universal design) 개념'을 내포하고 있다고 볼 수 있다.

2) 장애인복지법

우리나라의 장애인복지법 제65조에 따르면, "장애인보조기구란 장애인이 장애의 예방·보완과 기능 향상을 위하여 사용하는 의지(義破), 보조기 및 그 밖에 보건복지부장관이 정하는 보장구와 일상생활의 편의 증진을 위하여 사용하는 생활용품"을 말한다. 또한 동법 제18조와 제23조 등에서는 장애인보조기구 제공에 관련한 국가와 지방자치단체의 정책 수립과 자립생활 지원을 위한 각종 서비스에서의 장애인보조기구 시책을 강조하고 있다.

3) 장애인·노인 등을 위한 보조기기지원 및 활용촉진에 관한 법률 (이하 '보조기기지원법')

무엇보다도 우리나라의 보조기기지원법은 장애인보조공학에 입각한 보조기기의 지원과 활용 체제에 대한 가장 기본적인 근거를 명시하고 있다(2015. 12. 29. 제정, 2016. 12. 30. 시행).

법률은 제1장 총칙, 제2장 보조기기의 지원 등, 제3장 보조기기센터, 제4장 보조기기 관련 전문인력, 제5장 보조기기 연구개발 및 활성화의 다섯 개 영역과 제6장 보칙으로 구성되어 있다.

우리나라의 보조기기지원법 제1조에서는 "장애인·노인 등을 위한 보조기기의 지원과 활용 촉진에 관한 사항을 규정함으로써 보조기기서비스를 효율적으로 제공하여 장애인·노인 등의 활동의 제약을 최소화하고, 삶의 질 향상에 이바지하는 것을 목적으로 한다"고 명시하고 있다.

제2조에서는 "장애인·노인 등의 필요와 요구에 따라 보조기기를 편리하고 자유롭게 활용할 수 있도록 보장함으로써 이들이 자아를 실현하고, 완전한 사회참여와 삶의 질 향상을 통하여 사회통합을 이루는 것을 기본 이념으로 한다"고 명시하고 있다.

또한 제3조 제2호에서 “보조기기란 장애인 등의 신체적·정신적 기능을 향상, 보완하고, 일상 활동의 편의를 돕기 위하여 사용하는 각종 기계·기구·장비로서 보건복지부령으로 정하는 것을 말한다”라고 명시하고 있으며, 제3호에서 “보조기기서비스란 장애인 등이 보조기기를 확보하고 효율적으로 활용할 수 있도록 제공되는 일련의 지원을 말한다”라고 명시하고 있다.

제7조에서는 보조기기의 교부나 대여, 사후관리와 같은 사례관리사업을 실시하고, 보조기기에 대한 정보제공, 품질관리나 연구개발지원 등을 실시할 수 있다고 규정하고 있고, 제8조에서는 장애인의 신청에 의해서 보조기기의 교부나 대여, 사후관리지원이나 여기에 필요한 예산의 지원을 하고, 장애인에게 적합한 보조기기가 지원될 수 있도록 사례관리를 할 수 있다고 규정하고 있다.

제13조와 제14조에서는 보조기기센터의 설치와 운영을 규정하고 있다. 우선 제13조는 주로 행정적인 업무나 중앙에서 정하는 원칙이나 기준 등을 수립하고 연구하는 역할을 하는 중앙보조기기센터의 설치를 규정하고 있다. 제14조에서는 장애인들이 가까이에서 쉽게 이용할 수 있는 지역보조기기센터와 관련한 내용을 규정하고 있다. 지역센터는 보조기기 관련 평가·상담·적용·자원 연계 및 사후관리 등 사례관리사업 보조기기 전시·체험장 운영, 보조기기 정보 교육 및 제공·홍보, 보조기기서비스 관련 지역 연계 프로그램 운영, 보조기기의 단기 및 장기 대여, 수리, 맞춤 제작과 개조, 보완 및 재사용사업, 다른 법률에 따른 보조기기 교부 등에 관한 협력 등 장애인들이 지역에서 쉽게 보조기기를 빌려서 사용하거나 필요한 보조기기에 대한 정보를 얻고, 혹은 가지고 있는 보조기기를 잘 사용할 수 있도록 교육 훈련이나 수리를 지원받는 직접 서비스를 제공하게 된다.

이 외에도 정부의 5년 주기 장애인정책종합계획 수립과 3년 주기 장애인 실태조사가 이루어질 경우에 보조기기 관련 실태를 함께 조사하고, 보조기기 전문서비스 제공을 위한 보조공학사 자격 도입, 보조기기 관련 기술 개발과 연구, 우수산업 체육성과 지원사업 등을 명시하고 있다. 그런가 하면, 동법의 시행규칙 제2조에서는 보조기기의 종류를 다음과 같이 정하고 있다.

① 개인 치료용 보조기기

② 기술훈련용 보조기기

③ 보조기 및 의지(義肢)

④ 개인 관리 및 보호용 보조기기

⑤ 개인 이동용 보조기기

⑥ 가사용 보조기기

⑦ 가정·주택용 가구 및 개조용품

⑧ 의사소통 및 정보전달용 보조기기

⑨ 물건 및 기구조작용 보조기기

⑩ 환경 개선 및 측정용 보조기기

⑪ 고용 및 직업 훈련용 보조기기

⑫ 레크리에이션용 보조기기

⑬ 그 밖에 다른 법령에 따른 장애인 등을 위한 기계, 기구, 장비로서 보건복지부장관이 정하는 보조기기

5. 보조공학기기 사례

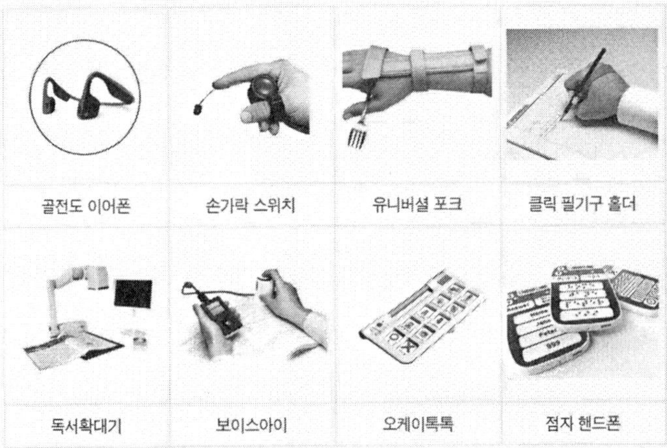

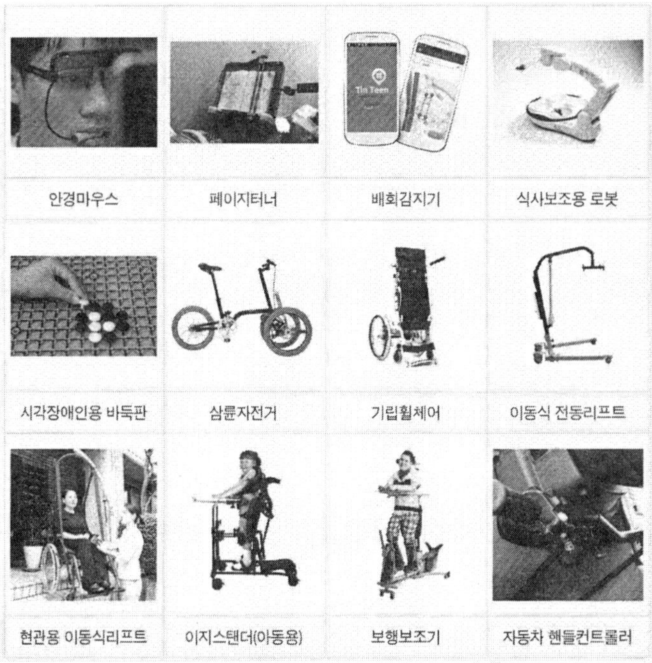

출처 : 한국장애인고용공단.

6. 보조공학서비스 전달체계의 과제

국내의 보조공학서비스 전달체계는 사회 안전망으로서 기초생활수급자와 차상위계층 등의 저소득층 장애인과 노인에 대한 지원을 시작으로 보조기기가 필요한 모든 대상자에게 의료보험을 통한 지원으로서 점점 확대되고 있다. 단순 지원의 개념에서 개개인의 요구사항에 맞추어 보다 다양하고 복잡한 보조공학기기의 지원이 이루어지게 되었으나, 소비자의 요구를 만족시키기에는 아직 전달체계가 확립되지 못하고 주먹구구식의 보급에 그치고 있다는 한계가 있다.

복지 개념의 확대로 대상자는 지속적으로 늘어나는 실정에 비하여 현재 보조공학서비스 전달체계를 관리하는 보건복지부의 대응은 부족한 부분이 많다. 현재 우리나라 보조공학서비스 전달체계의 문제점은 여러 부처로 분산되어 있는 비효율성, 재원의 부족과 지원범위의 한계, 전문적인 서비스와의 연계 부족 등이다. 이를 자세히 살펴보면 다음과 같다(김승훈, 2015).

1) 책임부처 간 전달체계 분산으로 인한 비효율성

국내에서 시행되는 공공성 공적급여의 수행기관과 전달체계는 보건복지부, 교육부, 고용노동부, 보훈처, 과학기술정보통신부의 다섯 개 부처, 여덟 개의 주요 사업으로 개별화되어 있다. 개별화된 각 부처의 별도 사업 진행으로 인하여 보조기구지원 및 서비스의 효율성이 떨어지고, 유사한 서비스 및 대상자에 대한 연계와 조정이 어렵게 되었다(한국장애인개발원, 2010). 실제로 보건복지부가 주무부처로 운영하고 있는 장애인 보장구 지원사업과 의료급여의 주요 전달체계도 행정안전부의 읍・면・동 주민자치센터에서 이루어지는 등 업무의 혼란과 분산이 생기고 있다. 반대의 경우로 국가보훈처의 보장구센터는 국가 유공자 등에 대해서만 국한되어 있고, 고용노동부의 재활공학연구소 또한 산재 장애인에 대해서만 한정된 서비스를 제공하는 구조를 가지고 있다. 교육부의 경우도 특수교육대상자에 대한 보조공학기기를 지원하기 위한 예산 편성이나 사업시행이 지역교육청으로 한정되어 있어 효율적인 예산 집행이 어렵다. 이처럼 국내 공적 보조공학서비스 전달체계는 다양한 부처로 분산되어 운영되고 있어 예산 집행의 효율성이나 적합한 보조기구의 지원에 어려움이 있고, 부정수급의 문제가 지속적으로 발생하고 있다.

2) 재원의 부족과 지원범위 협소

2014년 우리나라의 GDP 대비 사회복지 지출 비율은 10.4%로, OECD 회원국 30개국 중 28위를 차지했다. 국가재원으로 충당하는 사업의 경우 예산확보의 문제가 항상 병행되고 있으며, 그에 따른 결과로 건강보험 급여와 의료보험 급여로 진행되는 사업이 여덟 개 사업 중 예산 규모로는 가장 큰 비중을 차지하고 있다. 우리나라 건강보험의 보장률은 60% 수준으로 자기 부담 수준이 높아서 사회 안전망의 역할이 미비한 편이다(한국장애인개발원, 2010). 따라서 복지국가를 표방하는 유럽의 여러 국가에 비하여 낮은 지원을 받고 있으며 지급되는 보조기구의 질과 양도 높지 않다. 예산의 문제는 정부와 사회 전체의 동의가 선행되어야 하므로 보조기구지원사업의 지원범위와 함께 우리나라 공적 보조공학서비스의 재원 확충에 대한 열린 토론이 필요하다.

3) 전문서비스 및 전달체계의 부재

보조공학서비스 지원에서 가장 큰 부분을 차지하는 것 중에 하나는 관련 정보의 체계적 제공과 맞춤형 서비스를 통한 보조기구의 사용이다. 선진국의 보조공학서비스 전달체계의 사례를 보면, 개인의 욕구와 환경에 최적화된 보조공학기기를 선택할 수 있도록 맞춤형 서비스를 제공하고 있다. 이를 위해서는 보조공학기기의 자격대상과 지급품목을 정하는 행정요원뿐 아니라 보조공학기기의 선정과 사용에 직접적인 조언을 줄 수 있는 전문성을 가진 인력과 인프

라가 필요하다. 장애인 및 보조공학기기가 필요한 개개인의 맞춤형 보조기구를 분석하고 적은 비용으로 최대한의 효과를 만들 수 있는 보조공학 전문가와 재활의학과 등의 전문의, 행정가, 제작 및 수리를 담당하는 업체 등 보조공학 서비스 전반을 한 센터에서 처리할 수 있는 인프라 구축이 필요하다. 아울러 전달체계의 확립을 통하여 중복지원이나 불필요한 지원이 이루어지지 않도록 보건복지부가 위탁사업으로 추진하고 있는 중앙보조기기센터(그림 9-1 참조) 같은 원스톱 시스템의 확대 운영 등의 방법을 강구하는 것이 바람직하다.

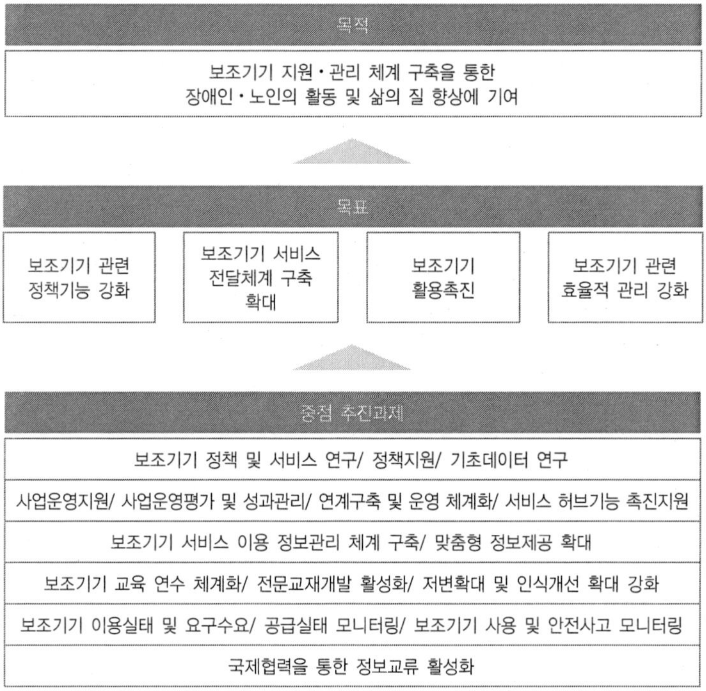

|그림 9-1| 중앙보조기기센터의 비전

출처 : 보건복지부 국립재활원 중앙보조기기센터 홈페이지 (http://knat.go.kr/knw/home/knat/vision.html).

PART

3

장애인복지 실천

CHAPTER 10 | 장애인복지 실천현장의 이해

학·습·목·표

1. 장애인복지시설의 역사와 변화에 대하여 설명할 수 있다.
2. 우리나라 장애인복지시설 관련 법률 및 유형에 대하여 설명할 수 있다.
3. 장애인거주시설의 최저기준과 평가기준을 이해할 수 있다.
4. 장애복지 실천적 서비스의 유형 및 내용을 설명할 수 있다.

1. 장애인복지시설의 역사와 변화

1) 장애복지시설의 역사

역사적으로 장애인복지시설은 봉건체제에서 근대 자본주의로 변화되어 가는 과정에서 발생한 노동이 가능한 빈민과 노동이 불가능한 사회적으로 일탈한 집단을 격리하여 수용하기 위한 조치로 나타난 구빈원에서 그 기원을 찾아볼 수 있다. 오늘날의 시각에서 보면 이러한 장애인 수용시설은 사회적 일탈자들을 대응하기 위해 설계된 매우 비인권적인 제도였으며, 운영방식도 처벌적인 태도를 취하고 있어 이로 인한 부정적 결과들은 우리나라뿐만 아니라 서구사회에서도 이미 확인된 바 있다.

우리나라의 장애인복지시설은 1950년대 전쟁고아 보호시설에서 출발하였다. 1956년 당시의 시설은 허약아 갱생원, 맹아 갱생시설, 지체부자유자 갱생시설, 신체장애자 수산시설, 보신 제작시설, 점자 출판사업, 점자 도서관으로 분류되어 있었다. 1970년대에 들어서면서 이러한 시설들이 장애인 생활시설로 전환되었고, 1981년에 제정된 심신장애자복지법에서는 지체부자유자 재활시설, 시각 장애자 재활시설, 정신박약자 재활시설, 언어·청각장애자 재활시설 등 장애 종류를 기준으로 한 분류와 근로시설, 심신장애자 요양시설, 점자도서관·출판시설 등 서비스를 기준으로 한 분류를 병용하기 시작했다.

장애인복지법은 1989년 전면 개정을 통해 장애인 재활시설, 장애인 요양시설, 장애인 유료시설과 이용시설을 새롭게 채택하였고, 직업재활시설을 근로시설과 보호작업장으로 이원화시켰다. 1990년대 들어서는 기존의 유형들 외에 소규모 공동생활가정 및 단기보호시설이 설치되기 시작했다(김용득, 2008). 1999년 전면 개정된 동법은 장애인복지시설을 장애인 생활시설, 장애인 지역사회재활시설, 장애인 직업재활시설, 장애인 유료복지시설, 장애인 생산품 판매시설로 분류하였다. 2011년 개정된 장애인복지법 제58조(장애인복지시설) 제1항 각 호는 장애인복지시설을 장애인 거주시설, 장애인 지역사회재활시설, 장애인 직업재활시설, 장애인 의료재활시설, 장애인 생산품 판매시설로 분류하고 있다.

서구의 경우 대규모 장애인 수용(생활)시설은 그 숫자가 점점 감소하는 추세에 있으며, 소규모 생활시설이나 대안적 형태의 시설이 증가하는 경향을 보이고 있다. 이와 유사하게 우리나라에서도 최근 장애인복지시설의 소규모화가 추진되고 있고, 시설 유형개편 작업이 이루어져 장애인복지시설의 전환 및 변화가 일어나고 있다.

2) 장애인복지시설 관련 변화와 흐름

국내 및 국외 장애인복지서비스는 장애인을 지역사회로부터 격리하고 분리하여 보호하려는 서비스에 지나지 않았던 단계에서 훈련과 교육에 중점을 두는 서비스 단계로 발전했고, 이어 지역사회에서의 통합된 생활에 초점을 맞추는 단계로 변화해 왔다(임성만, 2009). 장애에 대한 관점이 개인적 비극과 치료대상 등 개인적·의료적 모델에서 사회 환경의 변화를 통한 장애문제의 해결

등 사회적 모델로 변화됨에 따라 장애인복지의 전 영역에서 변화가 일어나고 있다. 과거 수용·생활시설 중심의 보호서비스는 정상화와 탈시설화 이념을 기초로 자립생활 패러다임의 관점으로 전환되고 있으며, 지역사회에 거주하고 생활을 할 수 있는 새로운 모형의 서비스가 요구되고 있다. 지역사회에 거주하면서 개인의 행복을 추구할 수 있는 제반 도움과 서비스를 받을 수 있는 시설에 대한 욕구가 높아지고 있는 것이다.

장애인복지시설과 관련한 가장 최근의 변화는 '시설의 소규모화'이다. 2011년 3월 30일 장애인복지법이 개정되어 장애 정도와 생활환경을 고려해 시·군·구에서 거주시설 이용 적격성을 심사하도록 규정하고, 신축되는 거주시설은 거주인원이 30명을 초과할 수 없도록 했다. 또한 '생활시설'이라는 용어 대신에 '거주시설'이라는 용어를 사용하여 기존의 지역사회 재활시설에 포함되었던 '장애인 공동생활가정'과 '장애인 단기보호시설'을 거주시설에 편입시켰다. 이러한 변화는 기존 생활 시설의 대규모화와 집단적 서비스 제공으로 인한 부작용을 개선하고 질 높은 서비스를 제공하고자 하는 정책의 시작으로 해석할 수 있을 것이다.

2. 장애인복지시설 유형 및 현황

장애인복지법 시행규칙 [별표 4]에서는 장애인복지시설을 장애인 거주시설, 장애인 지역사회재활시설, 장애인 직업재활시설, 장애인 의료재활시설, 장애인 생산품 판매시설로 분류하고 있다. 이들 시설을 유형별로 분류하여 살펴보면 다음과 같다.

1) 장애인 거주시설

장애인복지법 제58조에 따르면 장애인 기주시설이란 "거주공간을 활용하여 일반가정에서 생활하기 어려운 장애인에게 일정 기간 동안 거주 · 요양 · 지원 등의 서비스를 제공하는 동시에 지역사회생활을 지원하는 시설"을 의미한다. 2011년 5월 30일 장애인복지법이 개정되기 이전까지 장애인 생활시설로 분류되었던 장애인 거주시설에는 법 개정과 함께 장애인 단기보호시설과 장애인 공동생활가정도 포함되었다. 각 유형별 정의는 〈표 10-1〉과 같이 다섯 가지 유형으로 분류할 수 있다.

<표 10-1> 장애인 거주시설 유형별 정의

유 형	정 의
장애유형별 거주시설	장애유형이 같거나 유사한 장애를 가진 사람들을 이용하게 하여 그들의 장애유형에 적합한 주거지원 · 일상생활지원 · 지역사회생활지원 등의 서비스를 제공하는 시설
중증장애인 거주시설	장애의 정도가 심하여 항상 도움이 필요한 장애인에게 주거지원 · 일상생활지원 · 지역사회생활지원 · 요양서비스를 제공하는 시설
장애영유아 거주시설	6세 미만의 장애영유아를 보호하고 재활에 필요한 주거지원 · 일상생활지원 · 지역사회생활지원 · 요양서비스를 제공하는 시설
장애인 단기거주시설	보호자의 일시적 부재 등으로 도움이 필요한 장애인에게 단기간 주거서비스, 일상생활지원서비스, 지역사회생활서비스를 제공하는 시설
장애인 공동생활가정	장애인들이 스스로 사회에 적응하기 위하여 전문인력의 지도를 받으며 공동으로 생활하는 지역사회 내의 소규모 주거시설

출처 : 장애인복지법 시행규칙 [별표 4] 장애인복지시설의 종류.

(1) 장애인 거주시설 유형별 현황

장애인 거주시설은 1990년도 전국 118개소에 이르던 것이 2007년 314개소로 무려 2.6배 이상 증가하였으며, 2011년에는 장애인 단기보호시설과 공동생활가정이 거주시설로 편입되면서 시설 수가 무려 1,246개로 증가하였고, 2017년에는 총 1,517개로 2011년보다 271개 증가하였다(보건복지부, 2012; 2018).

2017년 12월 기준 장애유형별 시설은 지체장애인 시설이 39개, 지적장애인 시설이 313개, 시각장애인 시설이 17개, 청각장애인 시설이 7개, 중증장애인 시설이 233개, 장애 영유아 시설이 9개로 나타나 지적장애인 시설이 타 유형의 장애인 시설보다 수적으로 월등하게 많은 것으로 나타나고 있다. 더불어 법 개정과 함께 지역사회재활시설에서 거주시설로 새로 편입된 장애인 단기보호시설은 147개, 공동생활가정은 752개가 운영 중인 것으로 나타났다.

(2) 장애인 거주시설 전국 분포 현황

장애인 거주시설이 전국적으로 어떠한 분포를 보이는지 살펴보는 것도 중요하다. 2017년 12월 기준 경기 지역에 314개소로 가장 많은 거주시설이 분포되어 있고, 그 다음으로는 서울 270개소, 경남 95개소, 경북 88개소의 순으로 나타나고 있다. 반면 울산이나 제주, 전남 지역에는 상대적으로 적은 수의 거주시설이 설치되어 있는 것으로 나타났다. 시설 유형별로는 장애인공동생활가정이 전국 대부분 지역에서 가장 많은 수가 분포되어 있지만, 서울 지역의 경우 단기보호시설이 중증장애인 시설이나 지적장애인 시설보다 숫자가 많은 반면, 경기나 인천, 경남 지역에서는 공동생활가정이 가장 많고, 전북의 경우 지적장애인 시설의 수가 가장 많은 것으로 나타났다. 전국 시·도별 분포를 보면 〈표 10-2〉와 같다.

<표 10-2> 장애인 거주시설 총괄표(2017. 12)

시·도	시설 수	지체 장애	시각 장애	청각 장애	지적 장애	중증 장애	장애 영유아	단기	공동
합계	1,517	39	17	7	313	233	9	147	752
서울	270	3	3	1	15	25	2	39	182
부산	72	3	1	0	14	6	2	2	44
대구	53	3	0	0	7	9	1	2	31
인천	69	2	1	1	7	11	1	5	41
광주	84	5	2	0	14	3	0	4	56
대전	72	1	1	0	8	10	0	18	34
울산	24	0	0	1	1	8	0	5	9
세종	4	0	0	0	3	1	0	0	0
경기	314	7	4	2	80	50	1	25	145
강원	68	1	1	0	17	15	0	6	28
충북	86	3	2	1	20	11	0	3	46
충남	62	0	0	0	18	16	0	7	21
전북	73	4	1	0	32	12	1	2	21
전남	58	2	1	1	27	7	0	3	17
경북	88	3	0	0	28	29	0	10	18
경남	95	2	0	0	15	14	1	12	51
제주	25	0	0	0	7	6	0	4	8

출처 : 보건복지부. 2018년 장애인 복지시설일람표.

(3) 장애인 거주시설의 종류별 사업 및 설치·운영기준

개정된 장애인복지법 시행규칙 [별표 5]에 따르면 신규 시설의 규모를 30인 이하로 규정하고 있어 신설되는 거주시설의 생활인 숫자를 소규모로 제한하고 있음을 알 수 있다.

<표 10-3> 장애인복지시설의 종류별 사업 및 설치 · 운영기준 1

[별표 5] 장애인복지시설의 종류별 사업 및 설치 · 운영기준(제41조 및 제42조 관련)

Ⅰ. 공통기준(장애인 거주시설 중 장애인 공동생활가정의 경우에는 적용하지 아니하며, 장애인 거주시설 중 장애인 단기거주시설, 장애인 지역사회재활시설 중 장애인 주간보호시설, 장애인 체육시설, 장애인 수련시설, 장애인 생활이동지원센터, 한국수어 통역센터, 점자도서관, 점자도서와 녹음서 출판시설, 장애인 재활치료시설, 장애인 직업재활시설 및 장애인 생산품 판매시설의 경우에는 제3호 나목만 적용한다)

1. 시설의 입지조건

시설은 그 분포의 적정성과 보건 · 위생 · 급수 · 안전 · 환경 및 교통편의 등을 충분히 고려하여 장애인이 쉽게 접근하고 편리하게 이용할 수 있는 쾌적한 환경을 갖춘 부지를 선정하여야 한다.

2. 시설의 규모

상시 10명 이상 30명 이하가 생활할 수 있는 시설을 갖추어야 한다. 다만, 시설 종류별 개별기준에서 10명 미만의 소규모 시설을 따로 정하고 있는 경우와 장애인이 상시 생활하지 아니하는 시설은 예외로 한다.

3. 시설의 구조 및 설비

가. 시설의 구조와 설비는 그 시설을 이용하는 장애인의 장애유형별 · 성별 · 연령별 특성에 맞도록 하여야 한다. 다만, 6세 미만의 장애영유아를 위한 시설은 이 기준에 따른 구조 및 설비 외에 「아동복지법」에 따른 아동복지시설 중 영아시설에 준하는 설비를 따로 갖추어야 한다.

나. 시설에는 장애인 · 노인 · 임산부 등의 편의증진보장에 관한 법령에 따른 편의시설을 갖추어야 한다.

다. 장애인이 30명 이상 거주하는 시설에는 다음의 설비를 갖추어야 한다. 이 경우 지체장애인이나 뇌병변장애인의 거주시설은 1명당 21.78제곱미터 이상, 청각 · 언어 장애인 거주시설은 1명당 21.78제곱미터 이상, 시각장애인 거주시설은 1명당 19.8제곱미터 이상, 지적장애인 또는 자폐성장애인 거주시설은 1명당 21.12제곱미터 이상, 중증장애인 거주시설은 1명당 18.48제곱미터 이상 및 장애영유아 거주시설은 1명당 18.48제곱미터 이상으로 한다. 다만, 장애인이 상시 생활하지 아니하는 시설에는 1) · 3) · 7) · 8) · 9) 및 10)의 설비를 갖추지 아니할 수 있다. 장애인 직업재활시설 중 장애인

> 보호작업장, 장애인 근로사업장, 장애인 생산품 판매시설의 경우에는 5)와 6)의 설비 중 하나의 설비로 다른 설비를 겸하여 운영할 수 있다.
> 〈이하 생략〉

출처 : 국가법령정보센터. 장애인복지법 시행규칙 [별표 5].

(4) 장애인 거주시설 관리 및 운영 요원 배치기준

장애인복지법 시행규칙 [별표 5]에서는 장애인복지시설의 관리 및 운영요원 배치기준에 대해 다음과 같이 규정하고 있다. 시설에는 다음 각 목의 관리 및 운영 요원을 두어야 한다. 다만, 장애인이 입소하여 생활하지 아니하는 시설의 경우에는 다・라・마・바・아・카 및 타에 해당하는 요원을 두지 아니할 수 있다.

<표 10-4> 장애인복지시설의 종류별 사업 및 설치・운영기준 2

> [별표 5] 장애인복지시설의 종류별 사업 및 설치・운영기준(제41조 및 제42조 관련)
> Ⅰ. 공통기준
> 4. 관리 및 운영 요원의 배치기준
> 시설에는 다음 각 목의 관리 및 운영 요원을 두어야 한다. 다만, 장애인이 입소하여 생활하지 아니하는 시설의 경우에는 다・라・마・바・아・카 및 타에 해당하는 요원을 두지 아니할 수 있다.
> 가. 시설의 장 : 1명
> 나. 총무 : 1명. 다만, 시설거주자가 30명 이상인 시설만 해당한다.
> 다. 의사 또는 촉탁의사(시간제 계약에 따른 의사를 포함한다) : 1명 이상. 다만, 시설의 장이 의사인 경우에는 의사를 따로 두지 아니할 수 있다.
> 라. 간호사 또는 간호조무사 : 1명 이상. 다만, 중증장애인 거주시설과 장애인영유아 거주시설의 경우에는 시설거주자 50명당 1명 이상으로 하며, 2명 이상인 경우 1명은 간호사이어야 한다.
> 마. 생활지도원 : 시설거주자가 18세 이상의 성인인 경우 10명당 1명 이상, 아동과 지적장애인 또는 자폐성장애인의 경우 시설거주자 5명당 1명 이상, 시각장애인의 경우 시설거주자 4명당 1명 이상, 중증장애인 거주시설 및 장애인영유아 거주시설의 경우 시설거주자 3명당 1명 이상

바. 영양사 : 1명 이상. 다만, 시설거주자가 50명 이상인 시설만 해당한다.
사. 사무원 : 1명 이상. 다만, 시설거주자가 100명 이상인 시설만 해당한다.
아. 사회재활교사 : 1명 이상. 다만, 시설거주자가 30명 이상인 시설만 해당한다. 이 경우, 시각장애인을 위한 시설의 경우에는 점자 해독이 가능한 자, 청각장애인과 언어장애인을 위한 시설의 경우에는 한국수어 통역이 가능한 자이어야 하며, 여성장애인이 생활하는 시설에는 적어도 1명의 여성교사를 두어야 한다.
자. 직업훈련교사 : 직업훈련 또는 작업과목에 따라 필요한 인원
차. 시설관리인 : 1명 이상. 다만, 입소하여 생활하는 장애인이 200명 이상인 시설만 해당한다.
카. 조리원 : 시설당 1명. 다만, 시설거주자가 50명 이상인 시설의 경우에는 50명을 초과할 때마다 1명을 추가한다.
타. 위생원 : 시설당 1명 이상. 다만, 시설거주자가 30명 이상인 시설만 해당하며, 시설거주자가 100명 이상인 시설의 경우에는 100명을 초과할 때마다 1명을 추가한다.

〈이하 생략〉

출처 : 국가법령정보센터. 장애인복지법 시행규칙 [별표 5].

(5) 장애인 거주시설별 설비 기준

장애인복지법 시행규칙 [별표 5]에서는 장애인복지시설 유형별 설비 기준에 대해 다음과 같이 규정하고 있다. 공통사항에서 정한 기준 외에 다음 각 목의 구분에 따른 설비를 갖추어야 한다. 다만, 다른 장애인복지시설을 병설하는 경우에는 주된 시설의 설비 일부로 병설하는 시설의 설비를 겸하게 할 수 있다.

<표 10-5> 장애인 거주시설 설비기준

시설별	설비기준
장애유형별 거주시설	(1) 지체장애인・뇌병변장애인을 위한 시설 시설에서 시행하려는 재활사업별로 물리치료실, 작업치료실, 직업훈련실 및 보장구 제작실 등 필요한 설비와 지체장애인의 재활 및 훈련에 필요한 기계류・기구류를 갖추어야 한다. (2) 시각장애인을 위한 시설 (가) 재활사업별로 그 사업의 목적을 달성하기 위하여 필요한 시설과 설비를 갖추어야 한다. (나) 2층 이상의 건물에는 대피시설을 설치해야 한다. (3) 청각장애인・언어장애인을 위한 시설 (가) 직업훈련사업을 하는 경우 직업훈련실과 작업훈련용 기계류・기구류를 갖추어 두어야 한다. (나) 청능훈련(聽能訓練)실・언어치료실과 기계・기구를 갖춰두어야 한다. (4) 지적장애인 및 자폐성장애인을 위한 시설 (가) 작업치료실을 설치하되 작업치료의 종류, 기계기구의 종류 및 작업인원에 따라 필요한 면적을 확보하여야 한다. (나) 중증의 지적장애인을 수용하는 거실은 1층에 설치되어야 한다. (다) 필요에 따라 1인용 거실과 2인용 거실을 설치할 수 있다.
중증장애인 거주시설	(1) 시설의 구조와 설비는 중증장애인들이 생활하기에 불편함이 없도록 하여야 한다. (2) 유행성 질환 감염에 대비하여 격리보호실을 1개 이상 설치하여야 한다. 격리보호실에는 산소호흡기 및 흡입기(가래제거용)를 사용할 수 있는 시설물이 설치되어 있어야 한다. (3) 거실을 중심으로 화장실・욕실이 설치되어 있어야 한다. (4) 남아 있는 기능의 유지 및 향상을 위하여 훈련・재활을 할 수 있는 물리치료실・작업치료실 및 언어치료실 등 필요한 설비와 기자재를 갖추어야 한다. (5) 중증장애인의 의료적 진단 및 재활에 필요한 각종 기구와 의무실, 간호실을 갖추어야 한다.
장애영유아 거주시설	(1) 시설의 구조와 설비는 장애영유아들이 생활하기에 불편함이 없도록 하여야 한다. (2) 장애영유아들이 휠체어・유모차 등을 사용하는 데에 불편함이 없도록 이동공간 및 주거공간 등 생활공간이 확보되어야 하고 각종 편의시설이 설치되어야 한다.

장애영유아 거주시설	(3) 허약아, 미숙아 및 전염 가능 아동을 격리·보호할 수 있는 격리보호실이 1개 이상 있어야 한다. (4) 신생아를 재활·보호할 수 있는 관계 장비와 설비를 갖추어야 한다. (5) 거실을 중심으로 화장실·욕실이 설치되어 있어야 한다. (6) 남아 있는 기능을 향상시키기 위하여 훈련·치료를 할 수 있고, 물리치료실, 작업치료실, 언어치료실 등의 필요한 설비와 기자재를 갖추어야 한다.
장애인 단기거주시설	(1) 건축물 연면적 : 최소 66제곱미터 이상 (2) 기본설비 : (가), (다), (마)는 겸용할 수 있다. (가) 거실 (나) 조리실 (다) 의무실 (라) 사무실 (마) 집단활동실 (바) 화장실 (사) 비상재해 대비시설 (아) 그 밖에 장애인의 단기거주에 필요한 설비
장애인 공동생활가정	(1) 기본설비 (가) 거실(1명당 최소 3.3제곱미터 이상) (나) 조리실 (다) 화장실 (라) 그 밖에 장애인의 공동생활에 필요한 장비

출처 : 국가법령정보센터. 장애인복지법 시행규칙 [별표 5].

2) 장애인 지역사회재활시설

장애인복지법 제58조에 따르면 장애인 지역사회재활시설은 "장애인을 전문적으로 상담·치료·훈련하거나 장애인의 일상생활, 여가활동 및 사회참여활동 등을 지원하는 시설"을 의미한다. 장애인 지역사회재활시설은 다음의 〈표 10-6〉과 같이 9가지 유형으로 분류할 수 있다.

<표 10-6> 장애인 지역사회재활시설 유형별 정의

유 형	정 의
장애인복지관	장애인에 대한 각종 상담 및 사회심리·교육·직업·의료재활 등 장애인의 지역사회생활에 필요한 종합적인 재활서비스를 제공하고 장애에 대한 사회적 인식 개선사업을 수행하는 시설
장애인 주간보호시설	장애인을 주간에 일시 보호하여 장애인에게 필요한 재활서비스를 제공하는 시설
장애인 체육시설	장애인의 체력증진 또는 신체기능 회복활동을 지원하고 이와 관련된 편의를 제공하는 시설
장애인 수련시설	장애인의 문화·취미·오락활동 등을 통한 심신수련을 조장·지원하고 이와 관련된 편의를 제공하는 시설
장애인 생활이동지원센터	이동에 상당한 제약이 있는 장애인에게 차량 운행을 통한 직장 출퇴근 및 외출 보조나 그 밖의 이동서비스를 제공하는 시설
한국수어 통역센터	의사소통에 지장이 있는 청각·언어장애인에게 한국수어 통역 및 상담서비스를 제공하는 시설
점자도서관	시각장애인에게 점자간행물 및 녹음서를 열람하게 하는 시설
점자도서 및 녹음서 출판시설	시각장애인을 위한 점자간행물 및 녹음서를 출판하는 시설
장애인 재활치료시설	장애아동을 포함한 장애인에게 언어·미술·음악 등 재활치료에 필요한 치료, 상담, 훈련 등의 서비스를 제공하고 서비스를 이용한 자로부터 비용을 수납하여 운영하는 시설

출처 : 국가법령정보센터. 장애인복지법 시행규칙 [별표 4] 장애인복지시설의 종류.

(1) 장애인 지역사회재활시설 유형별 현황

장애인 지역사회재활시설은 1990년도부터 우리나라에 본격적으로 나타난 시설로서 시설 중심이 아닌 지역사회 중심으로 장애인복지를 추진하겠다는 장부의 의지가 담겨 있는 시설이어서 주요 관심의 대상이다. 장애인 지역사회재활시설은 2007년 당시 전국적으로 1,286개가 설립·운영되고 있었다. 불과 5~6년 전인 2002년에 336개에 지나지 않았던 지역사회재활시설의 수가 2007년까지 거의 4배에 이르는 양적 성장을 이루었던 것이다. 그러나 2011년 장애인복지법 개정과 함께 장애인 공동생활가정과 단기보호시설이 거주시설로 편입되면서 2011년 지역사회 재활시설은 1,078개소로 집계되었고, 2017년 기준 1,333개로 증가하였다.

(2) 장애인 지역사회재활시설 전국 분포 현황

장애인 지역사회재활시설이 전국적으로 어떠한 분포를 보이는지 살펴보면 다음과 같다. 2017년 12월 기준 전국에는 주간보호시설이 690개로 가장 많은데, 이는 2011년 485개에 비해 205개나 증가한 숫자다. 주간보호시설에 대한 수요가 많고, 실제로 타 유형의 시설에 비해 개수가 증가하고 있음을 알 수 있다. 주간보호시설 다음으로는 전국에 장애인복지관 237개, 수화통역센터 194개, 생활이동지원센터 156개가 운영되고 있다. 이에 비해 장애인 체육시설이나 점자 도서관, 점자 도서 및 녹음서 출판시설은 매우 적은 수가 운영되고 있는데 체육시설은 전국에 33개에 불과하며 세종시나 강원도, 제주도에는 아예 설치되어 있지 않다.

지역사회재활시설의 전국 시·도별 분포를 보면 경기 지역에는 222개, 서울에는 203개나 설치, 운영되고 있지만 제주, 광주, 울산, 인천 등에는 적게는 20여 개에서 최대 40여 개소밖에 설치되어 있지 않아 지역적 편차가 큰 것을 알 수 있다.

<표 10-7> 장애인 지역사회재활시설 시 · 도별 현황(2017. 12)

시 · 도	지역사회재활시설 시설 수(개소)							
	계	장애인 복지관	주간 보호 시설	장애인 체육관	생활 이동 지원 센터	수화 통역 센터	점자 도서관	점자도서 및 녹음서 출판시설
합계	1,333	237	690	33	157	194	20	1
서울	203	48	118	7	1	26	2	1
부산	78	14	56	1	1	5	1	0
대구	59	6	44	2	1	5	1	0
인천	49	10	36	0	1	1	1	0
광주	44	6	34	1	1	1	0	0
대전	58	8	40	3	1	5	1	0
울산	44	4	35	2	1	1	1	0
세종	4	1	1	0	1	1	0	0
경기	222	35	116	4	31	31	5	0
강원	61	7	16	0	19	18	1	0
충북	51	11	15	1	11	10	2	0
충남	60	15	12	2	15	15	1	0
전북	78	13	30	3	15	15	2	0
전남	75	18	25	2	14	16	0	0
경북	120	21	46	4	24	24	1	0
경남	101	15	47	1	19	19	0	0
제주	26	5	18	0	1	1	1	0

출처 : 보건복지부. 2018년 장애인 복지시설일람표.

3) 장애인 직업재활시설

장애인복지법 제58조에 따르면 장애인 직업재활시설은 “일반 작업환경에서는 일하기 어려운 장애인이 특별히 준비된 작업환경에서 직업훈련을 받거나 직업생활 을 할 수 있도록 하는 시설”을 의미한다. 장애인 직업재활시설은 〈표 10-8〉과 같이 세 가지 유형으로 분류할 수 있다.

<표 10-8> 장애인 직업재활시설 유형별 정의

유 형	정 의
장애인 보호작업장	직업능력이 낮은 장애인에게 직업적응능력 및 직무기능 향상훈련 등 직업재활훈련 프로그램을 제공하고, 보호가 가능한 조건에서 근로의 기회를 제공하며, 이에 상응하는 노동의 대가로 임금을 지급하며, 장애인 근로사업장이나 그 밖의 경쟁적인 고용시장으로 옮겨갈 수 있도록 돕는 역할을 하는 시설
장애인 근로사업장	직업능력은 있으나 이동 및 접근성이나 사회적 제약 등으로 취업이 어려운 장애인에게 근로의 기회를 제공하고, 최저임금 이상의 임금을 지급하며, 경쟁적인 고용시장으로 옮겨갈 수 있도록 돕는 역할을 하는 시설
장애인 직업적응 훈련시설	작업능력이 극히 낮은 장애인에게 작업활동, 일상생활훈련 등을 제공하여 기초작업능력을 습득시키고, 작업평가 및 사회적응훈련 등을 실시하여 장애인 보호작업장 또는 장애인근로사업장이나 그 밖의 경쟁적인 고용시장으로 옮겨갈 수 있도록 돕는 역할을 하는 시설

출처 : 장애인복지법 시행규칙 [별표 4] 장애인복지시설의 종류.

(1) 장애인 직업재활시설 유형별 현황

직업재활시설은 1989년 장애인복지법에 의해서 근로작업장과 보호작업장의 2개 유형으로 시작하여 2000년도에 근로작업시설, 작업활동시설, 보호작업시설, 직업훈련시설, 생산품판매시설 등의 5개 유형으로 분류되었다. 그러나 2007년부터 근로사업장과 보호작업장의 2개 유형으로 개편되어 2010년 말에 장애인 직업재활시설에 대한 유형개편이 완료되어 현재에 이르고 있다(이상진, 2012). 유형개편 이후 중앙정부 및 지방자치단체의 지원이 제대로 이루어지지 않고, 과도하게 생산성을 강조하는 정책과 중증장애인 고용을 회피하는 문제가 지속적으로 제기되었다. 물론 일부에서는 근로장애인 급여수준이 향상되고 기능보강사업이 진행되는 등의 긍정적 사례도 있지만 대체적으로는 유형개편 시 제시되었던 인력과 예산 지원이 뒷받침되고 있지 않다는 비판을 받고 있다(이상진, 2012). 2017년 통계를 기준으로 살펴보면 전국에는 615개의 장애인 직업재활시설이 설치, 운영되고 있다(보건복지부, 2018). 보호작업장은 553개, 근로사업장은 62개가 있는데 보호작업장은 2011년에 비해 72개가 증가하였고, 근로사업장은 11개가 증가한 수치다.

(2) 장애인 직업재활시설 전국분포 현황

전국적 분포를 보면 직업재활시설도 타 유형의 시설과 유사하게 서울과 경기 지역에 집중되어 있다. 서울에는 125개, 경기에는 101개가 있으나 세종시를 제외하고 제주에는 10개, 울산, 대전에는 각각 14개, 18개소가 설치되어 있어 지역적 편차가 큰 것으로 보인다. 전반적으로 근로사업장은 그 수가 적고, 보호작업장이 근로사업장의 약 8배 가까이 많이 설치되어 있는 것으로 나타났다(표 10-9 참조).

<표 10-9> 장애인 직업재활시설 시 · 도별 현황(2017. 12월 기준)

시·도	시설수	장애인수	근로사업장		보호작업장	
			시설수	근로장애인	시설수	근로장애인
합계	615	17,841	62	2,724	553	14,960
서울	125	4,144	12	672	113	3,406
부산	38	1,059	2	61	36	977
대구	42	1,087	5	200	37	887
인천	31	889	3	156	28	733
광주	22	739	4	164	18	575
대전	18	587	3	141	15	429
울산	14	293	1	29	13	264
세종	4	98	–	–	4	98
경기	101	3,118	13	553	88	2,512
강원	36	810	4	141	32	669
충북	22	762	1	75	21	687
충남	21	630	–	–	21	630
전북	21	527	2	64	19	463
전남	19	434	2	42	17	392
경북	42	1,153	2	110	40	1,043
경남	49	1,146	5	171	44	975
제주	10	365	3	145	7	220

출처 : 보건복지부. 2018년 장애인 복지시설일람표.

4) 장애인 의료재활시설

장애인복지법 제58조에 따르면 장애인 의료재활시설은 "장애인을 입원 또는 통원하게 하여 상담, 진단·판정, 치료 등 의료재활서비스를 제공하는 시설"이다.

장애인복지법 제58조에서는 의료재활시설을 독립적 범주로 별도로 구분하고 있으나, 2011년 3월 개정 전에는 지역사회재활시설에 포함되어 있었다. 2014년 12월 기준 의료재활시설은 보건복지부 집계상 전국에 18개 설치, 운영되고 있으며 서울에 5개, 인천에 2개, 경남에 2개소가 있고, 설치되어 있지 않은 지역도 있으며 대부분 1개소씩 설치, 운영되고 있다(보건복지부, 2015).

5) 장애인 생산품 판매시설

장애인복지법 시행규칙 [별표 4]에 따르면 장애인 생산품 판매시설은 장애인 생산품의 판매활동 및 유통을 대행하고, 장애인 생산품이나 서비스·용역에 관한 상담, 홍보, 판로 개척 및 정보제공 등 마케팅을 지원하는 시설이다.

2007년 장애인복지법이 전면 개정되기 전 장애인 생산품 판매시설은 장애인 직업재활시설의 한 유형에 포함되었으나, 2016년 기준 장애인복지시설 중 하나의 유형으로 재분류되어 운영되고 있고 전국 17개 시도에 각 1개소씩 장애인 생산품 판매시설이 운영되고 있다.

3. 장애인 거주시설 서비스 최저기준 및 평가기준

1) 장애인 거주시설 서비스 최저기준

2011년 3월 개정된 장애인복지법 제60조의3에서는 "보건복지부장관은 장애인 거주시설에서 제공하여야 하는 서비스의 최저기준을 마련하고 장애인복지실시기관은 서비스의 최저기준이 충족될 수 있도록 필요한 조치를 하도록 하며, 시설 운영자는 최저기준 이상의 서비스 수준을 유지하도록 한다"는 조항을 신설하였다. 이러한 조항의 신설에 앞서 장애인 거주시설 서비스 최저기준 마련을 위한 연구(김용득 · 김미옥 · 변경희 · 소진희, 2009)와 최저기준 관련 매뉴얼이 다수 출간되었고(김미옥 · 김용득, 2009; 김용득 · 김고은, 2011), 가장 최근에는 최저기준 준수를 위한 통합 매뉴얼(백은령 · 이은미 · 양희택, 2012)도 개발되었다.

서비스 최저기준이라 함은 거주시설의 서비스 제공방식과 이용자의 삶의 조건이 일상적인 거주방식을 지원하도록 조건을 제시한 것(김용득 외, 2009)이다.

<표 10-10> 장애인 거주시설 서비스 최저기준 개요

• 시설의 선택 – 기준 1 : 서비스 이용자 안내 – 기준 2 : 이용 상담 – 기준 3 : 욕구와 서비스의 적합성 검토 – 기준 4 : 예비방문 – 기준 5 : 계약 • 개인의 욕구와 선택 – 기준 6 : 욕구사정 – 기준 7 : 개별 서비스 이용계획 • 이용자의 참여와 권리 – 기준 8 : 의사결정 – 기준 9 : 참여 – 기준 10 : 위험관리 – 기준 11 : 비밀보장 – 기준 12 : 하대 등으로부터의 보호 – 기준 13 : 이의제기 • 능력개발 – 기준 14 : 개인적인 발전 – 기준 15 : 교육과 직업 – 기준 16 : 지역사회 연계와 네트워크 • 일상생활 – 기준 17 : 여가 – 기준 18 : 관계 – 기준 19 : 사생활 – 기준 20 : 식사	• 케어활동 – 기준 21 : 개별지원 – 기준 22 : 건강관리 – 기준 23 : 약물관리 – 기준 24 : 노화와 사망 • 환경 – 기준 25 : 시설과 설비 – 기준 26 : 개인침실–공간요구 – 기준 27 : 개인침실–가구와 시설물 – 기준 28 : 화장실과 욕실 – 기준 29 : 공용 공간 – 기준 30 : 보조기구와 설비 – 기준 31 : 위생과 감염예방 • 직원관리 – 기준 32 : 역할 – 기준 33 : 자격과 자질 – 기준 34 : 직원구성 – 기준 35 : 훈련과 개발 – 기준 36 : 지도감독과 지지 • 시설운영 – 기준 37 : 질 관리 – 기준 38 : 정책과 절차 – 기준 39 : 기록유지 – 기준 40 : 안전한 실천

출처 : 김용득 외(2009). 보건복지부 연구결과 보고서. 2008 장애인거주시설 서비스 최저기준 마련을 위한 연구.

2) 장애인 거주시설 평가기준

장애인 거주시설은 5년마다 외부평가를 받게 되어 있고, 이때 사용하는 평가지표는 3년마다 부분 수정 및 신설되고 있다. 따라서 이러한 평가지표에 어떠한 내용이 담겨 있는가를 잘 살펴보고 이러한 지표내용을 잘 담아내는 서비스를 제공하는 것이 현 장애인 거주시설의 과제이기도 하다. 평가지표에 대한 세부적 설명은 생략하고, 평가지표의 6개의 대범주를 소개하면 다음과 같다.

A. 시설 및 환경
B. 재정 및 조직운영
C. 인적 자원 관리
D. 프로그램 및 서비스
E. 이용자의 권리
F. 지역사회관계

4. 장애인복지 실천적 서비스

1) 장애인 자립생활지원서비스

(1) 장애인 자립생활의 의미

1960년대 미국 일리노이대학에서 시행된 장애인 프로그램의 하나로 시작된 장애인 자립생활운동은 1972년 버클리 자립생활센터(The Center for Independent Living-Berkeley) 조성으로 이어졌으며 장애인권리운동으로 자리를 잡았다. 이러한 장애인자립생활센터는 자립생활 이념의 실천을 위한 지역의 거점기관으로 운영되고 있다. 초기 버클리 자립생활센터는 의료와 직업리해비리테이션 사이의 격차를 없애기 위해, 그리고 중증장애인이 지역에서 자립생활을 하도록 지원하는 서비스로서 경제생활의 상담, 주택 조회 서비스, 케어자 조회 및 조정, 휠체어 수리 서비스, 수송서비스, 고용 · 취업 · 법률 · 인간관계에 관한 상담서비스, 시각장애인 서비스 등을 실시하였다.

초기 장애인자립생활센터가 제공한 서비스의 내용은 다음과 같다.

① 케어자 파견

자립생활센터의 케어는 장애인과 케어자를 매개하는 일, 케어의 코디네이트 등이 주요 업무이다.

장애인이 자립생활센터에 케어를 의뢰하면 코디네이터는 의뢰인의 집을 직접 방문하여 보장구의 이용 상황, 주택의 개조 실태 등을 점검하며 공공기관의 케어 이용 상황과 의뢰 내용을 듣는다. 다음으로 케어자를 선정하여 이용자의 집에서 면접을 한다. 양자 간에 케어에 대한 합의가 성립하면 자립생활센터를 매개로 하여 케어계약서를 작성하고 케어를 시작하게 된다. 이때 의뢰인(장애인)과 케어자는 동등한 자격을 가진다. 케어자는 가이드헬프, 신변케어, 생활케어, 목욕케어 등을 행한다.

② 주택 정보 제공

장애인, 특히 중증장애인의 경우 지역에서 자립생활을 시작하려는 경우 제일 먼저 직면하는 어려움은 휠체어로 자유로이 이동할 수 있는 개인주택 또는 아파트의 확보가 어렵다는 점이다.

그러므로 자립생활센터는 장애인에게 주택을 찾아주기 위해 주택 정보 제공과 알선을 한다. 그리고 주택 개조에 대한 상담을 하며 개조를 해야 할 경우 경사로의 설치, 도어 폭의 확대, 욕실 및 부엌의 설비, 스위치 등의 개조에 대하여 전문적 조언 및 구체적 원조를 한다. 한편 장애인에게는 주택을 얻은 후 공적 서비스의 활용방안과 주택의 이용방법에 대하여 조언한다.

③ 자립생활 프로그램 제공

많은 장애인은 시설과 가정에서 시설의 직원 또는 가족에 의해 장기간에 걸쳐 보호된 생활을 하여 왔기 때문에 일상생활 유지에 익숙하지 않다. 즉, 금전관리, 물품의 구매, 가사에 있어서의 기술 부족을 들 수 있으며 다음으로 케어자의 관리, 공적서비스의 활용에 대한 기술이 부족하다. 따라서 자립생활 프로그램에서는 장애인들이 일상생활 중에 일어나는 생활기술과 생활정보의 제공은 물론 건강관리, 긴급사태에 대처하는 방법, 인간관계와 관계된 훈련 등을 한다.

④ 피어 카운슬링

피어 카운슬링(peer counseling)이란 장애를 가진 동료에 의한 카운슬링을 의미한다. 구체적으로 장애를 가진 사람이 카운슬링의 자격을 획득하여 똑같은 문제를 공유하는 장애인의 입장에서 장애인의 자립을 촉진하기 위한 상담과 지원을 행하는 서비스이다. 이 피어 카운슬링은 장애인의 자립생활을 보다 용이하게 그리고 원활하게 하는 데 그 의의가 있다.
장애인의 자립에 관련한 사항은 자립 체험을 한 장애인 자신이 전문가이기 때문에 피어 카운슬링을 통하여 똑같은 자립을 하려는 장애인의 고민, 생활기술의 습득 등의 상담, 조언, 생활지도 등을 행한다.
피어 카운슬링은 장애인 스스로가 카운슬러라는 직업인으로서 자립, 사회참여, 고용을 확대하는 의의도 있다.

⑤ 권리 옹호(advocacy)

자립생활을 보장하기 위하여 사회복지와 그 관련 자원의 전문적 상담, 원조, 정보제공 등을 한다. 자립생활센터는 이용자 측의 입장에 서서 자립과 인권을 지키는 시점에서 상담지원 기능을 담당하며 다음과 같은 독자적 기능을 가지고 있다.
첫째, 장애인의 연금과 생활보장제도 등의 소득보장제도와 장애인의 의료보장 등과 같은 사회보장에 관한 정보 제공 서비스

둘째, 공적개호수당제도 등 여러 케어서비스 등의 케어시스템에 관련된 정보 제공, 기타 긴급 연락 시스템, 리해비리테이션 등 자립생활지원서비스의 상담 원조

셋째, 각종 일상생활 요구의 공적 공급 내용과 그 이용 자격조건 혹은 각종 복지기구에 관한 정보 제공 업무

또한 교육, 취업 등 기타 많은 부문에서 장애인의 권리 옹호를 위해 국가와 자치단체, 기업과의 교섭, 경우에 따라서는 재판 투쟁 등을 행하고 있다. 그리고 전국적 운동조직을 통해서 각종 장벽의 사회적 해결을 목표로 활동하고 있다.

(2) 장애인활동지원서비스

① 장애인활동지원제도 개요

장애인활동지원제도는 신체적・정신적 이유로 일상생활이나 사회활동에 어려움을 겪고 있는 장애인들의 자립생활과 사회참여를 지원하고 그 가족의 부담을 줄임으로써 장애인의 삶의 질을 높이기 위한 목적으로 2007년 4월부터 시행되었다. 이후 2011년 11월부터 기존 장애인활동 보조지원사업에 요양서비스 성격의 방문목욕과 방문간호가 추가되어 장애인활동지원서비스로 개편되었다.

2011년 10월부터 시작된 활동지원제도는 2013년에 대상자를 장애등급 2급까지 확대하고 노인장기요양보험에서 탈락한 만 65세 이상의 장애노인도 서비스 대상자로 포함시켰다.

서비스 제공시간은 최저 43시간(4등급)에서 최대 107시간(1등급)까지 기본급여로 받을 수 있으며, 판정 정도에 따라 최대 253시간까지 서비스를 제공받을 수 있다. 급여항목들도 기존 활동보조에서 신체활동지원, 방문목욕, 방문간호가 추가되어 서비스 유형이 다양화되었다.

② 서비스 내용

<표 10-11> 장애인활동지원서비스

종 류	지원내용
활동보조	수급자의 가정 등을 방문하여 신체활동, 가사활동 및 이동보조 등을 지원
방문목욕	목욕설비를 갖춘 차량을 이용하여 수급자의 가정 등을 방문하여 목욕을 제공
방문간호	의사・한의사・치과의사의 '방문간호지시서'에 따라 수급자의 가정 등을 방문하여 간호, 진료보조, 요양상담 또는 구강위생 등을 제공

출처 : 보건복지부 사회서비스 전자바우처 홈페이지.

(3) 자립생활을 위한 주거지원 서비스

① 장애인주거지원제도 개요

장애인 자립생활에서 주거를 단순한 거주 장소로 보는 협의적 관점에서 벗어나 장애인이 생활 전반을 자신의 결정에 의해 조정・관리하고 지역사회와 사회적 관계를 다양하게 형성해 가는 사회적 매개체로서 중요하게 인식되어야 한다.

장애인 주거지원에 대한 내용을 규정한 국내의 대표적인 법률들을 살펴보면, 장애인복지법은 장애인복지의 전반적인 사항을 규정하고 있는 기본법적 성격을 가지고 있으며, 「장애인차별금지 및 권리구제 등에 관한 법률」은 모든 생활영역에서 장애에 대한 차별금지, 장애로 차별받은 사람의 권익 구제 등을 규정하고 있다. 「장애인・고령자 등 주거약자 지원에 관한 법률」은 장애인・고령자 등 주거약자에게 안전하고 편리한 주거생활을 지원하는 것을 목적으로 하고 있다.

② 서비스 내용

가. 공공주거서비스

공공주거서비스는 영구임대주택, 국민임대주택, 장기전세주택, 신축다세대

매입임대 등의 주거형태를 지원하고 있다.

'영구임대주택'의 경우 「장애인·고령자 등 주거약자 지원에 관한 법률」에 의거하여 주거약자용 주택으로 영구임대주택의 5% 이상을 건설하도록 의무화하고 있으며, 「주택공급에 관한 규칙」 제31조에 의해 장애인복지법상의 모든 등록장애인과 지적장애, 정신장애, 제3급 이상의 뇌병변장애를 가진 장애인의 배우자도 대상으로 포함하고 있다.

'국민임대주택'도 「장애인·고령자 등 주거약자 지원에 관한 법률」에 따라 주거약자용 주택으로 국민 임대주택의 3%(수도권 5%)를 건설하도록 하고 있고, 장애인에게 그중의 20%를 우선 공급하도록 규정하고 있다.

국가 및 지방자치단체, 한국토지공사 등에서 전세형태의 임대목적으로 건설하는 주택인 '장기전세주택'은 장애인에게 공급물량의 20%를 우선 공급한다.

'신축다세대매입임대'는 정부가 다세대주택과 연립주택을 매입하여 시중가격보다 저렴하게 장기전세로 공급하는 제도로, 우선공급대상자는 「주택공급에 관한 규칙」 제32조에 의거하여 장애인복지법에 따른 장애인 중 등록장애인으로 하고 있다.

나. 주거비 및 주택개조 지원사업

정부 및 공공기관은 '주거급여', '국민주택기금대출', '주택개조'에 대해 모든 장애인을 대상으로 지원하는 주거비 및 주택개조사업을 시행하고 있다.

'주거급여'는 국민기초생활보장법에 의거하여 국민기초생활보장법상의 수급자를 대상으로 한다. 주거안정에 필요한 임차료, 유지수선비 등은 가구 수에 따라 차등 지급한다. 그 외 국민기초생활보장법은 주거급여와 생계급여에 포함하여 주거비를 지원한다.

'국민주택기금대출'은 '전세자금'과 '주택구입자금'을 지원하며 장애인가구는 비장애인가구에 비해 0.2% 낮은 금리를 지원받을 수 있다.

'주택개조'서비스는 「장애인 · 고령자 등 주거약자 지원에 관한 법률」에 의거하여 월평균 소득이 도시근로자 가구당 월평균 소득액 이하인 주거약자가 있는 가구나 임대사업자에게 주택개조 시 필요한 비용을 연 2%의 저금리로 지원한다.

2) 케어매니지먼트

(1) 정의

케어매니지먼트는 기본적으로는 '이용자의 생활과제(니즈)와 사회자원을 조정(코디네이터)하거나 연결하여 도움이 필요한 사람들이 지역사회에서 생활을 지속할 수 있도록 지원하여 가는 것'으로 정의할 수 있다. 이를 위하여 케어매니지먼트는 병원에 있는 사람이나 시설에 입소하고 있는 사람이 퇴원 · 퇴소할 때 활용하는 원조 기법이다. 또한 익숙한 지역에서 생활을 계속하여 가는 데 여러 가지 생활과제를 가지고 있어 재가생활이 곤란한 사람에 대해서도 이 방법이 활용되고 있다.

장애인케어매니지먼트란 장애인의 지역사회생활을 지원하기 위하여 케어매니지먼트를 희망하는 장애인의 복지 · 보건 · 의료 이외, 교육 · 취업 등의 폭넓은 욕구와 여러 지역사회 자원 간의 복수의 서비스를 적절히 결합 조정하여 종합적 또는 지속적인 서비스의 공급을 확보하고, 사회자원의 개선 및 개발을 추진하는 원조방법이다.

즉, 장애인의 지역사회생활을 지원하기 위한 방법을 장애인케어매니지먼트라 할 수 있으며, 장애인케어매니지먼트가 주안점을 두고 있는 것은 장애인 당사자의 주체성 및 자기결정을 존중하여 지역생활 속에서 장애인의 임파워먼트를 강화시켜 가는 지원이다.

(2) 케어매니지먼트 과정

① 사정

사정 단계는 초기 접수 및 인테이크 과정에서 수집한 자료를 통해 클라이언트에 관한 문제를 규정하는 단계이다. 장애인 및 장애인 가족의 상담에 따라 사회생활 전체의 관점에서 요케어자 상태의 상황, 필요한 케어서비스를 전문적으로 사정하고 설명한다. 가장 중요한 것으로는 장애인 및 장애인 가족과의 신뢰관계를 형성하는 것이다. 특히 장애인과 그 가족에게 긍정적 혹은 부정적 영향을 미치는 요인을 파악한다.

현재의 문제, 건강 상태, 경제적 수준, 가족관계, 대인관계, ADL, 공식적·비공식적 서비스의 이용 등을 참고한다. 그리고 이러한 상황에 대하여 장애인과 가족이 인지하는 정도와 과거의 문제 해결 경험을 찾아내거나 참여 동기 및 의지를 살펴보는 것이 필요하다. 최근에 강조되고 있는 강점관점으로 볼 때 클라이언트의 장점과 잠재능력을 최대화하는 데 초점을 두는 소비자 중심적 사정이 필요하다. 다각적 측면에서의 사정을 위하여 개인력, 사회력, ADL과 IADL의 측정, 사회행동척도, 욕구 및 문제 사정 등을 활용함으로써 사정의 효과성을 극대화할 수 있다.

② 케어계획의 작성

사정의 내용에 기반하여 실행 가능한 케어계획을 책정하며, 요구에 대응 가능한 케어서비스가 우선적으로 행해질 수 있도록 케어계획을 작성한다. 시급한 문제에 대한 단기 목표를 설정하고, 만성적이고 상습화된 문제에 대한 장기 목표를 설정하여 체계적으로 서비스가 제공될 수 있도록 자원 조장, 클라이언트 권리 및 의무(계약체결), 문제 해결에 필요한 한정된 시간, 평가항목 설정 등이 이루어진다.

재가장애인이 일상생활을 위해 보건의료서비스와 복지서비스를 적절히 이용할 수 있도록 재가 요케어자 등의 승낙을 받아 케어자 심신의 상황,

가족의 희망 등에 따라 이용 가능한 재가서비스의 종류 및 담당자 등의 사항을 정한 계획을 작성한다.

③ 케어서비스의 실시

케어계획의 작성 후 본인 및 가족과의 계약을 체결하고 서비스 제공기관과 조정하며, 양질의 서비스와 지원이 원활하게 제공될 수 있도록 실제의 서비스 이용과 연결시킨다. 서비스는 클라이언트의 적극적 활동이 이루어져야 하며, 사례 관리자는 클라이언트와의 충분한 의사소통을 통하여 목표를 성취할 수 있도록 지원한다. 직접적 개입방법으로는 개별지도, 집단지도, 일상기술훈련, 직업적응훈련, 여가활동능력훈련, 가족상담 및 교육, 대인관계지도 등이 해당되며, 간접적 개입은 자원 개발과 연결, 각종 정보 제공, 사회적 관계망 형성, 자조집단 형성 등이 해당된다(정원철, 2002 : 98).

④ 사후지도 및 평가

서비스 제공과 클라이언트 활동이 개시되면 서비스 계획에 대한 이행 여부, 성취 정도를 파악하고 적절한 피드백(feedback)을 제공한다. 각종 서비스 및 지원의 적절한 제공을 위하여 서비스 제공기관과 비공식적 지원인 가족, 자원 봉사자, 이웃 등과 연락 조정을 하고 정기적으로 평가 및 회의를 실시하여 케어계획을 수정한다. 또한 문제 상황이 변화하거나 새로운 문제가 발생할 경우 재평가를 행하고 새로운 목표의 설정과 케어계획을 작성한다.

구체적으로는 장애인 측면에서는 서비스 제공 여부 및 적합성, 본인의 목표 달성을 위한 노력, 신규 욕구나 문제 확인이 이루어지며, 사례관리자 측면에서는 계획의 수행, 적시 서비스 제공, 연속성, 장애요소 발견의 과정이 이루어진다. 관찰, 일지, 설문지, 토론, 회의 등의 과정을 통하여 정보를 수집한다.

그리고 종합적인 서비스 접근성, 비용 효율성, 효과성에 대한 평가를 시행하고 서비스의 지속적 제공 여부를 결정하며, 사후 관리에 대하여 논의한다.

CHAPTER

11 | 장애인과 자립생활

학·습·목·표

1. 장애인 인권과 자립생활의 관계를 이해할 수 있다.
2. 자립생활의 철학적 배경 및 이념적 요소를 이해할 수 있다.
3. 자립생활지원서비스의 원리와 중증장애인 자립생활지원센터의 기능과 역할을 설명할 수 있다.
4. 발달장애인 지원생활모델의 개념과 모델화를 이해할 수 있다.

1. 장애인 인권 동향과 자립생활

장애로 인해 사회 활동을 포함한 전반적인 일상생활에서 쉽게 제약을 받으며 장애가 동정의 대상으로만 여겨지던 시대가 있었다. 이제는 세계적으로 장애를 가진 사람에 대한 보다 인간다운 권리를 바탕으로 다양한 욕구에 대한 장애인복지서비스의 프로그램 개발과 확대에 노력을 기울이고 있다.

1981년 유엔의 '세계장애인의 해'는 장애인에 대한 문제를 '권리'의 차원에서 접근하고 장애인의 완전참여와 평등에 대한 노력들이 구체화되는 계기가 되었다. 2006년 12월 13일 유엔총회는 192개 참가국의 만장일치로 「유엔장애인권리협약」(UNCRPD : UN Convention on the Rights of Persons with Disabilities)을 통과시켰으며, 법적 효력을 발휘하는 각국의 비준을 통해 국제적 연대를 갖게 되었다. 「유엔장애인권리협약」은 장애인의 권리와 존엄에 대한 국가 차원의 인식 변화와 구체적 행동을 촉발하였으며, 우리나라는 2009년 1월 10일부터 이 협약에 따라 유엔장애인권리협약의 법이 발효되었다.

「유엔장애인권리협약」은 장애인의 전 생활 영역에서의 권리를 보장하도록 명시함으로써 그들의 인권과 권리를 보장하고, 그에 맞는 다양한 정책적 지원 체계의 합리성을 포함한다. 특히 협약의 제19조에서는 장애인의 '자립생활과 지역사회 통합(living independently and being included in the community)'을 규정하고 있으며, 장애인의 선택권, 동등한 권리의 인정, 지역사회의 완전 통합 및 적극적 참여와 촉진을 위해 적절하고 효과적인 지원의 방법으로 인권을 기본으로 한 자립 및 생활을 강조하고 있다.

이러한 추세에 맞추어 우리나라에서는 2007년 장애인복지와 관련된 핵심법령인 장애인복지법이 전부 개정되었다. 특히 주목할 것은 기존의 법상에서 규정하지 않았던 '중증장애인자립생활지원'을 별도의 장으로 마련함으로써 실질적인 지역사회기반지원의 틀을 갖추기 시작하였다는 것이다. 또한 일상생활과 사회생활을 혼자하기 어려운 장애인에게 장애인의 자립생활 지원을 위한 활동지원급여를 제공하고, 장애인 가족의 부담을 줄이기 위해 「장애인활동 지원에 관한 법률」(2011. 10. 5. 시행)이 마련되면서 보다 안정적이고 합법적인 활동지원의 기반을 갖추었다.

이후 가장 최근에는 「발달장애인권리보장 및 지원에 관한 법률」(2015. 11. 21. 시행)에 이르기까지 장애와 인권에 대한 상당한 정책적·제도적 변화를 모색하며 자립생활지원과 권리 보장을 기반으로 궁극적인 장애인의 사회참여와 통합 및 삶의 질을 높이는 데 커다란 의미를 부여하게 되었다. 이러한 변화들은 동등한 시민으로서의 장애인에 대한 인권의식 증진과 권리를 보장하기 위한 전사회적 연대와 협력의 결실로서 앞으로도 지속 가능한 노력들로 이어져야 할 가치라고 할 수 있다.

2. 장애인에 대한 인식변화

장애개념은 역사적으로 개별적·자선적 접근에서 시작되어 사회적·제도적(정책적) 접근으로 변화되었다. 장애에 대한 인식과 묘사는 인류역사에 따라 변화하여 의학적 접근이 시행되기 이전에는 장애가 신의 저주의 결과라는 인식이 주를 이루었으나 의학이 발전하면서 장애는 치료적 처지를 통해서 개선할 수 있는 하나의 질병으로 파악되었다. 또한 장애인은 산업혁명 이전에는 공동체 사회의 보호의 대상으로 인식되었다.

장애에 대한 인식은 당시의 시대적 사회현상과 가치 등에 준하여 복합적이고 차별적이며, 국가나 사회에 따라 나타나는 양상이 다양하여 일률적으로 판단하기 쉽지 않다. 그러나 최소한 과거에서 현재까지의 역사를 살펴볼 때, 장애에 대해 가졌던 사회적 관심이 인간에 대한 존엄에서 출발하여 삶에 질에 어떠한 영향을 미치는지에 대해서 개괄적인 입장을 정리해 볼 수 있을 것이다. 장애는 그 사회가 사회정책으로 제공하고자 하는 대상의 범위 서비스의 내용에 대한 주관적인 사회적 합의를 기반으로 정의된다. 사회적 약자를 적극적으로 옹호하고 보호를 강조하는 사회에서는 장애의 영역을 광범위하게 인정할 것이며, 사회적 약자에 대해 소극적으로 보호하려는 사회에서는 최소한의 사람들을 장애로 규정하고 최소한의 정책을 강구하게 된다.

장애의 개념은 일반적으로 첫째, 해부학, 신체구조학, 지능 및 심리적으로 이상(abnormality)이나 손상(injured)을 가지고 있는 것, 둘째, 신체구조적이나 심리적인 과정에 야기되는 만성적인 질환, 셋째, 역기능(dysfunction), 넷째, 일탈된 행동규범 등이다.

〈장애 또는 장애인에 대한 개념〉

○ 장애인은 선천적이든 아니든 신체적 또는 정신적 능력의 결함으로 인하여 일상의 개인 또는 사회생활에 필요한 것을 확보하는 데 스스로는 완전히 혹은 부분적으로 행할 수 없는 사람[장애인 권리선언(UN) 제1조]

○ 장애인은 신체적 또는 정신적 결함의 결과로 적당한 직업을 확보, 유지해 나갈 전망이 없는 상당히 손상을 받은 사람[국제노동기구(ILO) 신체장애인의 직업복귀에 관한 권고 제99조]

- 장애 개념의 변화 : 장애인복지법(제2조)에서는 "장애인은 신체적·정신적 상태로 인하여 장기간에 걸쳐 일상생활 또는 사회생활에 상당한 제약을 받는 자로서 대통령령이 정하는 장애의 종류 및 기준에 해당하는 자"로 정의하고 있다. 이러한 장애의 개념은 장애인을 판정하고 구분하는 것을 "일에 대한 능력과 가정 및 사회생활의 불편 정도" 등이 더 타당하다는 견해로 개념이 변화하는 추세를 말한다. 즉, 장애는 개인적 신체 손상, 기능상 제한으로 의미를 국한하지 않고, 개인적 장애로 인한 사회환경과의 부적절한 상호작용의 결과로 인해 발생하는 기능 및 활동상의 제한을 포함하는 개념으로 변화하는 것을 의미한다.
- 장애 관점의 변화 : 과거에는 비장애인이 차지한 사회가치, 신념 및 구조를 중심으로 생성되었던 관점으로 장애라는 사실에 초점을 두어 개인책임의 문제, 장애 자체의 문제로 생각하였으나, 현대에는 장애인의 사회적 문제해결과 장애인이 사회에 적응하고 통합되는 것을 강조하는 관점으로 변화하고 있다.
- 장애문제 관련 서비스 접근방법의 변화 : 시설수용 및 보호, 치료 중심으로 제공되었던 과거의 장애문제 관련 서비스 접근방법에서 지역사회 생활을 통해 이루어지는 포괄적이고 전인적인 서비스 접근으로의 전환을 뜻한다.
- 서비스모델의 변화 : 과거 서비스 공급자 및 전문가 중심의 서비스에서 탈피하여 개인과 환경 간의 균형, 자립생활의 강조, 클라이언트의 자기 결정의 존중, 지역사회의 자원 확보와 유지 등을 강조하는 것으로 서비스의 근본적인 수정 및 전환을 강조한다.

이러한 장애에 대한 변화들은 장애인의 인권보장, 장애인의 사회 적응 및 통합, 궁극적으로 삶의 질적 향상 등의 이념들과 그 맥을 같이한다.

재활은 장애인 개인의 신체적·정신적 손상이나 부적응 등으로 주로 개인적 관점에서 문제를 정의하였다. 따라서 개인적 요인들을 치유함에 있어 장애 당사자를 병리적 관점에 따라 환자나 요보호자로 간주하여 왔다. 그러면서 전문가는 장애 현상을 극복하기 위한 치료자로서 장애를 가진 당사자의 측면보다 서비스 체계를 구성하고 제공하는 역할을 수행하였다.

반면에 자립생활에서는 기존의 재활에서의 장애에 대한 개인적 관점의 접근이나 의료적 접근에 문제가 있음을 인식하였다. 그 결과, 주위 환경에 의존하고 지원하는 체계를 개선하기 위한 동료상담이나 자조활동, 각종 사회적 장애의 제거, 소비자주권 등을 강조함으로써 능동적인 장애 문제 해결에 나서기 시작하였다. 그럼으로써 재활에서 궁극적으로 추구하던 최대한의 일상생활수행능력(ADL) 습득과 신변처리의 수준에서 벗어나서 진정한 사회 속에서의 자기관리와 권리옹호, 사회적·경제적 체제 안에서 생산적 시민으로서의 역할 부여 등을 추구하기에 이르렀다.

그러나 재활에서 자립생활로의 변화 과정에서 지금까지 신체적 장애 영역들에 비해 발달장애나 정신장애는 상대적으로 덜 주목받았던 것이 사실이다. 이는 정신적 차원의 불가피한 한계로 인해 이성적 판단이나 적절한 자기옹호를 하지 못할 것이라는 선입견과 주류 사회에 적응하지 못하는 것이 도태를 의미할 정도의 억압적인 사회구조가 만연했던 결과로 볼 수 있다. 그로 인해 정신적 장애를 가진 사람들은 주로 시설이나 병원에서 또는 지역사회에 머문다 하더라도 이들에 대한 몰이해로 인해 장애인 당사자의 자기결정과 선택의 권리를 박탈당함으로써 인간으로서의 존엄과 가치는 제대로 인정받지 못하였다.

그러다가 최근에 이르러서는 정신적 장애를 가진 사람들에게도 기회균등과 정상적 생활환경 조성 등 사회적인 합리적 고려를 통해 자립생활이 가능하다는 인식이 서서히 자리를 잡아 나가고 있다. 특히 이들이 자립을 위해 불가피하게 요구하게 되는 각종 지원들을 반드시 의존적 형태로 보거나 부적절하고 역기능적으로만 이해하지 않게 되었다. 오히려 적절한 지원체계 구축과 적극적 활용을 통해서 궁극적으로는 자립을 도모할 수 있도록 한다는 관점에서 '상대적 자립'(relative independence) 개념이나, 보다 직설적이고 현실 인식적 차원에서 이른바 '의존적 자립'(dependent independence) 관계를 이해할 필요가 있다. 이러한 지원 관점이 전문가 집단과 당사자 집단 간의 상호 기능적 역할을 중시하는 '자립생활지원'이라고 할 수 있다. 즉, 전문가와 장애인 당사자가 서로의 역할을 인식하며 수직적 관계에서 수평적 관계로의 전환을 꾀하는 모델로서 인정된다고 할 수 있다.

3. 자립생활의 철학과 개념

1) 자립생활의 기본 철학과 이념적 요소

자립생활은 장애인과 비장애인의 동등한 권리와 삶의 정상화를 배경으로 한다. 또한 우리 사회의 장애에 대한 개념 인식 확산과 최대한의 통합 지향을 위한 장애 당사자의 자율의지(Cloerkes, 2001)가 전제되어야 한다. 이를 통해야 진정한 자기결정과 선택이 가능하며, 주체적 정상화를 통한 지역사회 내의 자립적 삶의 영위가 가능하기 때문이다.

이러한 전제와 이유에 기초하여 데종(Dejong, 1979)은 자립생활의 기본 철학으로서 소비자 주권(consumerism, consumer sovereignty), 자기결정권(self-determination), 자조자립(self reliance), 정치경제적 권리(political and economical rights) 등을 제시하였으며, 이를 좀 더 분명한 입장에서 해석해 보면 다음과 같다.

- 소비자 주권 : 장애인은 소비자로서 삶의 질에 영향을 미치는 서비스를 자율적으로 선택하고 이용할 수 있으며, 자신의 욕구에 적합한 서비스를 요구하고 구매할 수 있는 권리자임을 강조한 것이다.
- 자기결정권 : 장애인은 자신의 생활과 관련된 모든 분야에 대해 결정할 권리와 능력을 지니고 있음을 기본 전제로 한다. 따라서 장애인 자신이 생활의 중심에 있으며, 개인에 따른 문제와 해결에도 장애인 당사자가 판단할 권리를 가진다.

- 자조자립 : 일상에서의 장애인은 전문가, 조력자 등 타인의 개입이나 감독에 의해서가 아닌 자신의 강점과 연계된 자원을 동원함으로써 자조적 해결을 도모할 수 있어야 한다.
- 정치경제적 권리 : 지역사회 안에서 정치적 · 경제적 활동의 참여를 통해 일정한 기능을 하고 영향을 미칠 수 있는 능력을 부여하는 것을 의미한다.

또한 장애인 자립생활에서의 이념적 요소들은 여러 학자의 자립생활에 대한 견해와 이념 등의 고찰을 통해 다음과 같은 네 가지 요소로 설명할 수 있다(정종화 · 주숙자, 2008).

- 자기관리 : 자립생활은 장애의 유형이나 정도와 무관하게 자신의 생활을 자신이 관리할 수 있는지 여부에 관한 것으로 본질적 자립생활의 필수요소이다.
- 심리적 자기확신 : 자립생활에서의 심리적 자기확신은 'empowerment'라고 부르기도 하며, 이는 자립생활 철학의 주요 요소라 할 수 있는 선택, 결정, 책임에서 매우 중요한 역할을 한다. 장애의 장벽을 극복하여 잃어버렸던 자신감과 자신의 가치를 되찾음으로써 새로운 비전을 갖게 되고, 이러한 과정을 통해 인간중심적 사고에서 자신에 대한 귀중한 가치를 재조명하게 되는 것이다.
- 인지적 자립성 : 자기관리와 매우 밀접한 관련이 있으며, 자기관리는 자립생활운동에서 타인의 의사결정으로 선택되었던 것을 자신의 의지와 주도권으로 되찾고자 하는 노력으로 표출되었다. 자립생활운동에서는 신체적 · 기능적 장애를 더 이상 문제라고 규정하지 않고, 타인에 의존하는 삶을 더 큰 문제라고 규정하고 있으며, 이를 통해 인지적 자립성을 이해할 수 있다.

- 환경 : 지금까지 장애를 물리적 사회환경이나 심리적 환경보다는 개인의 기능회복으로 해결하려 했으며 장애인 문제해결에서 환경문제는 중요한 과제로 다루지 않았다.

2) 자립생활의 개념

자립생활의 어원적 의미는 "타인의 도움을 받지 않고 자신의 힘으로 생계를 유지하며 살아가는 과정"으로 신체적·경제적 부분에서 타인에게 의지하지 않는 것, 자기 자신의 힘으로 살아가는 것 등이 핵심이다.

미국의 장애인자립생활협의회(NCIL : National Council on Independent Living)는 자립생활을 "삶에 대한 자신의 결정에 대하여 타인의 개입 또는 보호를 최소화하여 스스로의 삶에 대하여 선택하고 결정하는 모든 과정에 장애인 당사자가 참여하는 과정"이라고 정의하였다. 이러한 맥락에서 존스(Jones, 1993)는 "장애인 자신의 건강관리, 식사조절, 취침시간과 같은 모든 일상의 활동뿐만 아니라 보호자의 결정, 금전관리, 거주지 결정까지 모두 스스로의 선택과 판단에 의해 의사결정과정에 참여하는 과정"이라고 정의함으로써, "장애인의 자립생활은 의사결정을 하거나 일상적 활동을 수행하는 데 가능한 여러 가지 대안 중에서 다른 사람의 의존을 최소화할 수 있는 선택을 하도록 자신을 통제하는 것"이라고 강조하였다. 또한 일본전국자립생활센터협의회는 자립생활을 장애인의 지역사회에서의 자기결정권과 자유로운 표현을 할 수 있으며, 사회의 보다 더 적극적이고 능동적인 노력, 그리고 이러한 것이 법적으로 보장되어야 함을 강조하였다.

그런가 하면 영국의 장애운동가 브리젠덴(Brisenden, 1989)은 "자립적인 사람은 자신의 생활 전반을 조정하고 관리하지만, 그렇다고 해서 자신의 모든 과업을 수행하는 것은 아니다. 따라서 장애인 스스로 필요한 원조와 지원을 다양한 지원체계를 통하여 제공받음으로써 장애인의 자립생활이 가능해지게 되는 것"이라 전제하였다.

이와 같이 자립생활 개념에는 인간의 권리와 존엄성을 기본으로 선택, 자기결정, 책임 및 주체성을 위한 개인과 사회적 노력, 지원 등을 핵심으로 하고 있다. 특히 그중에서도 자립생활을 위한 장애인의 자기결정과 보장에 대한 이해가 더욱 필요할 것으로 보인다.

자립생활의 개념 정의에서 또한 간과할 수 없는 것이 장애인의 자기결정이다. 이는 자립생활을 실현하는 기본 철학이자 원리로서, 곧 자신의 삶을 주도적으로 영위해 나가기 위한 필수 요소인 것이다. 따라서 이러한 자기결정(self-determination)은 '인간 존재에 포함되는 본질적 요소'(Hahn, 1994)이자 '삶의 설계를 위한 기본 원칙'(Speck, 2000)으로서, '내가 어떻게 살 것인지를 스스로 결정하는 것뿐만 아니라 어떻게 살고자 하는지에 대해 문의와 동의가 가능한 상황'까지도 그 범위에 포함된다(Goebel, 1998). 이를 바탕으로 자기결정이란 '삶을 지속시키는 하나의 발전과정'(Polloway, Smith, Pauon, & Smith, 1996)으로서, 인간의 자유로운 결정, 자신의 강점을 인식하여 활용하는 자기실현, 자기관찰과 통제 및 자기규제, 스스로 목적을 설정하고 그에 따라 행동할 수 있는 가능성, 자신의 생활환경 조절과 운용 등의 행위로 특정지을 수 있다. 다시 말해, 인간은 자기결정의 주체로서 자신의 소망과 욕구를 인식하고 그것들을 사회적·물리적 환경과의 관계에서 숙고한다는 것이다(Fornefeld, 1997). 이러한 자기결정을 이해하고 다양한 결정 가능성을 인식하며, 각각의 상황적 맥락에서 장애인 당사자가 의미 있는 결정을 하고 그 결정이 관철될 수 있는지를 검토할 수 있어야 하며, 이를 위한 교육의 필요성이 강조되고 있다.

따라서 장애인의 자립과 자립생활에 대한 정의는 신체적·경제적 차원의 자립 수준을 벗어나 삶의 전 영역에서의 자립이 전제이며, 장애를 유발하거나 유발 가능성이 있는 개인적·사회환경적 요인과 각종 한계 및 제약에 대한 시정을 요구할 권리의 개념이 인정되어야 한다. 그럼으로써 실질적으로 의존 내지는 상대성을 인정하는 자립과 독립이 가능할 수 있으며, 이를 위해 장애 당사자의 역량강화(empowerment)와 함께 보조(assistance)의 개념이 함께 정립되어야만 장애인의 자립생활을 실질적으로 표현해 낼 수 있을 것이다(이경준, 2005).

4. 자립생활과 사회통합

'통합'이란 가장 일반적인 체계 이론적 표현으로서 "어떤 새로운 요소들과 기존 요소들 사이에서 더 이상 차이가 없이 하나의 체계 안으로 수용되는 과정"이다(Endruweit & Trommsdorff, 1989). 그에 상응해서 사회적 과정으로서의 통합은 통합의 과정에서 사람들이 지위와 기능을 배분하여 사회적 체계구조 속으로 수용되는 것을 의미한다. 따라서 통합은 최소한 수용된 사람의 관점에서는 사회문화적 전환의 한 형태를 경험하는 것으로 볼 수 있다(Markowetz, 2001).

슈나이더(Schneider, 1983)는 통합을 '배제상태의 감정에 대항하는 노력'으로 이해하고 일상생활에의 참여가 가능해야 함을 강조하였으며, 이러한 권리를 주장하고 스스로 적극 활용하고자 한다면 대사회적인 자조(self-help) 의식을 통해 통합의 감정을 발전시키고 새로운 사회적 행동양식과 관계를 형성함으로써 자신의 행동반경을 확대해야 한다고 보았다.

학자들의 이와 같은 관점들을 장애인의 사회통합에 적용해 보면, 우선 장애인은 자신의 장애 유형과 정도에 상관없이 삶의 모든 분야에서 비장애인과 동등한 접근과 참여의 기회를 갖고 사회에 포함되어야 한다. 장애인의 통합은 곧 기회균등의 사고로부터 시작하며, 모든 사회적 현상에 참여하는 장애인 당사자는 자신과 자신의 상호작용 대상 그리고 서로가 속한 공동체를 이해하고 그에 적응해 가면서 상호 교류와 협력의 기회를 확대해 나간다고 볼 수 있다. 또한 장애인의 자기결정에의 의지와 그에 따른 자립추구 활동은 가장 기본적인 사회통합으로의 길을 모색하기 위한 기제이며, 사회구조 속에서도 결코 간과되어서는 안 될 중요한 원조의 기반이 되어야 한다. 이것이 전제되었을 때

사회 구성원으로서의 장애인 개인과 그의 기본적인 시민권 추구가 인정될 수 있고, 공존하는 사회체제 내의 구성원들과 각종 사회적 자원들과 함께 긍정적으로 관계함으로써 진정한 자립생활과 능동적 사회통합의 이념을 실현할 수 있다. 물론 이를 위해서는 사회구조 속에서의 다양한 개선이 요구되며, 동시에 장애 당사자의 개인적 측면에서도 교육과 훈련 등 역량강화를 통한 사회적 이미지 제고도 필요하다.

5. 장애인 자립생활지원서비스

1) 자립생활지원서비스의 주요 원리

장애인 자립생활의 개념은 앞에서 살펴보았듯이 광범위하고 다양하며, 포괄적인 이념적 체계들로 구성되어 있다. 따라서 이러한 개념과 이념들에 근거하여 장애인서비스를 구성하고 제공 및 시행하기 위해서는 주요 실천 원리들에 대한 이해 또한 중요하다. 따라서 장애인의 자립생활지원서비스 실현을 위한 주요 원리를 간략히 살펴보면 다음의 〈표 11-1〉로 정리해 볼 수 있다(Nosek, 1988; Stuart, 2000).

<표 11-1> 장애인 자립생활지원서비스의 주요 원리

주요 원리	주요 내용
비차별성	모든 연령의 장애인과 장애인 가족의 지원서비스체계에 참여할 기회를 보장
포괄성	제공하는 서비스 영역은 포괄적, 모든 장애 영역을 포함
형평성	소득 수준, 사회적 지위와 상관없이 욕구에 기초한 서비스를 제공하여 장애인의 불균형적 부담 해소
비용지불의 효용성	프로그램 제공과정을 위한 행정비용 최소화
소비자 주도	자립생활서비스의 주체로서 장애인의 선택과 결정권 확보

출처 : 서울시정개발연구원(2004). 장애인 자립센터 운영기반 조성방안; Nosek(1988).

이와 같은 원리의 핵심은 과거의 시설 중심 및 재활 모델에서와 같은 서비스 제공이나 체계의 불합리성을 극복하기 위한 필수적 실천기능으로서, 서비스 이용자로서 장애인 욕구의 개별화가 가능해야 하고, 그 개별화의 대상으로서 장애를 가진 그 누구도 차별받아서는 안 되며, 종합적 서비스 프로그램이 진행되어야 하고, 장애인의 선택과 조절이 가능해야 함을 강조하는 것이다.

2) 중증장애인 자립생활지원센터

우리나라의 장애인복지법 제53조에서는 중증장애인에 대한 자립생활지원을 명시하고 있다. 이는 "장애인을 대상으로 포괄적인 자립생활 정보 제공, 권익옹호활동, 동료상담, 자립생활기술훈련, 개인별자립지원, 거주시설 장애인 탈시설 자립지원 등의 서비스를 통하여 장애인의 자립생활 역량강화와 지역사회에서의 다양한 사회참여 활동을 지원함"을 목적으로 한다.

이에 따른 운영 주체는 시·군·구청장의 추천을 통해 각 시·도지사에 의해 선정된 중증장애인자립생활지원센터로서 다음과 같은 기본 방침을 통해 사업을 수행한다(보건복지부, 2017).

(1) 자립생활 철학과 이념

- 센터의 모든 활동은 영리 활동, 특정 종교 활동 등에 연관되거나 이용할 수 없으며, 자립생활 이념에 기반을 두고 장애인의 자기선택권과 결정권을 최대한 존중하며 장애인의 참여를 최우선으로 한다.
- 센터는 「장애인차별금지법」에 명시된 차별행위나 어떠한 활동에도 차별 없이 장애인에게 동등한 서비스를 제공해야 한다.
- 의사결정, 서비스제공, 운영규정 등을 포함한 센터의 운영은 장애인이 중심이 된다.
- 장애인들 간에 서로 지원하고 옹호하는 동료지원(peer support) 모델이 자립생활서비스제공의 원리이다.
- 장애인들은 누구나 모든 서비스에 동동하게 접근할 수 있어야 한다.

(2) 서비스 대상

센터는 장애의 정도와 유형에 상관없이 모든 영역의 장애인들에게 동등한 서비스를 제공한다.

(3) 자립생활지원 목적

센터는 장애인 개인의 욕구와 선택을 존중하면서 장애인 개별 자립생활을 지원해야한다.

(4) 개별 자립생활지원

- 센터는 장애인들이 개별적으로 지역사회에서 자신의 자립생활 목표를 달성하는 데 필요한 자원을 개발하고 개선해야 한다.
- 장애인의 개별적 욕구(자립생활, 교육 · 문화 등의 사회참여, 가족지원 등)에 대응하고 이를 위한 자원을 연계 · 동원해야 한다.
- 거주시설 등과 연계하여 시설거주장애인, 탈시설장애인, 재가장애인의 지역사회 역량강화에 대한 사업을 적극적으로 수행하여야 한다.

(5) 자립생활 기본 서비스

센터는 지역사회를 기반으로 기본 사업과 선택 사업을 적절히 조합하여 자립생활의 기본적 서비스를 제공하여야 한다.

(6) 지역사회 강화 활동

- 센터는 해당 지역 장애인의 욕구를 충족할 수 있도록 지역공동체 역량을 강화하는 활동을 수행하여야 한다.
- 지역사회의 비장애인들과의 연대 활동을 통해 장애인에 대한 이해 촉진 및 소통 활성화를 도모해야 한다.

(7) 자원 개발 활동

센터는 자립생활서비스 개발과 제공에 필요한 정부 보조금 이외의 자원개발 활동을 수행하여야 한다.

출처 : 보건복지부. 2018년 장애인복지 사업안내(Ⅱ).

중증장애인자립생활지원센터(Center for Independent Living)는 이와 같은 기본 방침과 서비스 실천의 주요 원리를 바탕으로 한 장애인에 대한 실질적이고 중심적인 서비스 전달체계이다. 즉, 이 센터는 권익옹호 기관으로서 장애인의 권익옹호와 대변자 역할을 담당하며, 동시에 서비스 기관으로서 자립생활에 필요한 활동보조서비스, 주택개조, 자립생활기술훈련, 동료상담교육 등의 서비스를 제공하는 기관으로 정의할 수 있다.

미국의 자립생활센터는 장애인이 참여하여 서비스 과정, 센터 설립 및 운영, 정책방향 등을 결정하는 소비자 주도의 지역사회 시설이며, 모든 장애유형에 대한 포괄적인 서비스를 제공하는 비거주, 비수용 시설로 민간 비영리 기관이라 할 수 있다. 또한 자립생활센터는 철학적 준거로서 소비자에 의한 운영, 자조와 권익옹호, 동료 관계 및 동료 간 역할 모델의 발전, 모든 지역사회 자원에 대한 중증장애인의 평등한 접근성 보장 등을 제시하고 있다(서울시정개발연구원, 2004).

6. 발달장애인의 자립을 위한 '지원생활 모델'

오늘날 장애인과 자립생활에 대한 이슈에서 결코 간과할 수 없는 대상이 바로 발달장애 영역이다. 발달장애의 특성으로 인한 인지적·행동적 요인들이 원만한 의사소통이나 교류, 사회활동 및 참여의 제한으로 이어지는 상황에서 이들의 자립생활은 더욱 기대하기 어렵다고 보는 관점이 다수다. 과거부터 이렇게 각인된 발달장애인의 모습은 다른 장애 영역들에 비해서도 상대적으로 '더 문제적인' 것으로 간주되어 왔으며, 그만큼 장애 영역들 중에서도 더욱 소외됨으로써 그들에게 알맞은 복지적 지원과 지역사회생활에 대한 권리를 보장받지 못해 온 것이 사실이다.

실제로 2014년 말 기준 거주시설 지적장애인은 전체장애인의 44.9%에 이른다고 보고된 바 있는데, 이를 절대적으로 볼 수는 없지만 애초에 나고 자란 가정과 지역사회에서 성장하지 못하게 했던 사회구조의 문제는 분명 재고할 필요가 있다. 동시에 탈시설화 관점에서 발달장애를 가진 사람들의 지역사회 거주와 그들의 특성과 욕구에 기반한 자립생활을 실현하기 위한 다양한 방안 모색은 더욱 절실히 요구된다(이경준, 2015).

이러한 맥락에서 「발달장애인권리보장 및 지원에 관한 법률」의 제정과 시행은 그 어떤 때보다도 발달장애인들의 삶의 질을 개선시킬 수 있는 절호의 기회가 되고 있다. 물론 이와 함께 전 사회적 인식 제고와 보완적 제도 마련 등이 계속 요구되어야겠지만, 기본적인 법적 근거를 통해서 당사자가 주체적으로 자신의 삶을 영위할 수 있도록 '지원받을 권리'의 보장이라는 측면에서는 고무적이라 할 만하다.

그러나 우리 사회가 발달장애인의 지역사회 자립생활을 지원하기 위한 기본적 요소들을 얼마나 잘 갖추고 있는지에 대해서는 쉽게 장담하기는 어렵다. 당장의 지역사회 생활을 위한 대안적 거주 유형이나 재원에 대한 부족 문제를 포함해서 발달장애인의 생활 전반에 영향을 줄 수 있는 자립지원서비스들은 매우 요원한 상태이기 때문이다. 더욱이 다른 유형의 장애인과 달리 자립생활 과정에서 지속적인 지원이 요구되는 발달장애인에게는 보다 더 안정적이고 효과적인 지원 방식이 필요하다.

이에 이 장에서는 발달장애인의 자립생활을 지원하는 데 있어 해외 사례를 통해 알려진 '지원생활(Supported Living)' 모델에 대한 개념과 등장배경 및 모델화, 지원생활의 신념과 원칙을 확인해 보고자 한다.

1) 지원생활 개념의 등장배경

발달장애인은 다른 장애 유형에 비해 자립 이후에도 지속적인 지원이 필요하다. 서구에서는 이미 이러한 특성을 고려하여 지원생활 모델을 적극 활용하고 있는데, 이는 발달장애인이 거주시설 등이 아닌 자신의 집에서 스스로의 욕구와 필요에 맞는 지원을 받으며 자립생활을 하도록 지원하는 것을 말한다(Kinsella, 2001; Simons, 1998). 결국 이 모델은 탈시설화와 지역사회기반생활의 발전과정에서 그들의 선택권을 보다 더 보장할 수 있는 지원의 필요성이 제기되고, 이를 통해 발달장애인의 삶의 질을 향상시키고자 하는 추세에서 개념적 모델로 등장하게 된 것이다.

2) 지원생활의 개념과 모델화

지원생활은 특정 장애 유형 및 정도에 맞게 지원서비스(prepackaged)를 제공하는 시설에 기반을 둔(facility-based) 지원이 아니다(Howe, Horner, & Newton, 1998). 지원생활 모델에서는 발달장애인 당사자 스스로 생활할 주거지를 선택하며, 주거지에서 생활하기 위해 필요한 지원서비스도 개별 장애 특성과 정도, 욕구에 맞게 서비스를 제공한다. 대규모 거주시설에서 지역사회기반서비스로 전환되는 과정에서 개인중심서비스(person-centered service)가 발전하면서 개별화된 지원서비스를 제공할 수 있는 기초를 제공하였다(Kinsella, 2001).

장애인의 자립은 장애인 당사자의 장애 유형과 정도에 관계없이 지역사회로 자립하기 전에 그룹홈이나 거주시설에서 일상생활에 대한 기술을 갖추어야 하며, 자립에 필요한 기술 훈련이 요구된다(Kinsella, 2001). 이는 곧 장애인 당사자가 위험한 사안일지라도 자신이 직접 경험하고 극복할 수 있는 요소들을 사전에 제거하거나 방어하도록 함으로써 오히려 성장할 수 있는 기회를 차단하는 것으로 볼 수도 있다. 물론 지역사회에서 경험이 제한적이었던 장애인들의 일상생활 관련 기술이 비장애인에 비해 부족할 가능성이 높다. 그러나 비장애인은 지역사회에 살면서 이를 습득할 수 있다고 인식하고 있으나, 장애인은 이를 경험하도록 프로그램이나 서비스를 제공해야 한다고 인식하는 면에서 차이가 크다.

한편 지원생활은 발달장애인의 자립을 탈시설 이후 거주서비스의 연속선상에 두고, 자립생활 기술 훈련을 해야 한다고 보는 기존의 자립생활 모델과는 그 노선을 달리한다(Howe, Horner, & Newton, 1998). 지원생활의 기본은 자기 집에서 생활하면서 지원을 받는 것으로, 발달장애인도 선택한 주거지에서 자신의 선택과 통제에 따라 생활이 가능하도록 지원해야 함을 강조하고 있다. 따라서 지원생활 모델은 자립생활 기술과 자립능력을 갖추고 생활이 가능한 경증장애인 위주로 제공되던 자립생활 모델을 중증발달장애인에게 확대, 제공한다고 볼 수 있다. 지원의 범위와 강도가 장애 정도의 문제를 벗어나서 발달장애인이 자립할 수 있도록 결정하는 요소라고 보는 것이다.

3) 지원생활의 신념과 원칙

지원생활의 기본 신념과 원칙은 지원생활에 대한 개념 논의와 비슷하다. 먼저 지원생활의 기본 신념은 장애인 자립은 당사자의 삶의 주도권과 자기결정에 기반을 두어야 한다고 본다(Kinsella, 2001)는 점에서 동일하다. 지원생활에서 자신의 삶을 주도하고 결정할 권리가 모든 사람에게 있다고 인식하며, 장애인들도 장애 유형과 정도에 관계없이 본인이 자기결정권과 삶에 대한 주도권을 가지고 있음을 존중한다. 즉, 장애인 스스로가 어떻게·누구와 생활할 것인가, 자신의 삶을 어떻게 살 것인가, 그들에게 누가 도움과 지원을 제공하는가 등에 대해 주도적으로 실행하고 스스로 결정하는 것을 존중함을 의미한다.

CHAPTER

12 | 장애인의 사회서비스

학·습·목·표

1. 사회서비스의 개념과 배경을 이해하고 설명할 수 있다.
2. 사회서비스 바우처제도와 활동지원제도 내용을 이해한다.
3. 성년후견인제도의 의의와 기존 제도와의 차이점을 설명할 수 있다.

1. 사회서비스의 개념 및 특징

1) 사회서비스의 개념

사회서비스(social service)의 개념은 국가별, 사회별, 시대별로 가치관 또는 역사적 배경에 따라서 각기 상이하게 정의되고, 기능에 따라서 구분되기에 이론적으로 정확하게 구분하는 것이 어렵다. 국가별로 사회서비스를 구분하는 공통된 부분은 협의 또는 광의의 차원으로 나누어서 설명을 하고 있으며, 사회복지학에서는 사회복지서비스, 사회적 보호, 대인사회서비스 등의 용어로도 통용되고 있다.

일반적 개념으로는 "개인 혹은 가족의 사회적 기능이 약화되어 취약해질 경우 정상적인 생활을 할 수 있도록 서비스 제공자가 직접 도움을 주거나 주거, 생활편의 및 활동을 위한 시설·장비를 지원함으로써 일상생활의 유지와 자립적 삶이 가능하도록 지원하는 각자의 인간을 위한 사회서비스"로 정의할 수 있다(강혜규, 2007).

법률적 관점으로 본다면 사회보장기본법 제3조에서는 사회서비스를 "국가·지방자치단체 및 민간부문의 도움이 필요한 모든 국민에게 복지, 보건의료,

교육, 고용, 주거, 문화, 환경 등의 분야에서 인간다운 생활을 보장하고 상담, 재활, 돌봄, 정보의 제공, 관련 시설의 이용, 역량 개발, 사회참여 지원 등을 통하여 국민의 삶의 질이 향상되도록 지원하는 제도를 말한다"라고 하며, 사회적기업 육성법 제2조에서는 "교육, 보건, 사회복지, 환경 및 문화 분야의 서비스, 그 밖에 이에 준하는 서비스로서 대통령령으로 정하는 분야의 서비스를 말한다"로 정하고 있다.

2) 사회서비스의 특징

사회서비스는 기존의 사회복지서비스의 내용이 확장된 것으로 사회투자국가를 지향하는 한 방법으로서 사회서비스라는 용어가 사용되기 시작하였고, 2012년 사회보장기본법의 전부개정으로 사회서비스가 법률적 용어로 채택되었다(이승기 외, 2016). 즉, 사회서비스의 개념이 사회복지뿐만 아니라 사회 전체에 대한 서비스로 확장되고 일상생활을 비롯한 모든 영역에서의 삶의 질 향상을 의미하게 된 것이며, 이로 인한 사회적 책임도 커진 것이라고 할 수 있다.

또한 사회서비스는 사회복지서비스, 보건의료서비스, 문화 및 예술서비스로 크게 구분할 수 있고, 세부적으로 살펴보면 사회복지서비스는 아동, 보육, 장애인, 노인의 영역으로, 보건의료서비스는 간호 및 간병, 특수교육 등으로 볼 수 있다. 문화 및 예술서비스의 영역은 문화 및 여가생활, 평생교육 등으로 볼 수 있겠다.

2. 우리나라 사회서비스 배경

저출산・고령화사회, 여성의 경제활동 증가, 소외계층의 확대 등으로 사회안전망에 대한 관심 증가, 전통적 가족기능의 약화와 핵가족화 및 1인 가구 증가의 사회적 변화에 따른 국민적 기대와 서비스 욕구의 변화, 가족에 대한 가치관의 변화에 따른 가족기능 약화로 인한 가족돌봄 서비스의 욕구 등 다양하고 복합적인 원인으로 사회서비스에 대한 정책이 필요하게 되었고 도입이 되고 있다. 이러한 배경을 통해 효율적인 사회서비스 공급의 중요성이 대두되었고, 정부지출 구조에서 사회정책의 비중을 확대하고자 하는 재정지출의 구조조정과 사회투자의 확대가 필요한 전략적 정책분야의 선별을 시도하는 사회투자이론에 따라 사회서비스는 복지정책의 패러다임을 바꿀 수 있는 획기적인 내용으로 지지받게 되어 빠른 발전속도를 보이게 되었다(이승기 외, 2016).

사회적 기반 확충을 위한 노력은 유럽에서 1990년대 초반부터 지속적으로 강조된 사항으로 1993년부터 매년 유럽사회서비스회의를 개회하면서 정책을 공유하는 등 사회서비스의 중요성과 정보를 교류하며 학술적인 논의를 넘어 정책과 실천으로 활성화하고 있다. 이에 비해 우리나라에서 사회서비스에 대한 학문적, 정책실천은 미흡하다. 새롭게 발생되는 사회위기와 공공사회서비스의 부족, 줄어들지 않는 복지사각지대, 재정부족은 사회서비스 산업의 육성을 필요로 하고 있으며 이를 극복하기 위한 추진배경을 구체적으로 살펴보면 다음과 같다(이종운 외, 2011).

① 새로운 사회적 위험 등 환경 변화에 대한 전략적 대응의 요구

저출산 및 고령화, 소득의 양극화와 빈곤의 악순환, 근로빈곤 등의 새롭게 대두되는 사회적 위험과 변화로 인해 가족과 소규모 공동체가 수행하던 일상생활서비스의 역할을 대신할 존재가 필요하게 되었고, 여성이 당연히 수행해야 하는 것으로 여겨졌던 돌봄에 대한 부분이 여성의 사회참여 확대와 가족구조의 변화에 따라서 사회화가 필요하게 되어 이에 따르는 전략적 대응이 요구된다.

② 보편적 서비스의 필요

사회서비스는 이제 일부 특정 취약계층에게만 필요한 것이 아니라 사회적 기반을 구성하는 전체로 확대되고 있다. 지식기반 경제체제의 이행에 따라서 사회적 계층의 양극화가 발생하게 되었고, 이로 인해, 잔여적 사

회복지에서 탈피하여 사회적 계층 유동성 확보, 모든 국민에게 균등한 삶의 기회 보장 등 예방적 복지의 필요성이 대두되었다. 즉, 최소한의 보장이 아닌 욕구에 따른 사회서비스를 제공받아야 한다는 것이다.

③ 클라이언트와 지역사회 중심의 맞춤형 서비스의 필요

급격한 사회발전에 따라서 사회의 변화는 물론 개인의 욕구와 선택의 다양성이 증가하게 되어 일상생활의 필수적 사회서비스도 개인별, 지역별로 맞춤식 설계가 필요하게 되었다. 중앙정부의 표준적인 관점에서 일괄적으로 실시되는 것이 아니라 개인에게 실제로 필요한 서비스를 제공하여 유의미한 효과를 창출할 수 있는 서비스가 요구된다.

④ 제공 가능한 질 높은 사회서비스의 필요

현물 또는 현금급여방식의 잔여적 사회복지의 한계성에서 벗어나 현금서비스, 바우처 등 다양한 방식의 사회서비스가 필요하다. 물론 이론적으로는 현금의 지원이 소비자의 선택권을 보장하는 기준에서는 가장 좋은 방식이지만 우리나라 사회에서 사회서비스 상품의 획일성, 높은 물가, 국가재정에 따른 예산 내의 지원 등의 이유로 충분한 지원이 이루어질 수 없다. 양질의 사회서비스가 안정적으로 공급될 수 있는 다양한 형태의 공급방식의 개발이 시급하다.

⑤ 일자리 창출을 통한 능동적 복지구현의 필요

사회복지서비스업의 취업유발 효과는 서비스업, 제조업보다 고용창출 효과가 큰 영역이며 여성, 고용취약계층, 저소득층에게 적합한 일자리를 제공할 수 있어 서민생활 안정과 경제활동 참여 기회 제공의 효과를 기대할 수 있다.

⑥ 효율적이고 투명한 전달체계의 필요

국가재정에서 투입되는 공공재원이 상대적으로 많지 않은 복지예산이나 복지 관련의 지출에 대한 관심이 크지 않았던 잔여적 복지정책과는 달리

납세자의 책임이 부여되는 사회기반 투자를 위한 보편적 사회서비스에 대해서는 투명하고 효율적인 예산집행이 요구된다. 국민들이 내는 세금이 사회복지 부문에 투입되어야 하는 이유에 대하여 납세자들의 공감을 얻어야 하고 이를 위한 전략적인 성과관리체계 및 전달체계의 성립이 필요하다.

3. 사회서비스 바우처제도

1) 전자바우처 제도

사회복지급여의 형태는 기본적인 급여인 현물과 현금으로 나누어 볼 수 있다. 그러나 사회적 급여는 기회, 서비스, 현금, 권력, 재화, 바우처의 6가지 형태로 구분할 수 있다. 다양한 욕구와 사회문제가 나타나는 현대사회에서 모든 국민을 대상으로 사회서비스를 중앙정부에서 지원하고 기획하기에는 많은 전달비용과 관리비용이 수반되며, 공급자 중심의 서비스로는 다양하고 효과적인 대응을 할 수 없기에 이와 다른 전달체계가 필요하다.

우리나라는 2007년부터 전자바우처 제도를 도입하여 정부에 의해 일방적으로 제공되었던 공적 서비스의 영역에 시장화의 가능성을 열게 되었다. 이 제도의 도입 전에는 정부가 지정한 공급기관에서만 서비스를 제공받을 수 있었다면, 전자바우처 제도 도입 후에는 다양한 종류의 사회서비스 제공기관을 이용자가 선택할 수 있게 되어 이용자의 선택권을 보장하고 제공기관들 사이의 경쟁을 통한 서비스의 질 향상 등 소비자 중심의 시장으로 변화할 수 있게 되는 계기가 되었다(조현승 외, 2012).

바우처는 앞에서 설명한 현물지급방식과 현금지급방식의 절충안으로서의 급여방식으로 이용자의 선택권이 넓다는 관점에서는 현금지급 방식에 가깝다고 볼 수 있다. 일반적으로 바우처 형식의 급여는 현금카드 형태로 지급되어 서비스 신청에서부터 이용, 비용지급, 정산 등의 과정이 전자시스템으로 처리되며 이를 전자바우처라고 한다. 이러한 형태는 이용자 측면에서는 이용자가 사회서비스 공급기관을 스스로 선택하여 이용할 수 있도록 하는 것, 보급하는 정부 입장에서는 서비스를 공급할 기관을 따로 설립하지 않고 기존의 기관을 활용하여 행정비용을 절감할 수 있다는 장점이 있다(이재원·손정원, 2011).

<표 12-1> 공급기관 지원방식과 수요자 지원방식

구 분	공급기관 지원방식	수요자 지원방식
대 상	수급자 등 저소득층 (수동적 보호대상)	서민·중산층까지 확대 (능동적 구매자)
서비스 이용	전액 국가 지원	일부 본인부담
서비스 시간	공급기관 재량	대상자 욕구별 표준화
공급기관	단일 기관 독점	다수 기관 경쟁
특 징	획일적이고 정형화된 서비스 제공	공급자 간 경쟁을 통한 다양한 서비스 제공

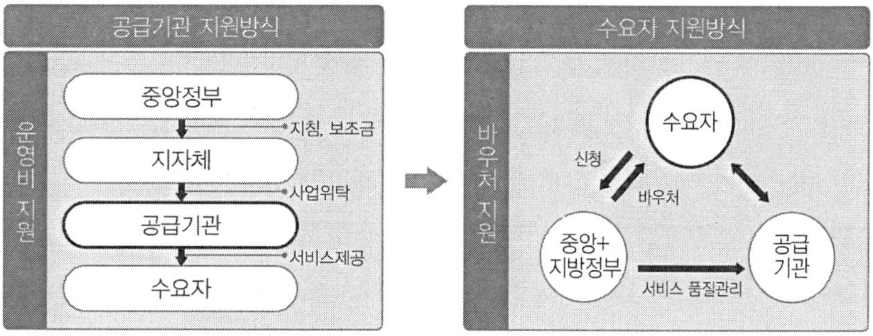

출처 : 사회서비스 전자바우처(www.socialservice.or.kr).

2) 전자바우처 사업의 내용과 규모

사회복지급여의 형태 중 하나인 바우처 제도는 보건복지부에서 시행하는 국가사업과 지방자치단체에서 운영하는 사업으로 나누어 볼 수 있다. 국가사업으로의 바우처는 전자바우처 방식인 것에 비해 지방자치단체에서 운영하는 바우처사업은 전자바우처 시스템과 자체적 시스템을 운영하는 등 차이가 나타난다.

전자바우처의 경우 보건복지부에서 2007년부터 장애인 활동보조서비스, 지역사회 투자사업 서비스, 노인돌봄 서비스 등의 사업에 최초로 도입하였다(이승기 외, 2016). 그 밖에 산모신생아 건강관리사업, 가사간병방문 지원사업, 임신출산 진료비 지원사업, 청소년산모 임신출산 진료비 지원사업, 장애아동가족지원 사업 등에서 사용하고 있다.

<표 12-2> 사회서비스 전자바우처사업 현황

사업명		바우처 시작연도	대상	선정기준	지원수준	본인부담금 (월/원)
노인돌봄 종합	방문·주간 보호서비스	2007.5.	만 65세 이상 노인	노인장기요양등급외 A,B 판정자 중 중위소득 160% 이하	방문서비스 월 27, 36시간 주간보호서비스 월 9, 12회	면제 ~97,000원
	노인단기 가사서비스	2014.2.	만 65세 이상 독거노인 또는 부부 모두 75세 이상	중위소득 160% 이하 골절(인공관절 포함) 또는 중증질환 수술자로 최근 2개월 이내의 진단서(소견서) 필요	월 24시간(최대 2개월)	면제 ~65,000원
장애인 활동지원	장애인 활동지원	2011.11.	등 록1~3급 장애인 (만 6세 이상~ 만 65세 미만)	인정점수 220점 이상 1~3급 장애인	등급에 따라 47~118시간 (추가급여 10~273시간)	면제 ~113,500원
	시·도 추가지원	2010.10.	등록 1~6급 장애인 (시도별 등급 상이)	시·도별 상이	시도 및 등급에 따라 10~868시간	시도 및 등급별 상이
지역 자율형 사회서비스 투자사업	지역사회 서비스투자	2007.8.	사업별로 상이	중위소득 120% 이하 (사업별로 상이)	사업별로 상이 (월 1~20회)	사업별 상이
	산모신생아 건강관리지원	2008.2.	출산 가정	기준중위소득 100% 이하 단, 소득기준을 초과하는 대상자에 대해 시·군·구별 예외 지원 가능	등급에 따라 5~25일간 건강관리사 파견	사업별 상이
	가사간병 방문지원	2008.9.	기초수급자 및 차상위 계층 (만 65세 미만)	생계·의료·주거·교육급여 수급자, 차상위계층 중 가사·간병서비스가 필요한 자	월 24, 27시간	기관별 상이
장애아동 가족지원	발달재활 서비스	2009.2.	만 18세 미만	기준중위소득 180% 이하 (소득별 차등지원)	월 14~22만 원 내에서 포인트 지원 (월 8회 주 2회/ 회당 50분)	면제~최대 8만 원 (제공기관 직납)

	언어발달 지원	2010.8.	만 12세 미만 비장애 아동	기준중위소득 120% 이하 (소득별 차등지원)	월 16~22만 원 내에서 포인트 제공 (월 8회 주 2회/회당 50분)	면제~최대 6만 원
발달장애인 지원	발달장애인 부모상담 지원	2014.2.	발달장애인 자녀의 부모	발달장애인으로 (장애인복지법상 지적, 자폐성장애인) 등록된 자녀의 부모 및 보호자	월 16만 원 포인트 제공 (회당 50~100분, 월 3~4회 이상)	4천 원~최대 4만 원
	발달장애인 주간활동 서비스	2019.3.	만 18세 이상 65세 미만 발달장애인	만 18세 이상 65세 미만의 장애인복지법상 등록된 지적 및 자폐성장애인	월 44, 88, 120시간	없음
	청소년발달 장애학생 방과후활동 서비스	2019.9.	만 12세 이상 18세 미만 발달장애학생	만 12세 이상 18세 미만으로 일반 중·고등학교 및 특수학교(중·고등학교 해당 학급)에 재학 중인 발달장애학생	월 44시간	없음
임신출산 진료비지원		2008.12.	임신확인서로 임신이 확진된 임신·출산 진료비 지원 신청자	임신확인서로 임신이 확진된 건강보험 가입자	임신 1회당 60만 원 (일 한도 없음) (다태아의 경우 100만 원)	면제 (월 지원금액 소진 시 신용카드 대금으로 청구)
청소년산모 임신출산 의료비지원		2015.5.	만 18세 이하 청소년산모	임신확인서상의 임신확인일 기준 만 18세 미만의 청소년산모	임신 1회당 120만 원	면제 (월 지원금액 소진 시 신용카드 대금으로 청구)
기저귀 조제분유 지원		2015.10.	저소득층 영아 (24개월 미만)	만 2세 미만 영아를 둔 저소득층 가구	기저귀 : 월 64,000원 조제분유 : 월 86,000원	면제 (월 지원금액 소진 시 신용카드 대금으로 청구)
에너지바우처		2015.10.	생계급여 또는 의료급여수급자 (노인, 영유아, 장애인, 임산부, 중증질환자, 희귀난치성질환자)	생계급여 또는 의료급여 수급자 가구원 중 노인, 영유아, 장애인, 임산부, 중증질환자, 희귀난치성질환자를 포함하는 가구	1인 가구 : 86,000원 2인 가구 : 120,000원 3인 가구 : 145,000원	면제 (월 지원금액 소진 시 신용카드 대금으로 청구)
아이돌봄지원		2017.1.	시간제 : 만 3개월~만 12세 이하 아동 종일제 : 만 3~36개월 영아	기준 중위소득 150% 이하 가구	소득 유형별 상이	소득 유형별 상이

출처 : 사회서비스 전자바우처(www.socialservice.or.kr).

사회서비스 전자바우처 사업은 〈표 12-2〉와 같이 10대 사업으로 분류할 수 있으며, 2014년 1월을 기준으로 바우처 사업의 전체예산이 10조 81억 원에 달한다. 2007년 도입 당시 1,874억 원이었던 재원규모가 다섯 배 이상 증가하였다(이승기 외, 2016).

4. 사회서비스 활동지원제도

1) 활동지원제도의 의미

신체적·정신적 장애로 일상적인 생활에 어려움을 겪는 중증장애인들에게 활동지원급여를 제공하여 장애인의 사회참여, 자립생활, 인권향상을 도와주는 것을 활동지원제도라고 한다. 「장애인활동지원에 관한 법률」을 기초로 하여 2011년 10월부터 장애인의 삶의 질 향상을 위해 방문목욕, 방문간호, 활동보조, 기타 서비스 등을 제공하고 있으며, 장애인이 자립을 선택할 수 있는 선택권과 기회를 보장해 주어서 궁극적으로는 장애인의 자립생활을 할 수 있도록 하는 것이다.

2000년 한국 최초의 자립생활센터인 광주우리 이웃자립생활센터와 서울 피노키오 자립생활센터의 설립을 시작으로 2002년 '서울시 자립생활센터 시범사업', 2005년의 중앙정부의 지원 시작, 2007년 장애인복지법 개정, 2011년 「장애인활동지원에 관한 법률 제정」 등 지속적인 발전을 하고 있다.

2) 활동지원제도의 내용

활동지원급여는 활동보조, 방문목욕, 방문간호 등의 서비스를 일상생활과 사회생활의 자립이 어려운 장애인에게 지원하는 급여서비스이다.

활동보조는 도움이 필요한 장애인 가정에 활동보호인이 방문하여 신체활동, 가사활동 및 이동보조 등을 지원하는 활동지원급여로 세부내용은 〈표 12-3〉과 같다.

<표 12-3> 활동보조 급여내용

구분		세부내용
신체활동 지원	개인위생 관리	목욕 도움(목욕 준비, 몸씻기 보조 등), 구강 관리(양치질 도움, 틀니 손질 등), 세면 도움(세면 준비, 세면 보조 등), 배설 도움(배뇨 도움, 화장실 이동 보조 등), 옷 갈아입히기(의복 준비, 속옷 갈아입히기 등)
	신체기능 유지 증진	체위 변경(체위 변경 도움, 일어나 앉기 도움 등), 신체기능의 증진(관절구축 예방활동, 기구사용운동 보조 등)
	식사 도움	식사 차리기, 식사 보조, 구토물 정리 등
	실내이동 도움	실내에서 휠체어로 옮겨 타기, 집안 내 걷기 도움 등
가사활동 지원	청소 및 주변정돈	수급자가 주로 거주하는 장소(방, 거실) 및 화장실 청소, 쓰레기 분리수거, 내부 정리, 이부자리 정돈, 화장대・책장 정리, 옷장・서랍장 등 정리 등
	세탁	수급자의 옷, 양말, 수건, 침구류, 걸레 등의 세탁 및 삶기 등
	취사	식재료 준비, 밥 짓기, 국・반찬 하기, 식탁 청소, 설거지, 행주 삶기, 음식물 쓰레기 분리수거 등
사회활동 지원	등하교 및 출퇴근 지원	출퇴근 및 등하교 보조(부축, 동행 포함), 직장이나 학교 등에서 식사 및 화장실 이용 보조 등 신체활동지원
	외출 시 동행	산책, 물품구매, 종교활동, 복지시설 이용, 은행, 관공서, 병원 등 방문 및 귀가 시 부축 또는 동행, 외출 시의 신체활동지원
그 밖의 제공서비스		수급자 자녀의 양육 보조(만 6세 이하 등 예외적인 경우에 한함), 생활상의 문제 상담 및 의사소통 도움 등 위에 열거되지 않은 서비스 내용 기록

※ 가사활동지원 : 수급자 외의 가족의 가사활동지원은 포함하지 않음(다만, 수급자 또는 수급자의 배우자가 출산 후 6개월 이내에 한하여 예외적으로 인정)
출처 : 보건복지부. 2019년 장애인활동지원 사업안내.

방문목욕은 활동지원인력인 요양보호사가 이동목욕용 차량 등 목욕설비를 갖춘 장비를 이용하여 목욕을 제공하는 서비스이고, 방문간호는 간호사 등이 의사, 한의사 또는 치과의사의 지시서에 따라 수급자의 가정 등에 방문하여 간호, 진료보조, 요양 상담, 그리고 구강위생을 제공하는 활동지원급여이다.

(1) 활동급여의 신청

활동지원급여의 신청은 대상자가 급여신청을 하는 신청주의를 원칙으로 하고 있으며, 만 6세 이상~만 65세 미만의 장애인복지법상 등록 1~3급(중복합산

장애등급 포함) 장애인을 대상으로 한다. 연령은 신청일을 기준으로 판정하고, 수급자로 선정된 후 65세 도래 시 해당 월의 다음 달까지 수급자격 유지한다. 다만, 활동지원 수급자였다가 만 65세 이후에 노인장기요양보험법에 따른 장기요양급여를 신청하여 받지 못하게 된 사람(장기요양 등급외)으로서 장애 특성상 활동지원급여가 적절하다고 판단되어 활동지원급여를 희망하는 경우에는 가능하다.

65세 미만의 활동지원급여 수급자 또는 수급자였던 자가 노인장기요양 수급자가 된 경우, 노인장기요양 인정등급을 포기한 경우 활동지원급여 신청이 가능하지만, 최초 활동지원 수급자 이력 이전에 노인장기 요양급여 수급자 결정 이력이 존재한 경우에는 신청이 불가하다. 소득수준과 무관하게 신청이 가능하며, 시설 입소, 의료기관 입원 및 교정시설 또는 치료감호시설에 수용 중인 자가 퇴소 또는 퇴원을 앞두고 있어 활동지원이 필요한 경우에도 해당된다.

다만, 노인장기요양보험법 제2조 제1호에 따른 노인 등에 해당하는 자, 국민기초생활보장법 제32조에 따른 보장시설에 입소한 자, 의료법 제3조에 따른 의료기관에 30일 초과하여 입원 중인 자, 「형의 집행 및 수용자의 처우에 관한 법률」 또는 「치료감호 등에 관한 법률」에 따른 교정시설 또는 치료감호시설에 수용 중인 자(집행 유예 중 또는 가석방인 자는 신청 자격 있음), 장애인복지법 제32조의2(재외동포 및 외국인의 장애인 등록)에 따라 장애 등록한 재외동포 및 외국인(예외적으로 난민법 제2조 제2호에 따른 난민인정자로서 장애인복지법상 장애인으로 등록한 외국인은 활동지원서비스 신청자격이 있음), 장애인복지법 시행령 제13조 제1항 및 제2항에 따른 국가유공자 및 보훈대상자, 그 밖에 다른 법령(또는 국가 예산)에 따라 활동지원급여와 비슷한 급여를 받고 있는 자 또는 수급자격이 있는 자(가사간병방문 서비스, 장애아가족 양육지원 서비스, 노인돌봄 서비스, 기타 이에 준하는 재가 서비스)는 신청제외대상이 된다. 다만, 발달재활서비스는 동시 이용 가능하다.

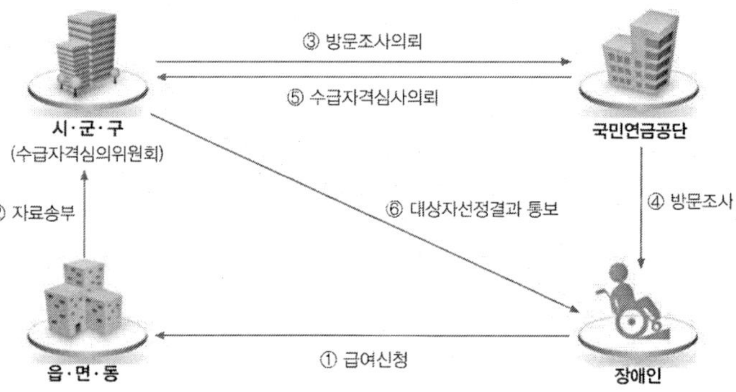

|그림 12-1| 활동지원급여 수급자 선정절차

출처 : 보건복지부. 2018년 장애인활동지원 사업안내.

(2) 신청의 조사 및 방문조사

① 신청의 조사

가. 심사대상

장애인복지법상 등록 1~3급 장애인으로서 활동지원급여 신규 신청자는 심사대상이 된다. 장애등급 심사 후 장애등급이 변동되거나 장애인등록이 취소될 수 있으며, 이에 따라 장애인 연금 등 각종 장애인 복지 및 조세 혜택이 감소되거나, 받을 수 없게 될 수 있다.

나. 심사 제외대상

㉠ 기존 활동지원 수급자 또는 수급자였던 자는 활동지원급여 신청 및 활동지원급여 지원이 결정된 것으로 보며 장애정도에 대한 심사를 받지 않는다.

㉡ 2007년 4월 1일 이후 공단에서 장애등급 심사를 받아 현재의 장애등급을 받은 사람[2종류 이상의 장애(장애 4급 이하)가 중복되어 장애등급이 장애 3급 이상일 경우 공단에서 장애등급 심사를 받지 않은 장애에 대하여는 장애등급 심사를 받아야 함]. 다만, 의무적 재판정을 받아야 하는 대상자는 재판정 시기가 도달한 경우 공단의 장애등급심사 유무와 관계없이 모두 장애등급 심사를 받아야 함

㉢ 활동지원 수급자격의 갱신, 활동지원등급 및 추가급여 변경을 신청하는 사람

㉣ 장애상태와 장애등급의 변화 가능성이 현저히 낮은 와상 상태인 사람으로서, 두 팔과 두 다리에 모두 마비가 있어서 뇌병변장애 1급 또는 지체장애 1급을 등록한 경우, 1급 지적장애인으로 등록되었으나, 장애원인이 뇌병변으로 진단서상 확인되고, 두 팔과 두 다리에 모두 마비가 있는 경우에는 심사제외대상이 된다.

② 방문 조사

가. 조사 절차

㉠ 특별자치시・특별자치도・시・군・구는 읍・면・동으로부터 전송받은 활동 지원급여 신청자를 공단으로 즉시 전송한다(신청서를 제출한 날로부터 30일 이내에 수급자격 심의를 마무리).

㉡ 공단(방문조사팀)은 조사계획을 수립하여 방문조사를 실시한다. 방문조사팀은 2인 1조가 원칙이며 사회복지사, 간호사 등으로 구성되나 필요시 탄력적으로 운영 가능하다. 공단은 필요시 특별자치시・특별자치도・시・군・구 및 활동지원기관에 방문동행 등 협조를 요청할 수 있으며, 정신장애인의 경우는 방문조사 시 활동지원인력 파견의 적절성 여부를 판단하기 위하여 지역정신보건센터의 자문을 구할 수 있다.

㉢ 공단은 활동지원급여 신청인이 주민등록법상 주소지와 실제 거주지를 달리하고 있는 경우 실제 거주지를 관할하는 지사에서 조사하게 할 수 있다. 이 경우에는 주민등록법상 주소지를 관할하는 특별자치시・특별자치도・시・군・구의 수급자격심의위원회에서 심의・의결을 한다.

㉣ 방문조사를 나갈 경우에는 조사원은 신분을 증명할 수 있는 신분증 패용 및 조사 범위 등을 알릴 수 있는 현장조사서를 지참해야 하며, 조사원은 방문조사로 알게 된 개인 정보에 관한 비밀을 엄수할 의무가 있다.

나. 조사 방법

공단은 활동지원 인정조사표에 따라 신청인의 신체·정신기능의 상태 및 활동지원이 필요한 정도 등을 조사하고 조사결과서를 작성해야 한다. 장애인 당사자 조사를 원칙으로 하되, 신청인 또는 가족 등의 의견을 충분히 청취하여 종합적으로 판단할 수 있다.

<표 12-4> 활동지원 인정조사표 조사항목 및 인정점수 산정방법

영역	조사항목	문항별 점수	산정방법
일상생활 동작영역	1. 옷 갈아입기	① 0, ② 10, ③ 20, ④ 40	7개 항목의 문항별 점수를 합산한다.
	2. 목욕하기	① 0, ② 10, ③ 20, ④ 30	
	3. 식사하기	① 0, ② 30, ③ 60, ④ 90	
	4. 잠자리에서 자세 바꾸기	① 0, ② 10, ③ 15, ④ 20	
	5. 옮겨 앉기	① 0, ② 10, ③ 15, ④ 20	
	6. 걷기	① 0, ② 10, ③ 20, ④ 30	
	7. 화장실 사용하기	① 0, ② 10, ③ 20, ④ 30	
	계	260점	
수단적 일상생활 수행능력 영역 ①(만 15세 이상)	1. 전화 사용하기	① 0, ② 5, ③ 10, ④ 15	8개 항목의 문항별 점수를 합산한다.
	2. 물건사기	① 0, ② 10, ③ 15	
	3. 식사준비	① 0, ② 10, ③ 20, ④ 30	
	4. 집안일	① 0, ② 5, ③ 10, ④ 15	
	5. 빨래하기	① 0, ② 5, ③ 10, ④ 15	
	6. 약 챙겨 먹기	① 0, ② 10, ③ 15	
	7. 금전관리	① 0, ② 5, ③ 10	
	8. 대중교통수단 이용하기	① 0, ② 3, ③ 5, ④ 10	
	계	125점	

수단적 일상생활 수행능력 영역 ②(만 6세 이상 15세 미만)	1. 전화 사용하기	① 0, ② 5, ③ 10, ④ 20	6개 항목의 문항별 점수를 합산한다.
	2. 물건사기	① 0, ② 10, ③ 20	
	3. 약 챙겨 먹기	① 0, ② 10, ③ 20	
	4. 금전관리	① 0, ② 10, ③ 20	
	5. 대중교통수단 이용하기	① 0, ② 5, ③ 10, ④ 20	
	6. 본인 물건 관리하기	① 0, ② 15, ③ 25	
	계	125점	
장애특성 고려영역	1. 휠체어사용	① 0, ② 15, ③ 30	1개 항목의 점수만 산정한다.
	2. 청각기능	① 0, ② 20, ③ 40, ④ 60	
	3. 시각기능	① 0, ② 20, ③ 40, ④ 60	
	4. 인지기능	① 0, ② 30, ③ 60	
	5. 정신기능	① 0, ② 30, ③ 60	
	계	60점	
사회환경 고려영역	1. 사회활동 참여	① 0, ② 5, ③ 10	4개 항목의 문항별 점수를 합산한다.
	2. 위험상황 대처능력	① 0, ② 3, ③ 5	
	3. 장애인보조기구 사용능력	① 0, ② 3, ③ 5	
	4. 단어나 문장을 보고 이해하기	① 0, ② 3, ③ 5	
	계	25점	
총 점		470점	4개 영역의 점수를 합산한다.

출처 : 보건복지부. 2018년 장애인활동지원 사업안내.

(3) 조사 결과 제출 및 전송

조사원이 신청자 가정을 방문하여 작성한 활동지원 인정조사표 및 특기사항 등 심의자료를 수급자격심의위원회에 제출하여야 한다. 수급자격심의위원회 심의가 끝나면 활동지원등급, 월 한도액, 유효기간, 수급자격심의위원회 의견 등 심의 결과 및 표준급여이용계획서를 특별자치시・특별자치도・시・군・구로 매월 23일까지 전송한다.

(4) 수급자 선정 및 결정 통지

① 선정방법

특별자치시장·특별자치도지사·시장·군수·구청장은 인정조사표에 따른 방문조사 및 수급자격심의위원회의 심의·의결에 따라 수급자를 선정한다.

② 수급자 선정기준

가. 만 6세 이상~만 65세 미만

㉠ 신청자격이 있는 자로서 수급자격심의위원회에서 심의·의결 결과 인정점수가 220점 이상인 경우

㉡ 인정점수가 220점 미만인 자 중 추가급여(보호자 일시부재 제외) 사유가 있는 경우. 다만, 인정점수 20점 이내 조정으로 수급자격 인정이 가능한 경우에 한함

나. 만 65세 이상

㉠ 활동지원 수급자였다가 노인장기요양보험법에 따른 노인장기요양보험에서 등급외 판정을 받은 자만 신청 가능

㉡ 수급자격 유효기간 내에 노인장기요양보험에서 등급외 판정을 받은 사람은 장애등급심사 및 인정조사를 실시하지 않고, 수급자격 유효기간을 2년 또는 3년 범위 내의 잔여기간으로 산정

㉢ 65세가 도래하여 수급자격 유효기간이 지난 후에 노인장기요양보험을 신청하였으나 등급외 판정을 받고 활동지원급여를 신청할 경우에는 신규 신청자로 인정조사를 실시한 이후에 활동지원급여 수급자격 여부를 결정

③ 선정주체

특별자치시장·특별자치도지사·시장·군수·구청장

④ 처리기한(심의기간)

가. 신청일로부터 30일 이내(신청의 조사에 필요한 장애등급 심사 구비서류 및 건강보험증 등의 자료가 필요한 경우 제출 안내일부터 제출일까지는 서류 접수 보완기간으로 하여 처리기한에 미산입)

나. 신청인에 대한 추가 조사가 필요한 경우 등 이 기간 이내에 수급자격심의를 완료할 수 없는 부득이한 사유가 있는 경우 30일 이내의 범위에서 이를 연장할 수 있음

다. 특별자치시장 · 특별자치도지사 · 시장 · 군수 · 구청장은 처리기한을 연장하고자 하는 때에는 신청인이나 대리인에게 그 내용, 사유 및 기간을 서면으로 통보한다.

⑤ 결정 자료의 전송

공단은 수급자격심의위원회 심의 결과를 행복e음을 통해 특별자치시 · 특별자치도 · 시 · 군 · 구로 즉시 전송해야 하며, 특별자치시장 · 특별자치도지사 · 시장 · 군수 · 구청장은 수급자로 선정된 대상자를 행복e음을 통해 사회보장정보원 및 공단에 전송(전송 가능 기한 : 매월 1일부터 27일 18시까지)한다.

⑥ 수급자격 결정 통지

특별자치시장 · 특별자치도지사 · 시장 · 군수 · 구청장은 수급자로 결정된 신청인에게 대상자 선정결과 등 사회보장급여(결정/ 변경 · 정지 · 중지 · 상실)통지서를 통지한다.

(5) 활동지원급여

① 월 한도액의 산정

월 한도액은 활동지원등급별 기본급여와 수급자의 생활환경을 반영한 추가급여를 합산한 금액으로 산정하여 활동지원등급에 따라 기본급여를 4등급으로 구분하여 산정한다.

<표 12-5> 기본급여

(단위 : 원)

활동지원등급	인정점수	기본급여
1등급	380~470점	1,270,000원
2등급	320~379점	1,012,000원
3등급	260~319점	764,000원
4등급	220~259점	506,000원

출처 : 보건복지부. 2018년 장애인활동지원 사업안내.

② 추가급여

추가급여는 생활환경 및 자립활동 등에 따라 산정되며, 추가급여 사유가 중복되는 경우 모두 산정한다. 다만, 최중증 취약가구(2,938천 원)와 나머지 가구 구성원의 직장생활 등(786천 원)은 중복 산정이 불가하다.

<표 12-6> 추가급여

(단위 : 원)

<table>
<tr><th colspan="2">구 분</th><th>추가급여</th><th>구 분</th><th>추가급여</th></tr>
<tr><td rowspan="3">1인가구/
취약가구</td><td>인정점수 400점 이상</td><td>2,938,000원</td><td>학교생활</td><td>108,000원</td></tr>
<tr><td>인정점수 380점 이상</td><td>861,000원</td><td>직장생활</td><td>431,000원</td></tr>
<tr><td>인정점수 380점 미만</td><td>216,000원</td><td>보호자 일시부재</td><td>216,000원</td></tr>
<tr><td colspan="2">출산가구</td><td>861,000원</td><td>나머지 가구 구성원의
직장생활 등</td><td>786,000원</td></tr>
<tr><td colspan="2">자립준비</td><td>216,000원</td><td></td><td></td></tr>
</table>

※ 출산가구, 자립준비에 따른 추가급여는 사유발생일로부터 6개월 이내에 신청하여야 하며, 최초 추가급여 개시일이 속한 달의 1일부터 6개월 동안 제공.

출처 : 보건복지부. 2018년 장애인활동지원 사업안내.

③ 월 한도액의 적용

가. 월 한도액은 활동보조·방문목욕·방문간호의 활동지원급여와 방문간호지시서를 발급받는 경우에 이용할 수 있다(활동보조 및 방문간호의 원거리 교통비는 월 한도액에서 차감하지 않음).

나. 월 한도액의 적용기간 : 매월 1일부터 말일까지로 한다(월 중에 월 한도액이 변경된 경우 변경된 월 한도액은 다음 달부터 적용).

다. 최초에 활동지원급여를 개시하는 경우 수급 개시일과 관계없이(매월 1일이 아니어도) 동일하게 1개월분의 월 한도액을 적용한다.

라. 수급자의 가족인 활동보조인이 활동지원급여를 제공하는 경우에는 월 한도액을 50%를 감산하여 적용한다.

마. 활동지원급여는 월 한도액의 범위 내에서 이용하여야 하며, 월 한도액을 초과하는 비용은 수급자 본인이 전부 부담한다.

바. 추가급여 사유가 중복되는 경우 중복 적용하며, 추가급여가 중지된 날이 속한 달까지 적용한다.

※ 다만, 최중증 취약가구(2,938천 원)와 나머지 가구 구성원의 직장생활 등(786천 원)은 중복 산정 불가

5. 사회서비스 후견인제도

1) 성년후견인제도의 의의

「발달장애인 권리보장 및 지원에 관한 법률」 제9조 제1항은 발달장애인이 자력으로 후견인을 선임하기 어렵다고 판단되는 경우 지방자치단체장이 그를 위하여 민법에 따른 성년후견의 개시, 한정후견의 개시 또는 특정후견의 심판을 청구할 수 있도록 하고 있다. 동시에 동조 제4항은 후견사무의 수행에 필요한 비용의 일부를 예산의 범위에서 보건복지부령으로 정하는 바에 따라 지원할 수 있도록 하며, 제5항은 성년후견인제도 이용지원의 요건, 후견인 후보자의 자격 및 추천 절차, 후견인 후견사무에 필요한 비용지원에 필요한 사항을 보건복지부령으로 정하도록 규정하고 있다(보건복지부, 2014).

성년후견제도는 발달장애인만이 아니라 정신장애인, 뇌병변장애인, 약물중독자, 치매환자 등도 이용할 수 있으며 성년후견, 특정후견, 임의후견, 한정후

견 등 4종류의 성년후견제도를 본인 또는 4촌 이내의 친족의 신청에 의해 가정법원이 결정하면 선택해서 이용할 수 있다(민법 제9조 이하 참조). 또한 후견에 소요되는 비용도 본인의 재산에서 부담하는 것이 원칙이다(민법 제955조, 제956조).

성년후견제도 4종류의 세부사항은 다음과 같다.

(1) 성년후견

장애, 질병, 노령, 그 밖의 사유로 인한 정신적 제약으로 사무를 처리할 능력이 지속적으로 결여된 성인이 가정법원의 후견개시심판으로 선임된 후견인의 지원을 통해 보호를 받는 제도이다(민법 제9조 참조).

[예시]
○○씨(지적장애 1급)의 어머니는 젊어서 남편을 잃고 장애가 있는 외아들을 위해 상당한 재산을 모았습니다. 그러나 ○○씨의 어머니는 70대 중반이 넘어서고 최근 건강이 나빠져 자신이 죽고 난 뒤 아들의 장래가 염려되나 재산으로 인해 가까운 친척도 믿기 곤란한 상황인데요. ○○씨의 주변에 ○○씨를 도울 사람으로는 평소 유대관계가 높은 ○○씨의 사촌형 A씨, 같은 교회에 다니는 집사 B씨, ○○씨의 특수학교 담임이었던 C씨가 있습니다.

- 평소 유대관계가 높은 A씨가 후견인이 되고, B와 C가 후견감독인이 된다면 어머니 사후에도 ○○씨의 재산관리나 신상보호에 적절하게 대응할 수 있을 것입니다.

출처 : 보건복지부 2013년 6월 24일자 보도자료, 10면.

(2) 한정후견

장애, 질병, 노령, 그 밖의 사유로 인한 정신적 제약으로 사무를 처리할 능력이 부족한 성인이 가정법원의 후견개시심판으로 선임된 후견인의 지원을 통해 보호를 받는 제도이다(민법 제12조 참조).

> [예시]
> △△씨(지적장애 2급)는 어릴 때 가족으로부터 버려져 시설에서 성장해 왔습니다. 시설에서는 △△씨에 대한 장애인연금급여 등 복지급여와 기부금, 직업재활시설에서 받은 급여 등을 잘 관리해 주었고 그 덕분에 △△씨의 통장에는 수천만 원이 모였으며 이에 △△씨는 시설을 나와 자립할 계획을 세우게 되었는데요. 이후 우연히 가족들이 시설로 찾아왔고 현우 씨는 반가운 마음에 자신의 통장을 자랑했습니다. 이후 경제적 상황이 어려웠던 가족들은 △△씨를 시설에서 데리고 나갔는데, 수개월 뒤 △△씨의 저축은 가족이 다 사용해 버렸고 △△씨는 혼자 집에 방치되었습니다.
>
> - △△씨에게 통장관리를 담당하는 후견인이 선임되어 있었다면 가족들이 △△씨의 재산을 모두 탕진하는 것을 막을 수 있었을 것입니다.

출처 : 보건복지부 2013년 6월 24일자 보도자료, 10면.

(3) 특정후견

장애, 질병, 노령, 그 밖의 사유로 인한 정신적 제약으로 일시적 후원 또는 특정한 사무에 관한 후원이 필요한 성인이 가정법원의 후견개시심판으로 선임된 후견인의 지원을 통해 보호를 받는 제도이다(민법 제14조의2 참조).

> [예시]
> 김○동 할머니(75세. 치매)는 남편 사별 후 혼자 생활하다 최근 치매에 걸리셨습니다. 치매 증세가 심하지 않고 할머니께서 원래 거주하던 주택을 떠나기 싫어해 홀로 생활하시는 중인데요. 그러나 최근 김○동 할머니께서 필요 없는 물건들을 사 모으는 등

이상행동이 보이자 자녀들은 할머니의 유일한 재산인 주택을 임의로 처분하여 탕진할까 걱정입니다. - 장남을 특정후견인으로 선임하여 주택의 매매는 후견인을 통해서만 할 수 있도록 조치하면 우려되는 상황을 예방할 수 있을 것입니다.

출처 : 보건복지부 2013년 6월 24일자 보도자료, 10면.

(4) 임의후견

일반 성인이 질병, 장애, 노령, 그 밖의 사유로 인한 정신적 제약으로 사무를 처리할 능력이 부족한 상황에 있거나 부족하게 될 상황에 대비하여 스스로 후견계약을 체결하여 자신의 재산관리 및 신상보호에 관한 사무의 전부 또는 일부를 후견인에게 위탁하고 그 위탁사무에 관하여 대리권을 수여하는 것을 내용으로 하는 제도(민법 제959조의14 참조).

[예시] □□씨(80세)는 최근 기억이 가물가물해지는 등 치매에 걸릴까 봐 걱정입니다. 이에 □□씨는 자신이 치매에 걸렸을 때를 대비해 평소 사이가 소원한 장남 대신 차남을 임의후견인으로 선임하는 임의후견계약을 체결하는데요. - □□씨가 치매에 걸리게 되는 경우 차남이 가정법원에 임의후견감독인 선임을 청구하고 법원이 이를 선임할 경우 임의후견계약의 내용대로 차남이 후견인으로 활동하게 될 것입니다.

출처 : 보건복지부 2013년 6월 24일자 보도자료, 10면.

2) 기존 제도와의 차이점

성년후견제도의 이전에는 사무처리 능력에 도움이 필요한 성인을 위한 제도로서 금치산·한정치산제도가 운영되었다. 이 제도는 경제적 문제에 대한 지원에 국한된 제도로서 후견인의 임무수행에 대한 실질적인 감독이 어려우며 금치산·한정치산의 선고사실이 가족관계등록부에 공시되어 개인정보의 유출 등의 여러 문제점들 때문에 거의 이용되지 않았다는 특징이 있다.

성년후견제도는 금치산·한정치산 제도의 한계를 극복하기 위해서 사무처리 능력에 도움이 필요한 성인의 재산보호뿐만 아니라 거주지 결정, 의료행위 등 신상에 관한 폭넓은 지원, 가정법원 또는 후견감독인에 의한 실질적인 후견업무의 감독, 후견과 관련한 별도의 등기제도를 운영한다.

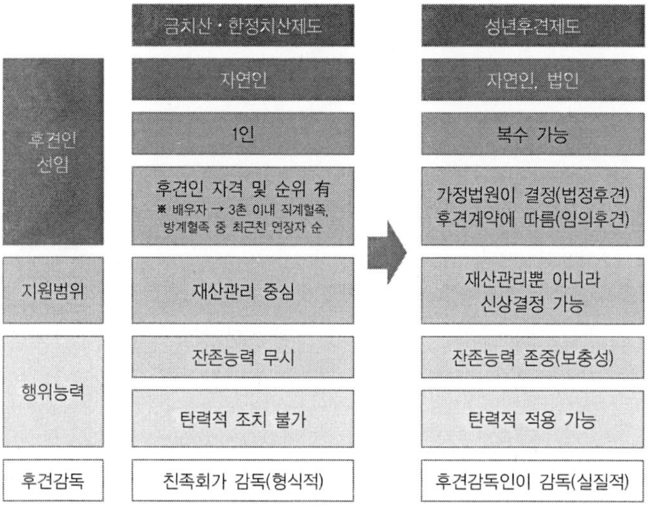

|그림 12-2| 금치산·한정치산제도와 성년후견제도의 차이점

출처 : 보건복지부 2013년 6월 24일자 보도자료, 2면.

CHAPTER

13 | 장애인 인권과 권리

학·습·목·표

1. 장애인의 인권과 권리를 이해하고 설명할 수 있다.
2. 장애인 권리 선언과 한국장애인인권헌장의 내용을 이해한다.
3. 발달장애인 복지지원 및 서비스와 권리보장을 설명할 수 있다.

1. 장애인 인권

1) 인권의 의미와 특성

광의의 의미로서의 인권은 인간이 기본적으로 갖는 존엄과 가치에서 파생되는 것으로 인간이 자신의 성장과 발전에 필수적인 활동에 종사할 수 있도록 주장할 수 있는 자유 또는 권리로 볼 수 있다(Sweet, 2003). 이러한 인권은 국가나 법에 의해 부여되는 것이 아니라 인간이 태어나면서 가지는 것이기에 '천부적인 인권'을 의미하여 인간의 존엄성을 보장받을 권리라고도 정의할 수 있다. 성별, 계급, 장애의 유무, 인종 등의 이유로 차별하지도, 차별받지도 않아야 할 권리이기에 어떤 능력이나 자격을 의미하는 것이 아니라 그 자체로서 존엄성을 인정받아야 하는 보편적인 권리의 의미를 가지고 있다(이경준, 2011).

인권은 보편성, 상대성, 고유성에 근거하여 다음과 같은 특성을 가진다.

(1) 보편성

모든 인간은 계급이나 신분, 장애의 유무와 인종 등 어떠한 차이에도 상관없이 누려야 할 당연한 권리이며, 사회의 어떠한 법, 제도보다도 우선이 되어야 한다.

(2) 상대성

인권은 개인이 속한 시대와 사회에 따라서, 개개인의 상황과 지위에 따라서 다소 차이가 있을 수 있다.

(3) 고유성

인권은 누구라도 어떠한 방법으로 함부로 제한하거나 침해할 수 없으며, 그 권리를 타인에게 양도할 수 없다.

인권의 의미와 특성을 고려해서 정의해 본다면 인권이란 '인간이 누려야 할 보편타당한 권리'이지만, 개인의 상황 또는 사회적 환경에 따라서 인권의 보편성, 상대성, 고유성 및 소수자들의 권리가 잘 고려되어 실천되어야 하는 권리라고 할 수 있겠다. 즉, 인간에 대한 평등하고 보편적인 존중의 이념을 국가와 사회적 차원에서 남용의 여지 없이 모든 사람들에게 객관적이고 보편적으로 실현되고, 구속력을 가지며, 궁극적으로는 사회정의와 긴밀한 관련을 가져야 한다(이경준 외, 2018).

2) 장애인 인권

인권이 인간이 태어나면서부터 당연히 가지는 기본적인 권리이기에 장애인 인권은 이미 그들이 가지고 있는 당연한 기본적인 권리와 존엄성을 누릴 수 있도록 차별 등에서 벗어나 회복하는 것이다.

1975년의 '장애인권리선언' 제3에서는 "장애인은 인간으로서의 존엄성이 존중되고 같은 나이의 시민과 동등한 기본적 권리를 가지고 있다"고 강조하였으며, 1983년 UN총회에서 결의되고 채택된 '장애인에 관한 세계행동계획'의 제2항에서는 "세계적으로 5억 이상의 인구가 정신, 신체 또는 감각기관의 손상으로 인한 장애를 가지고 있지만, 이들도 다른 사람과 동등한 권리를 가지고 있음과 동시에 당연히 동등한 의무를 지고 있다"고 하여 장애인과 비장애인이 동등한 의무와 책임을 진다고 명시하고 있다. 또한 2006년 제61차 UN총회에서 채택된 'UN장애인권리협약' 제1조에는 "이 협약의 목적은 장애인이 모든 인권과 기본적인 자유를 완전하고 동등하게 향유하도록 증진, 보호 및 보장하고, 장애인의 천부적 존엄성에 대한 존중을 증진하는 것이다"라고 규정하여 모든 인간의 대등성을 규정하고 있다. 이 협약은 장애인의 실질적이고 완전한 인권을 보장하기 위한 국가적 의무이행을 국제협약 수준으로 체결하였다는 것과 '인류의 다양성과 인간성의 부분으로서 장애의 다양성을 수용할 것'을 제시하여 장애인 인권의 새로운 기준을 제시하였다는 평가를 받고 있다.

세계보건기구(WHO)에 따르면 전 세계적으로 약 6억 5천 명이 다양한 장애를 가지고 살아가고 있으며, 의학발달, 인구증가, 인구고령화 등으로 장애인의 수는 증가할 것으로 예측하고 있다. 국제사회에서 장애인의 인권향상을 위한 노력은 〈표 13-1〉과 같다.

<표 13-1> 장애인 인권 향상을 위한 국제사회의 노력

명칭(시기)	내 용
지적장애인권리선언 (1971. 12. 20)	지적장애인의 인권을 보장하는 7개 조항
장애인권리선언 (1975. 12. 09)	장애인의 포관적인 권리를 보장하는 선언
세계장애인의 해 (1976. 12)	1981년을 세계장애인의 해로 선포
세계장애인행동계획 (1980. 01. 13)	UN총회에서 1983~1992년을 '세계장애인 10년'으로 선포하고 각국의 장애인 인권 및 복지발전 행동계획 수립을 권고
장애인 기회평등을 위한 표준규칙 (1993)	'세계장애인 10년'의 평가 차원에서 장애인의 동등한 사회참여를 위한 표준규칙을 제정
비와코 새천년 행동계획 (2002)	UN 아시아·태평양 경제사회이사회에서 '아시아·태평양 장애인 10년(1993~2002) 행동계획' 결산 및 '제2차 아시아·태평양 장애인 10년(2003~2012) 행동계획'을 선포

장애인권리협약 (2006. 12. 13)	장애인의 포괄적 권리 보장 협약이 만장일치 통과. 국내에는 2009년 1월 10일부터 국내적 효력 발생
제3차 아시아·태평양 장애인 10년(2013~2022) 행동계획 (2012. 10. 29)	아시아·태평양 지역 정부뿐만 아니라 각국의 장애인단체 및 시민사회단체, 국제단체, UN 등이 참여하여 장애인 인권보장과 사회통합의 기틀을 마련

출처 : 이경준 외(2018) 재구성.

우리나라에서 장애인 인권은 헌법 제34조 제1항의 "모든 국민은 인간다운 생활을 할 권리를 가지고 있다"로 규정하는 것에서 장애인과 비장애인의 동등한 권리를 언급하며, 2007년 「장애인차별금지 및 권리구제 등에 관한 법률」을 제정하여 장애인의 완전한 사회참여를 위한 적극적인 정책을 통해 장애인 인권향상을 위한 노력을 하고 있다. 그러나 사회 전반적으로 만연해 있는 차별을 인식하고 극복할 수 있도록 끊임없이 성찰해야 할 것이다.

우리나라의 장애인 인권복지정책은 〈표 13-2〉의 내용과 같이 변화하였다.

〈표 13-2〉 우리나라 장애인 인권복지정책의 변화과정

시 기	세부내용
1980년대 이전	단순구호 단계에서 벗어나 시설수용보호 정책으로 변화
1981년 이후	「장애인복지법」 제정 등 제도적 장치 마련의 시기
1990년대	제1차 장애인복지발전 5개년 계획 등 기반 구축
1998년 이후	「장애인복지법」 제·개정 단계
2000년대	제2차 장애인복지발전 5개년 계획 등 편의증진 수립 단계
2007년 이후	「장애인차별금지 및 권리구제에 관한 법률」 제정 및 인권정책 수립
2008년	제3차 장애인복지발전 5개년 계획 등 정책적 지원 단계
2010년대	「장애인활동지원에 관한 법률」 제정 시기
2013년	제4차 장애인정책종합계획 등 복지와 인권정책 통합 단계
2015년	「발달장애인 권리보장 및 지원에 관한 법률」 제정
2018년	제5차 장애인 정책종합계획 시행 등 체제 개편과 포용사회 지향 단계

출처 : 이경준 외(2018).

최근 우리나라의 장애인 인권복지정책은 장애인 당사자의 참여와 요구로 시작된다는 것, 중증장애인의 권리와 삶의 문제에 집중되고 있다는 것, 복지관점에서 인권관점으로 접근의 관점이 변화하고 있다는 것에서 긍정적인 평가를 받고 있다.

2. 장애인 차별 및 권리

1) 장애인 차별의 개념

사회의 구성원들이 기본적으로 누리도록 되어 있는 권리를 동등하게 누릴 수 없는 상태를 차별이라고 정의하고 있다. 성별, 계층, 문화규범, 인종 등의 다양한 이유들로 차별이 발생되고 이는 직접적인 생존문제로까지 연결될 수 있다.

장애인 차별(disability discrimination)이란 장애를 가진 개인을 장애인이 속한 장애인 집단과 동일시하여 불리하게 구분, 배제 및 제한하는 것을 의미한다. 즉, 장애인 개인에 대하여 사회·문화적, 정치·경제적인 분야 등 생활 전 분야에서 다른 사람들과 평등한 입장에서 사회에 참여할 기회를 제한하거나 억압하는 상태이다. 이러한 차별은 합리적인 이유 없이 장애로 인하여 불이익을 주는 직접적 차별과 수치감, 모욕감, 모멸감, 위협감, 혐오감을 느끼게 하는 간접적 차별 등 정신적, 신체적, 정서적으로 공격하는 모든 종류의 폭력을 의미한다(정무성 외, 2007).

장애인들이 우리 사회에 평등한 인간으로서 완전한 참여를 이루는 사회적 통합이 장애인복지의 최대목표인 것처럼 교육권, 노동권, 청구권, 환경권, 참정권, 건강권 등 헌법에서 보장하는 모든 권리는 장애, 비장애를 떠나서 대한민국 국민 누구나 사회의 구성원으로서 참여할 수 있어야 한다(유동철 외, 2009). 장애인의 인권보호와 차별금지를 위한 노력으로 「장애인차별금지법」이 제정되었지만 여전히 차별에 대한 문제가 제기되고 있다. 장애인 차별의 가장 큰 문제점은 비장애인을 중심으로 생각하며 장애인애 대하여 가지는 편견, 인식이 가장 크다고 볼 수 있다. 장애인을 무능한 사람, 나와 다르기에 업신여기는 생각, 그리고 이러한 생각이 행동으로 나타나는 회피, 차별, 신체적 공격, 반대화 등의 편견의 행동들이 있다(정무성 외, 2007).

2) 장애인 차별의 유형

장애인에 대한 차별은 사회·문화적, 경제적, 시민·정치적 권리 등 모든 영역에서 찾아볼 수 있다. 장애인 차별분류를 가장 잘 구분한 UN인권위원회에서 발표한 '장애인 인권보고서'에서는 경제적·사회적, 문화적 권리규약, 시민적·정치적 권리규약으로 차별의 유형을 분류하고 있다. 노동권, 문화향유권, 교육권, 건강권, 생존권은 경제적·사회적 및 문화적 권리규약에 포함되며, 시민적·정치적 권리규약에는 장애를 이유로 차별금지, 형사상의 권리, 시설장애인의 권리, 참정권, 장애인지원서비스, 가족생활권으로 구분하여 장애인의 생활영역의 대부분을 담고 있다고 볼 수 있다(정무성 외, 2007).

<표 13-3> UN 인권위원회 '장애인 인권 보고서'의 장애차별 분류

인권규약	대분류	중분류
경제적·사회적 및 문화적 권리규약	노동권	노동의 기회, 노동환경, 적절한 보수 보장
	생존권	생계유지
	건강권	영양실조 조치, 적절한 치료, 재활서비스 제공, 건강한 생활환경장애 예방, 불결한 시설 개선
	교육권	공립학교 취학, 공립학교 편의시설, 필요시 특수교육 제공
	문화향유권	문화공간 편의시설, 참여능력 편견 해소
시민적·정치적 권리규약	장애 이유로 차별금지	장애 이유로 차별하는 것을 금지
	장애인지원서비스	인권침해 대응지원 특별조치
	형사상의 권리	일방적이고 불필요한 체포 방지, 체포 시 사유를 알 권리, 의사소통의 문제로 체포 방지

	시설장애인 권리	시설장애인의 사생활권
	가족생활권	정신(지체)장애인 투표권, 결혼, 가정형성의 권리, 강제불임 방지
	참정권	정신(지체)장애인 투표권, 시각장애인 투표권, 투표소 접근권, 대민종사직 기회 제한

출처 : 장애차별실태 분석 및 유형화에 관한 연구(2007).

UN 인권위원회의 분류는 소비자의 권리와 장애인의 접근권이 누락되어 있다는 것, 세부분류 없이 중분류에서만 마무리되었다는 점에서 구체적인 장애인 차별을 유형화하는 것에 한계점이 있다. 이 점을 보완한 장애인 차별 유형화는 박옥순(2002)의 보완된 장애인 차별 유형을 통해 확인할 수 있다.

<표 13-4> 장애인 차별 유형화

대분류	중분류	세부항목
노동권	노동기회 차별	취업기회 제한, 면접 시 탈락, 모집공고 제한, 부당해고, 직업훈련 제한, 원서접수 거부, 적절한 시험환경 부재
	노동환경 차별	적절한 직무환경 및 업무배치 차별, 다른 동료에 비해 승진차별, 중도장애로 복직 연기, 장애로 퇴직 강요, 직장 내 인간관계에서 차별, 다른 동료에 비해 임금체불과 저임금
	산재보상 차별	보상 시 장애인 차별, 산재인정 차별
생존권	생계유지권리 차별	생활고, 생계유지 수단 제한
건강권	진료권 차별	진료계획 참여 및 알 권리 침해, 건강에 대한 교육받을 권리 침해, 병의원 진료 거부, 서비스 기관 부재
	적절한 치료권 차별	수술비, 진료비 필요, 간병제도 미비, 의료재활 치료 필요
교육권	교육기회 차별	취학기회 박탈, 모집요강 제한, 연령 제한, 원서접수 거부, 편입학 거부, 교육기관 부재, 진학거부 및 강요
	교육환경 차별	편의시설 미비, 학습 내 인간관계 차별, 통합교육 거부, 교육프로그램 참여 거부, 적절한 시험환경 부재, 학습도우미 필요, 수화점역교재 등 필요, 교육비 지원
문화향유권	참여권 차별	참여제한, 문화 공간 편의시설 미비, 문화비용 필요

접근권	이동권 차별	교통시설 제한, 도로환경 제한, 편의시설 미비, 안내표시판 및 방송 등 미비
	건축물접근권 차별	건축물 편의시설 미비, 주차 제한
	거주이주권 차별	지역주민 거부, 거주이주권 침해
정보접근권	정보접근 차별	장애인복지 시책접근 제한, 상담 및 서비스 기관 문의, 법률 상담 및 자문, 장애인 등록절차 및 혜택, 기타
	정보매체접근 차별	수화 및 자막서비스 제한, 점자 및 음성서비스 제한, 컴퓨터 이용권 제한, 상징적 그림 서비스 제한
지원서비스	비용지원 차별	이동비용 지원 필요, 양육비용 지원 필요, 의료비용 지원 필요, 융자지원 필요
	도우미지원 차별	심리상담 필요, 아동도우미 필요, 가정도우미 필요, 수화점역 등 필요
	보장구사용권 차별	보장구 구매 및 수리비용 필요, 보장구 품목 제한
참정권	선거권 차별	투표권 침해
	선거접근권 차별	선거정보 접근권 침해, 투표소 접근권 침해
소비자 권리	보험금융사용권 차별	보험가입 제한, 보상금 제한
	구매권 차별	음식점 등 서비스 기관출입 제한, 구매 제한, 불친절 및 무시
	행정접근권 차별	행정접근 제한
형사상 권리	법절차위반	불법체포, 자백강요
	피해자로서 권리침해	의사소통 제한으로 수사미진, 진술의 신빙성 불안정
시설장애인 권리	사생활권 차별	자기결정권 침해, 사생활권리 침해
	폭력	심리 및 언어폭력, 폭력, 성폭력
	적정한 서비스 수익차별	적절한 서비스 받을 권리 침해
	거주이주권 차별	거주이주 권리 침해
가족권	결혼할 권리 차별	장애 이유로 결혼반대, 결혼 제한
	가족생활권 차별	자기결정권 침해, 가정폭력, 가정 내 성폭력, 장애로 이혼·별거가족 임의시설 입소추진, 장애자녀 출산으로 이혼
신체자유 권리	폭력	심리 및 언어폭력, 폭력, 성폭력, 누명
재산권	재산상 불이익	사기, 절취 및 갈취, 상속권 제한

출처 : 박옥순(2002), 정무성 외(2007) 재인용.

3) 장애인의 권리

1998년 12월 9일에 '한국장애인인권헌장'이 전문과 13개 조항으로 공포되었다. 한국장애인인권헌장 전문에는 "장애인은 인간의 존엄과 가치를 가지며 행복을 추가할 권리"를 갖는 인권의 주체임을 명시하고, 국가와 사회는 장애인의 인권보호와 사회참여 및 평등을 위한 사회적 환경과 여건을 조성할 것을 선언하였다. 즉, 장애인의 권리는 장애인이 인간으로서 가질 권리를 차별 없이 누리는 것이라고 할 수 있다.

<한국장애인인권헌장>

한국 장애인들은 우리 사회의 여러 가지 편견과 차별대우, 장애인들에 대한 법적 보호의 미흡 등 그 열악한 조건을 이겨내고 모든 사람과 마찬가지로 "존엄한 인간"임을 확인하기 위하여, 1975년 10월 9일에 국제연합총회에서 채택된 장애인 인권선언을 근거로, 우리나라의 특수성을 감안하여 다음과 같은 한국장애인인권헌장을 선포함에 이 선언이 국회에 의하여 헌장으로 채택되고 전 국민과 국가에 의하여 존중되기를 열망한다.

1. 장애인은 모든 인간이 누리는 기본인권을 당연히 누려야 하며 그 인격의 존엄성은 충분히 존중되어야 한다. 장애인이라는 이유로 같은 시대의 같은 사회의 다른 사람이 누리는 권리, 명예, 특전이 거부되거나 제한되어서는 아니 된다.
2. 장애인에게는 다른 모든 사람과 마찬가지로 가능한 한 정상적이고 원만하게 인간다운 삶을 영위할 수 있도록 모든 기회와 편의가 제공되어야 한다.
3. 장애인은 다른 사람들과 동일한 정치적 권리를 가지며 사회가 제공하는 모든 기회와 편의를 이용할 수 있다.
4. 국가는 장애인이 혼자 힘으로 행동하고 생활할 수 있도록 조치를 의무가 있으며 모든 장애인은 그것을 요구하고 이용할 권리가 있다.
5. 장애인은 자신이 가진 능력을 최대한으로 개발하고 가능한 한 빨리 그리고 쉽게 사회에 적응할 수 있도록 하기 위하여 필요한 각종 보조기구 모든 의료혜택, 의학적 및 사회적 재활 교육, 직업훈련 및 직업알선, 상담 등 각종 사회서비스를 받을 수 있어야 한다.
6. 장애인은 인간다운 생활과 사회활동의 안정을 보장받기 위하여 자신의 능력에 따라 직업을 선택하여 생산적인 경제활동을 할 수 있고 응당한 보수를 받을 권리가 있으며, 노동조합에 가입할 권리가 있다.

7. 국가가 수립하고 시행하는 사회, 경제, 교육, 문화 등 제반 분야의 정책과 교통, 교육, 문화 등 각종 시설에 장애인들이 가지고 있는 특수한 필요와 상황이 반드시 감안되어야 한다.
8. 장애인은 가족과 동거할 권리가 있으며 사회의 각종활동에 차별대우를 받지 않고 참여할 권리가 있다. 장애인의 이익을 위한 경우이외에는 주거환경에 있어 차별대우를 받아서는 아니 되며, 장애인의 이익을 위하여 필요하다고 인정되는 별도의 주거지역은 같은 연령의 다른 사람들이 정상적인 생활을 하는 곳에 가능한 한 가까워야 한다.
9. 장애인은 모든 종류의 착취로부터 보호를 받아야 하며, 어떤 종류건 어떠한 명목이든 차별 대우나 천대를 받아서는 아니 되며, 누구를 막론하고 장애인 복지를 빙자하여 개인적 부를 축적하여서는 아니 된다.
10. 혼자 힘으로 의사결정을 할 수 없는 장애인이나 그 가족들의 인간다운 삶을 보장하기 위하여 국가는 그에 알맞은 특별한 정책배려를 하여야 한다.
11. 장애인은 자신의 권익을 보호받기 위하여 필요한 경우에는 상당한 법률적 도움을 받을 수 있어야 한다.
12. 장애인의 권리와 복지에 관한 모든 시책이 제정되고 시행되는 경우, 장애인들의 의사가 충분히 반영되어야 하며, 장애인들이 자발적으로 참여하는 조직체의 자문을 받아야 한다.
13. 모든 교육기관과 언론매체들은 장애인에 대하여 가지고 있는 우리 사회의 오해와 편견을 제거하는 데 앞장서야 하며, 장애인에 대한 부정적인 표현을 삼가야 한다.
14. 장애인과 그 가족 그리고 장애인 단체들은 이 선언에 포함된 모든 권리에 대하여 충분한 정보를 얻을 수 있어야 한다.

출처 : 한국장애인단체총연맹.

장애인 인권에 관한 국제 규정에는 1971년 「정신지체인 권리 선언」, 1981년 「세계 장애인의 해」, 1982년 「장애인에 관한 세계 행동 계획」, 「국제 연합 장애인의 해 10년」, 1993년 「장애인의 기회 평등화에 관한 기본 규칙」, 그리고 1998년 「한국 장애인 인권 헌장」 등이 있다.

이러한 규정 중에 장애인의 권리를 가장 잘 설명해 줄 수 있는 것은 국제 연합 헌장과 「세계 인권 선언」의 정신에 입각하여 심신 장애인의 권리를 보호하고 존중하자는 취지를 담고 있는 「장애인 권리 선언」일 것이다. 1975년 12월

9일 국제연합총회에서 채택된 이 선언은 인권과 기본적 자유, 인간의 존엄성과 가치에 관한 원칙, 평화에 관한 원칙, 사회 정의에 관한 원칙 등에 대한 신념과 다양한 활동 분야에서 장애인이 최대한 자신의 능력을 개발 및 활용 할 수 있도록 도움을 주고, 자신의 이상을 실현할 수 있도록 해야 한다는 점을 강조하고 있다.

<장애인 권리 선언>

1. '장애인'이라는 개념은 선천적으로나 후천적으로나 신체적 능력이나 정신적 능력에 결함이 발생함으로써, 자신 스스로 개인생활이나 사회생활을 정상적으로 영위할 수 있는 필요조건을 전혀 갖출 수 없거나 부분적으로 갖출 수밖에 없는 모든 사람을 의미한다.
2. 모든 장애인은 이 선언에 명시된 모든 권리를 누려야 한다. 이러한 권리는 인종, 피부색, 성별, 언어, 종교, 정치적 입장이나 여타의 견해, 국적이나 사회적 신분, 빈부, 출생, 장애인이나 그 가족이 처한 상황 등에 따라 어떤 차별도 받지 않고 예외 없이 모든 장애인에게 인정되어야 한다.
3. 모든 장애인에게는 인간으로서 존엄성을 존중받아야 할 천부적 권리가 있다. 모든 장애인에게는 장애의 원인과 특징과 정도에 관계 없이 동일한 연령의 일반 시민과 마찬가지로 기본적 권리, 즉 무엇보다도 먼저 품위 있는 생활을 정상적으로 최대한 누릴 수 있는 권리가 있다.
4. 모든 장애인에게는 다른 사람과 마찬가지로 시민적 권리와 정치적 권리가 있다. 하지만 〈정신지체인 권리 선언〉 7조에는 정신 장애인에게 그러한 권리를 제한하거나 억제할 수 있다는 조항이 존재한다.
5. 모든 장애인에게는 최대한 자립을 돕기 위해 마련된 모든 수단을 이용할 권리가 있다.
6. 모든 장애인에게는 보장구를 포함하여 의료와 심리 치료와 기능 치료를 받을 뿐만 아니라, 의료 재활과 사회 재활, 교육, 직업 훈련과 재활, 개호, 상담, 취업 알선, 장애인의 능력과 기술을 최대한 향상시켜서 그들의 사회 통합이나 재통합 과정을 촉진하는 다양한 서비스 등을 받을 수 있는 권리가 있다.
7. 모든 장애인에게는 경제·사회적 생활 보장과 품위 있는 생활수준을 누릴 수 있는 권리가 있다. 모든 장애인에게는 각자 능력에 따라 고용을 보장받거나 유익하고 생산적이고 보수가 보장되는 직종에 종사하면서 노동조합에 가입할 수 있는 권리가 있다.

8. 모든 장애인에게는 경제 · 사회적 계획 수립의 모든 단계에서 자신의 특수한 필요조건이 반영되도록 요구할 수 있는 권리가 있다.
9. 모든 장애인에게는 가족이나 수양부모와 함께 살면서 사회 활동과 생산 활동이나 오락 활동에 참여할 수 있는 권리가 있다. 주거에 관한 한 모든 장애인은 건강 상태나 건강 개선을 위해 불가피한 경우를 제외하고 어떤 차별 대우도 받아서는 안 된다. 장애인이 불가피하게 특수 시설에 수용되는 경우, 그곳의 환경과 생활 조건은 가능한 한 그와 연령이 똑같은 비장애인이 정상적으로 누리는 생활 조건과 유사해야 한다.
10. 모든 장애인은 모든 형태의 착취, 모든 형태의 규제, 차별적이고 모욕적이고 천박한 성격을 띠는 모든 처우로부터 보호되어야 한다.
11. 모든 장애인이 자신의 인격과 재산을 보호하기 위해 법률 지원이 필요한 경우, 그러한 지원을 적절하게 제공받을 수 있어야 한다. 장애인에 대한 사법 소송이 제기된 경우, 그들의 심신 상태를 충분히 고려하여 법적 절차가 적용되어야 한다.
12. 모든 장애인 단체는 장애인의 권리에 관한 모든 사안에 대해 유익한 조언을 제공할 수 있다.
13. 모든 장애인과 그 가족과 사회는 모든 적절한 방법을 통해 이 선언에 포함된 권리에 대해 충분히 파악하고 있어야 한다.

출처 : 국제연합총회(The Declaration of the Rights of Disabled Persons)(1975).

3. 장애인 차별금지법

장애인 차별금지법은 모든 생활영역에서 장애를 이유로 한 차별을 금지하고, 차별받은 사람의 권익을 구제함으로써 장애인의 평등권 실현과 완전한 사회참여를 통해 인간존엄과 가치를 구현하기 위한 것이다. 미국(1990년), 호주(1992년), 독일(2002년) 등에 이어 우리나라에서도 2007년 4월 11일에 「장애인 차별금지 및 권리구제 등에 관한 법률」을 제정하고 2008년 4월 11일에 시행하였다. 이러한 입법의 이유는 2007년 210만 명이던 장애인구가 2014년 272만 명으로 급속히 증가하고, 가족구조 변화 등의 사회적 변화 속에서 장애인 일자리 및 사회참여 욕구의 증가, 장애개념의 변화, 장애인 인권의식 제고, 탈시설화와 자립생활의 이념 확산 등 장애인복지의 패러다임의 변화에 따른 자연스러운 현상이라고 볼 수 있다.

1) 장애인 차별금지법 내용

(1) 차별금지 대상

① 장애인

신체적 · 정신적 손상 또는 기능상실이 장기간에 걸쳐 개인의 일상 또는 사회생활에 상당한 제약을 초래하는 사람

② 장애인을 대리 · 동행하는 사람

장애아동의 보호자와 후견인, 그 밖의 장애인을 돕기 위한 사람

③ 보조견 또는 장애인보조기구의 정당한 사용

보조견 또는 장애인보조기구 등의 정당한 사용을 방해하거나 보조견 및 장애인보조기구 등을 대상으로 차별하는 행위

(2) 차별의 정의

① 직접 차별

장애인을 장애를 사유로 정당한 이유 없이 제한하거나 배제 및 분리, 거부하여 불리하게 대하는 경우

② 간접 차별

장애인에 대하여 형식상으로는 제한하거나 배제 및 분리, 거부 등에 의하여 불리하게 대하지는 않지만, 정당한 사유 없이 장애를 고려하지 않은 기준을 적용하여 장애인에게 불리한 결과를 초래하는 경우

③ 정당한 편의제공 거부에 의한 차별

과도한 부담이나 현저히 곤란한 사정과 같은 정당한 사유 없이 장애인에

대하여 장애가 없는 사람과 동등하게 같은 활동에 참여할 수 있도록 장애인의 성별, 장애의 유형 및 정도, 특성 등을 고려한 편의시설과 설비, 도구 및 서비스 등 인적·물적 제반 수단의 제공과 조치를 거부하는 경우

④ 광고에 의한 차별

광고의 내용이 장애인에게 정당한 사유 없이 제한하고 배제하며 분리 및 거부 등 불리한 대우를 표시하거나 조장하는 경우

(3) 차별금지영역 및 내용

① 고용

모집·채용·임금·승진·인사·정년·퇴직 등 인사상 차별금지 및 직무수행에 필요한 정당한 편의가 제공되어야 한다.

- 근로관계 : 모집, 채용, 임금, 승진, 인사 등에서의 차별금지 및 채용 전 의학적 검사 금지
- 시설 : 직무수행 장소까지 출입 가능한 접근로 등 설치
- 재활 : 재활 및 치료 등을 위한 근무시간의 변경 또는 조정
- 훈련 : 훈련보조인력 배치, 높낮이 조절용 책상 등 편의제공
- 지도 : 장애인용 작업지시서 등 장애인의 능력 평가를 위한 보조수단 제공 등

② 교육

입학 거부 및 전학 강요 금지, 수업·실험·수학여행 등 활동 지원, 교육보조 인력 배치, 교통편의, 이동용 보장구, 학습시설, 화장실 등 정당한 편의를 제공해야 한다.

- 입학 : 입학 및 전학의 강요·거부 금지, 수업·실험·수학여행 등 활동 지원
- 교육활동 : 장애학생 지원부서 또는 담당자 지정 및 교육보조 인력 배치 등

- 통학 및 이동 : 교통편의, 이동용 보장구, 학습시설, 화장실 등 편의 제공
- 장애인보조기구 : 수화통역, 점자자료, 인쇄물 음성변환 출력기, 휠체어 등 제공

③ 재화와 용역의 제공 및 이용

비장애인과 동등한 재화와 용역의 이용 및 시설물, 교통수단, 정보통신, 의사소통, 문화, 체육 등에서 차별금지 및 정당한 편의가 제공되어야 한다.

- 재화와 용역 : 토지, 건물 매매 · 임대 · 입주, 금전대출, 보험가입 등 이용보장
- 시설물 이용 : 주출입구 접근로, 복도, 계단 또는 승강기, 장애인주차장 등 제공
- 이동 및 교통수단 : 안내방송, 행선지 표시, 교통약자용 좌석, 문자안내판 등 제공
- 전자 · 비전자 정보
  - 전자정보 : 특정목적을 위하여 광 또는 전자적 방식으로 처리하여 부호 · 문자 · 음성 · 음향 및 영상 등으로 표현한 모든 종류의 자료로서, 일반적으로 파일로 저장된 데이터나 녹음된 자료, 전화망이나 인터넷망 등 통신망을 통하여 교환 · 전송 · 소통되는 정보나 텔레비전의 방송 등 전자형태로 변환된 것을 의미하는 것으로, 자막, 수화, 화면해설 제공, 인터넷 홈페이지 등에 웹 콘텐츠 접근성 지침을 준수하는 것
  - 비전자정보 : 문서 및 출판물에 대한 인쇄물음성출력기, 점자자료, 텍스트 파일 등 장애유형을 고려하여 정보를 제공하는 것
- 공공기관 등이 주최 · 주관하는 행사 시 수화통역사, 보청기, 휠체어 등을 행사 7일 전 요청하는 경우 최대한 지원

- 방송제작물 접근 : 폐쇄자막, 수화방송, 화면해설 등 제공
- 개인정보 보호 : 개인정보에 대한 무단접근 또는 오・남용 방지
- 문화・예술・체육활동

④ 사법・행정절차 및 서비스와 참정권

사법・행정서비스 이용 및 참정권 행사에 따른 정당한 편의를 제공하는 것을 말한다.

- 행정서비스 이용

  점자자료, 인쇄물음성변환출력기, 수화통역, 대독 등을 제공하고 보조 인력을 적극 활용하여 이용불편을 해소하는 것
- 사법서비스

  인신구금・구속 시 장애유형 및 상태를 고려한 정당한 편의를 제공하거나 형사・사법 절차에서 보호자, 변호인, 통역인, 진술보조인 등의 조력을 제공하는 것
- 참정권 보장

  정당 및 후보자에 대한 정보 접근권을 보장(점자자료, 웹 사이트 접근성 확보 등)하고 장애유형 및 정도에 적합한 기표방법 및 선거용 보조기구의 개발 보급, 보조원을 배치하는 것

⑤ 모・부성권, 성 등

임신・출산・양육 등 모・부성권에 있어 차별금지 및 성에 대한 자기결정권이 보장되어야 한다.

⑥ 가족・가정・복지시설, 건강권, 장애여성 및 장애아동 등

장애인의 의사결정권 보장, 유기・학대・폭력・괴롭힘 등 금지 및 장애여성 및 장애아동에 대한 권리보호가 강조된다.

2) 차별행위에 대한 구제절차

장애인 차별행위에 대한 구제절차는 국가인권위원회 진정을 하면 해당 내용을 조사한 뒤 결과에 따른 시정을 권고하는 방식으로 진행된다. 법무부의 시정명령에 따라서 과태료 또는 벌금이 부과될 수 있다.

법무부장관의 시정명령을 정당한 사유 없이 이행하지 아니한 경우에는 3천만 원 이하의 과태료가 부과되며, 차별행위가 지속적, 반복적, 고의적, 보복성에 따라서 악의적으로 판단되는 경우에는 3천만 원 이하의 벌금이 부과될 수 있다. 또한 법원 민사상 손해에 대한 손해배상 청구나 사법기관 형사소송도 진행할 수 있다.

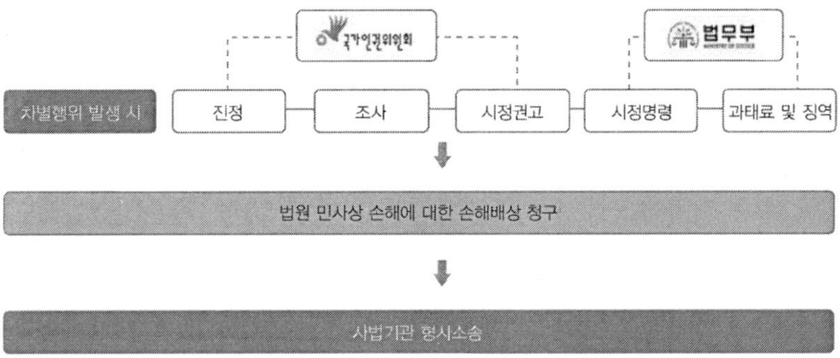

|그림 13-1| 차별행위에 대한 구제절차

출처 : 보건복지부 홈페이지.

4. 발달장애인의 권리보장

1) 발달장애인의 정의

발달은 성장에 따른 기능적 발전 과정을 의미하며, 역동적인 과정으로서 일정하고 예측 가능한 양상으로 진행된다는 특징을 지니고 있다.

발달장애(developmental disability)란 어느 특정 질환 또는 장애를 지칭하는 것이 아니라, 해당하는 나이에 이루어져야 할 발달이 성취되지 않은 상태로, 발달 선별검사에서 해당 연령의 정상 기대치보다 25%가 뒤처져 있는 경우를 말한다. 전반적 발달 지연(global developmental delay)은 대운동(gross motor), 미세운동(fine motor)과 인지, 언어, 사회성과 일상생활 중 두 가지 이상이 지연된 경우로 정의하기도 한다(출처 : 서울대학교병원 의학정보).

우리나라에서 발달장애인은 장애인복지법 제2조 제1항에서 확인할 수 있다. 1999년, 2007년 장애인복지법의 개정에 따라 발달장애의 개념은 자폐성장애로 용어가 수정되었다.

- 지적장애인 : 정신 발육이 항구적으로 지체되어 지적 능력의 발달이 불충분하거나 불완전하여 자신의 일을 처리하는 것과 사회생활에 적응하는 것이 상당히 곤란한 사람
- 자폐성장애인 : 소아기 자폐증, 비전형적 자폐증에 따른 언어・신체표현・자기조절・사회적응 기능 및 능력의 장애로 인하여 일상생활이나 사회생활에 상당한 제약을 받아 다른 사람의 도움이 필요한 사람
- 그 밖에 통상적인 발달이 나타나지 아니하거나 크게 지연되어 일상생활이나 사회생활에 상당한 제약을 받는 사람으로서 대통령령으로 정하는 사람

2) 법률 및 제도의 현황

(1) 미국

미국에서 발달장애라는 용어는 1970년 「발달장애 지원 및 시설 건축 개정법」에서 처음 사용하였고, 이때 발달장애는 정신지체, 뇌성마비, 간질 등 18세 이전에 나타날 수 있는 다른 신경학적 상태를 포함하고 있었다. 그러나 현재 「발달장애 지원 및 권리장전법(DDA : The Developmental Disabilities Assistance and Bill of Rights Act)」에서는 발달장애를 장애의 정도, 만성 여부, 발생연령, 지원 정도, 기능적 제한의 범위의 다섯 가지의 준거로 정의하고 있다. 특징적인 것

은 0~9세까지의 아동은 다섯 가지 준거 중 세 가지 이상을 충족시키지 않더라도 지원과 서비스 없이 어려움을 보일 가능성이 높으면 발달장애로 고려하고 있다. 즉, 발달장애의 정의를 비범주적 접근으로 접근하고 있다.

(2) 일본

일본은 「지적장해자복지법」과 「발달장해자지원법」을 제정하고 있으며 「발달장해자지원법」에서는 발달장애의 범위를 자폐증, 아스퍼거증후군 외 광범성 발달장애, 학습장애, 주의력결핍 과잉행동성장애, 그 외 뇌기능에 장애가 있는 경우를 포함하며 이러한 증상들은 어렸을 때 나타나야 한다고 정의하고 있다.

(3) 대한민국

우리나라는 장애인복지법, 「장애인 등에 대한 특수교육법」 등을 근거로 제도에 적용하고 있다.

① 장애인복지법

1982년 장애인복지법 제정 당시에는 정신지체장애, 지체장애, 시각장애, 청각장애, 언어장애의 5개 장애 유형만을 법적 장애로 인정하였으나, 1999년 개정을 통해 장애범주를 재개념화하고 확대하면서 발달장애라는 용어가 공식적으로 사용되기 시작하였다. 하지만 발달장애의 개념을 자폐증으로 한정하였다.

2007년 장애인복지법과 시행령이 개정되면서 자폐성장애를 발달장애로, 정신지체는 지적장애로 용어가 수정되었다. 이러한 과정에서 발달장애라는 용어는 법적 용어에서 제외되었다.

② 「장애인 등에 대한 특수교육법」

1977년 특수교육진흥법에서는 6개의 장애영역을 포함하였으나 1994년 7개 영역, 2005년에는 8개의 영역으로 확장되었고, 2007년 「장애인 등에 대한 특수교육법」에서는 최종적으로 10개의 장애영역으로 확대되었다. 지적장애는 특수교육진흥법이 1977년에 제정되던 때부터 포함된 반면, 자폐성장애는 1994년 전문개정에서 정서장애(자폐성장애 포함)로 처음 포함되었고 2007년 「장애인 등에 대한 특수교육법」에서 자폐성장애와 정서행동장애로 분리되었다. 「장애인 등에 대한 특수교육법」에서는 발달장애라는 용어는 사용하지 않지만 장애영역에 발달지체(9세 미만의 아동이 또래에 비하여 상당히 발달이 지연되는 경우)를 포함하고 있다.

3) 발달장애인 권리보장 및 지원에 관한 법률

다음의 내용은 법률 제12618호로 2014년 5월 20일에 제정되어 2015년 11월 21일부터 시행되고 있는 「발달장애인 권리보장 및 지원에 관한 법률」의 내용이다.

(1) 법률내용

① 목적

발달장애인의 의사를 최대한 존중하여 그들의 생애주기에 따른 특성 및 복지 욕구에 적합한 지원과 권리옹호 등이 체계적이고 효과적으로 제공될 수 있도록 필요한 사항을 규정함으로써 발달장애인의 사회참여를 촉진하고, 권리를 보호하며, 인간다운 삶을 영위하는 데 이바지함을 목적으로 한다.

② 발달장애인의 권리

가. 발달장애인은 원칙적으로 자신의 신체와 재산에 관한 사항에 대하여 스스로 판단하고 결정할 권리를 가진다.

나. 발달장애인은 자신에게 법률적·사실적인 영향을 미치는 사안에 대하여 스스로 이해하여 자신의 자유로운 의사를 표현할 수 있도록 필요한 도움을 받을 권리가 있다.

다. 발달장애인은 자신과 관련된 정책의 결정과정에서 자기의 견해와 의사를 표현할 권리가 있다.

③ 국가와 지방자치단체의 책무

가. 국가와 지방자치단체는 발달장애인의 적절한 발달과 원활한 사회통합을 촉진하기 위하여 장애를 최대한 조기에 발견하여 지원할 수 있도록 필요한 조치를 강구하여야 한다.

나. 국가와 지방자치단체는 발달장애인의 장애를 완화하고 기능을 향상시키는 방안을 마련하기 위한 연구와 조사를 지원하여야 하며, 발달장애인의 복지수준 향상과 그 가족의 일상적인 양육부담을 경감하기 위하여 필요한 조치를 강구하여야 한다.

다. 국가와 지방자치단체는 발달장애인이 장애로 인하여 차별을 받는 등 권리를 침해받지 아니하도록 권익옹호에 필요한 지원을 실시하여야 한다.

라. 국가와 지방자치단체는 발달장애인과 그 가족이 이용할 수 있는 복지시책을 적극적으로 홍보하여야 하며, 국민이 발달장애인을 올바르게 이해하도록 하는 데에 필요한 정책을 강구하여야 한다.

마. 국가와 지방자치단체는 제1항부터 제4항까지의 책무를 효율적으로 수행하기 위하여 필요한 인력 및 예산을 확보할 수 있다.

(2) 발달장애인 권리의 보장

① 자기결정권의 보장

가. 발달장애인은 자신의 주거지의 결정, 의료행위에 대한 동의나 거부, 타인과의 교류, 복지서비스의 이용 여부와 서비스 종류의 선택 등을 스스로 결정한다.

나. 누구든지 발달장애인에게 의사결정이 필요한 사항과 관련하여 충분한 정보와 의사결정에 필요한 도움을 제공하지 아니하고 그 의사결정능력을 판단하여서는 아니 된다.

다. 제1항 및 제2항에도 불구하고 스스로 의사를 결정할 능력이 충분하지 아니하다고 판단할 만한 상당한 이유가 있는 경우에는 보호자가 발달장애인의 의사결정을 지원할 수 있다. 이 경우 보호자는 발달장애인 당사자에게 최선의 이익이 되도록 하여야 한다.

② 성년후견제 이용지원

가. 지방자치단체의 장은 성년인 발달장애인이 다음 각 호의 어느 하나에 해당하여 후견인을 선임할 필요가 있음에도 불구하고 자력으로 후견인을 선임하기 어렵다고 판단되는 경우에는 그를 위하여 민법에 따라 가정법원에 성년후견개시, 한정후견개시 또는 특정후견의 심판을 청구할 수 있다.

1. 일상생활에서 의사를 결정할 능력이 충분하지 아니하거나 매우 부족하여 의사결정의 대리 또는 지원이 필요하다고 볼 만한 상당한 이유가 있는 경우 2. 발달장애인의 권리를 적절하게 대변하여 줄 가족이 없는 경우 3. 별도의 조치가 없으면 권리침해의 위험이 상당한 경우

출처 : 발달장애인 권리보장 및 지원에 관한 법률 제2장 제9조.

나. 지방자치단체의 장이 제1항에 따라 성년후견개시, 한정후견개시 또는 특정후견의 심판을 청구할 때에는 대통령령으로 정하는 요건을 충족하는 사람 또는 법인을 후견인 후보자로 하여 그 사람을 후견인으로 선임하여 줄 것을 함께 청구하여야 한다.

다. 지방자치단체의 장은 제33조 제1항에 따른 중앙발달장애인지원센터의 장에게 제2항에 따른 후견인 후보자를 추천하여 줄 것을 의뢰할 수 있다.

라. 국가와 지방자치단체는 제1항 및 제2항에 따라 선임된 후견인의 후견사무의 수행에 필요한 비용의 일부를 예산의 범위에서 보건복지부령으로 정하는 바에 따라 지원할 수 있다.

마. 제1항부터 제4항까지에 따른 성년후견제 이용지원의 요건, 후견인 후보자의 자격 및 추천 절차, 후견인 후견사무에 필요한 비용 지원 등에 필요한 사항은 보건복지부령으로 정한다.

③ 의사소통지원

가. 국가와 지방자치단체는 발달장애인의 권리와 의무에 중대한 영향을 미치는 법령과 각종 복지지원 등 중요한 정책정보를 발달장애인이 이해하기 쉬운 형태로 작성하여 배포하여야 한다.

나. 교육부장관은 발달장애인이 자신의 의사를 원활하게 표현할 수 있도록 학습에 필요한 의사소통도구를 개발하고 의사소통지원 전문인력을 양성하여 발달장애인에게 도움이 될 수 있도록 초·중등교육법 제2조 각 호의 학교와 평생교육법 제2조 제2호의 평생교육기관 등을 통하여 필요한 교육을 실시하여야 한다.

다. 행정자치부장관은 국가와 지방자치단체의 민원담당 직원이 발달장애인과 효과적으로 의사소통할 수 있도록 의사소통 지침을 개발하고 필요한 교육을 실시하여야 한다(2014. 11. 19. 개정).

라. 제1항부터 제3항까지에 따른 정책정보의 작성 및 배포, 의사소통도구의 개발·교육 및 전문인력 양성, 민원담당 직원에 대한 의사소통 지침 개발 및 교육 등에 필요한 사항은 대통령령으로 정한다.

④ 자조단체의 결성 등

가. 발달장애인은 자신의 권익을 보호하고 사회참여를 제고하기 위하여 자조단체를 구성할 수 있다.

나. 국가와 지방자치단체는 예산의 범위에서 장애인복지법 제63조에 따라 자조단체의 활동에 필요한 경비를 지원할 수 있다.

⑤ 형사·사법 절차상 권리보장

가. 국민안전처장관, 경찰청장 및 제주특별자치도지사는 국가공무원법 제2조 제2항 제2호에 따른 경찰공무원과 지방공무원법 제2조 제2항 제2호

에 따른 자치경찰공무원에게 발달장애인에 대한 올바른 인식 확산을 위한 교육을 실시하여야 한다(2014. 11. 19. 개정).

나. 발달장애인이 재판의 당사자가 된 경우 그의 보호자, 제33조에 따른 중앙발달장애인지원센터 및 지역발달장애인지원센터(이하 "발달장애인지원센터"라 한다)의 직원이나 그 밖에 발달장애인과 신뢰관계에 있는 사람은 법원의 허가를 받아 법원의 심리과정에서 발달장애인을 위한 보조인이 될 수 있다.

다. 법원은 발달장애인을 증인으로 신문하는 경우 발달장애인 본인, 검사, 보호자, 발달장애인지원센터의 장의 신청이 있는 때에는 재판에 중대한 지장을 줄 우려가 있는 등 부득이한 경우가 아니면 발달장애인과 신뢰관계에 있는 사람을 동석하게 하여야 한다.

라. 수사기관이 발달장애인을 조사하는 경우에도 제2항 및 제3항을 따라야 한다.

⑥ 발달장애인에 대한 전담조사제

가. 검찰총장은 각 지방검찰청 검사장으로 하여금 발달장애인 전담 검사를 지정하도록 하여 특별한 사정이 없으면 이들로 하여금 발달장애인을 조사 또는 심문하게 하여야 한다.

나. 경찰청장은 각 경찰서장으로 하여금 발달장애인 전담 사법경찰관을 지정하도록 하여 특별한 사정이 없으면 이들로 하여금 발달장애인을 조사 또는 심문하게 하여야 한다.

다. 검찰총장 및 경찰청장은 전담검사 및 전담사법경찰관에게 발달장애인의 특성에 대한 전문지식과 의사소통 방법 및 발달장애인 보호를 위한 수사방법 등에 관한 교육을 실시하여야 한다.

라. 검찰총장 및 경찰청장은 전담검사 및 전담사법경찰관에게 예산의 범위에서 수당을 지급할 수 있다.

마. 국민안전처장관 및 제주특별자치도지사도 제2항부터 제4항까지의 규정을 따라야 한다(2014. 11. 19. 개정).

⑦ 발달장애인 대상 범죄 방지

가. 국가와 지방자치단체는 발달장애인에 대한 다음 각 호의 범죄를 예방하고 근절하기 위한 대책을 마련하여 추진하여야 한다.

1. 형법 제271조에 따른 유기 또는 존속유기 2. 형법 제273조에 따른 학대 또는 존속학대 3. 형법 제287조부터 제292조까지에 따른 약취, 유인, 인신매매, 상해·치상, 살인·치사, 수수·은닉 등 4. 「성폭력범죄의 처벌 등에 관한 특례법」 제2조에 따른 성폭력범죄 5. 「아동학대범죄의 처벌 등에 관한 특례법」 제2조 제4호의 아동학대범죄 6. 그 밖에 발달장애인에게 특히 빈번하게 발생하는 범죄로서 대통령령으로 정하는 범죄

출처 : 발달장애인 권리보장 및 지원에 관한 법률 제2장 제14조.

나. 국민안전처장관, 경찰청장 및 제주특별자치도지사는 발달장애인에 대한 유기 등의 발생 사례가 없는지 소속 경찰공무원·자치경찰공무원에게 관할 지역을 정기적으로 탐문하고 조사하도록 하여야 한다(2014. 11. 19. 개정).

⑧ 신고의무

가. 누구든지 발달장애인에 대한 유기 등의 발생 사실을 알게 된 경우에는 발달장애인지원센터 또는 수사기관에 신고할 수 있다.

나. 다음 각 호의 어느 하나에 해당하는 사람은 그 직무상 발달장애인에 대한 유기 등의 발생 사실을 알게 된 경우에는 즉시 발달장애인지원센터 또는 수사기관에 신고하여야 한다.

1. 사회복지사업법 제34조에 따른 사회복지시설의 장과 그 종사자 2. 「장애인활동 지원에 관한 법률」 제16조에 따른 활동지원인력, 같은 법 제20조에 따른 활동지원기관의 장과 그 종사자 3. 의료법 제2조 제1항의 의료인과 같은 법 제3조 제1항의 의료기관의 장 4. 「의료기사 등에 관한 법률」 제1조의2 제1호의 의료기사 5. 「응급의료에 관한 법률」 제36조에 따른 응급구조사 6. 소방기본법 제34조에 따른 구조대 및 구급대의 대원 7. 「정신건강증진 및 정신질환자 복지서비스 지원에 관한 법률」 제3조 제3호에 따른 정신보건센터의 장과 그 종사자 8. 영유아보육법 제10조 각 호의 어린이집의 원장 등 보육교직원 9. 유아교육법 제20조에 따른 유치원의 교직원 및 같은 법 제23조에 따른 유치원의 강사, 기간제 교사 또는 명예교사 등 10. 초·중등교육법 제19조에 따른 교직원, 같은 법 제19조의2에 따른 전문상담교사 및 같은 법 제22조에 따른 산학겸임교사·명예교사 또는 강사 등 11. 「학원의 설립·운영 및 과외교습에 관한 법률」 제6조에 따른 학원의 운영자와 그 종사자 및 같은 법 제14조에 따른 교습소의 교습자 등 종사자 12. 「성폭력방지 및 피해자보호 등에 관한 법률」 제10조에 따른 성폭력피해상담소의 장과 그 종사자 및 같은 법 제12조에 따른 성폭력피해자보호시설의 장과 그 종사자 13. 「성매매방지 및 피해자보호 등에 관한 법률」 제9조에 따른 지원시설의 장과 그 종사자 및 같은 법 제17조에 따른 성매매피해상담소의 장과 그 종사자 14. 「가정폭력방지 및 피해자보호 등에 관한 법률」 제5조에 따른 가정폭력 관련 상담소의 장과 그 종사자 및 같은 법 제7조의2에 따른 가정폭력피해자 보호시설의 장과 그 종사자 15. 건강가정기본법 제35조에 따른 건강가정지원센터의 장과 건강가정사 등 그 종사자 16. 노인장기요양보험법 제2조 제5호의 장기요양요원

출처 : 발달장애인 권리보장 및 지원에 관한 법률 제2장 제15조.

다. 관계 중앙행정기관의 장은 보건복지부령으로 정하는 바에 따라 제2항 각 호에 해당하는 사람의 자격 취득 과정이나 보수교육 과정 등에 발달장애인에 대한 유기 등에 대한 신고의무와 관련된 교육 내용을 포함하도록 하여야 한다.

라. 발달장애인지원센터 또는 수사기관의 장이나 직원은 제1항 및 제2항에 따른 신고인의 인적 사항 또는 신고인임을 미루어 알 수 있는 사실을 다른 사람에게 알려주거나 공개하여서는 아니 된다.

4) 발달장애인 복지지원 및 서비스

(1) 복지서비스의 신청

① 발달장애인은 다음 각 호의 복지지원 및 서비스, 사회보장기본법 제3조에 따른 사회보험, 공공부조 및 사회서비스를 스스로 신청하여야 한다.

> 1. 장애인복지법 제55조 및 「장애인활동 지원에 관한 법률」에 따른 활동지원급여
> 2. 장애아동 복지지원법 제21조에 따른 발달재활서비스지원, 같은 법 제23조에 따른 가족지원, 같은 법 제24조에 따른 돌봄 및 일시적 휴식지원 서비스지원, 같은 법 제25조에 따른 지역사회 전환 서비스지원 및 같은 법 제26조에 따른 문화·예술 등 복지지원
> 3. 제24조에 따른 재활 및 발달 지원, 제27조에 따른 문화·예술·여가·체육 활동 등 지원, 제31조에 따른 보호자에 대한 상담지원 및 제32조에 따른 휴식지원 등
> 4. 그 밖에 보건복지부장관이 정하는 서비스

출처 : 발달장애인권리보장 및 지원에 관한 법률 제3장 제18조.

② 발달장애인이 의사를 결정할 능력이 충분하지 아니하다고 판단할 만한 상당한 이유가 있는 경우에는 보호자가 제1항에 따른 신청을 할 수 있다. 이 경우 보호자의 신청은 발달장애인의 신청으로 본다.

③ 제2항에도 불구하고 보호자가 제1항에 따른 신청을 하지 아니하는 경우 사회복지사업법 제14조에 따른 사회복지 전담공무원은 발달장애인에 대한 복지지원이 누락되지 아니하도록 하기 위하여 발달장애인의 동의를 받아 관할 지역에 거주하는 발달장애인에 대한 복지서비스를 직권으로 신청할 수 있다. 이 경우 사회복지 전담공무원의 신청은 발달장애인

의 신청으로 본다.

④ 제1항부터 제3항까지에 따른 신청을 하는 경우 신청자는 해당 발달장애인 개인의 특성을 고려한 복지서비스를 제공받을 수 있도록 개인별 복지서비스에 관한 제공계획을 수립하여 줄 것을 특별자치시장·특별자치도지사·시장·군수·구청장에게 신청할 수 있다.

⑤ 제1항부터 제4항까지에 따른 복지서비스의 대상, 복지서비스 및 개인별 지원계획의 신청 방법 및 절차 등에 필요한 사항은 보건복지부령으로 정한다.

(2) 개인별지원계획의 수립

① 특별자치시장·특별자치도지사·시장·군수·구청장은 개인별지원계획의 수립을 신청받은 경우 대상자 선정 여부 및 복지서비스 내용을 결정하여 제33조 제2항에 따른 지역발달장애인지원센터의 장에게 개인별 지원계획의 수립을 의뢰하여야 한다.

② 지역발달장애인지원센터의 장은 개인별지원계획의 수립을 의뢰받은 경우 제1항에 따라 결정된 복지서비스의 범위에서 발달장애인 및 그 가족의 특성을 고려하여 복지서비스의 내용, 방법 등이 포함된 개인별 지원계획을 수립하여야 한다.

③ 개인별지원계획을 수립할 때에는 발달장애인에게 적합한 의사소통의 방식으로 의견진술의 기회가 충분히 제공되어야 한다.

④ 지역발달장애인지원센터의 장은 복지서비스 대상자에 대하여 수립된 개인별지원계획의 승인을 특별자치시장·특별자치도지사·시장·군수·구청장에게 요청하여야 하며, 개인별지원계획은 특별자치시장·특별자치도지사·시장·군수·구청장의 적합성 심사를 거쳐 승인을 얻은 경우 효력을 가진다.

⑤ 지역발달장애인지원센터의 장은 개인별지원계획의 적합성 심사 결과를 발달장애인 및 그 보호자에게 통보하여야 한다.

⑥ 개인별지원계획을 통보받은 발달장애인과 그 보호자는 발달장애인의 복지 욕구를 고려하여 개인별지원계획의 변경·수정을 지역발달장애인지원센터의 장에게 신청할 수 있다.

⑦ 개인별지원계획을 변경·수정하는 경우에는 제4항과 제5항의 절차를 따른다.

⑧ 제1항부터 제7항까지에 따른 개인별지원계획 수립의 의뢰 방법 및 절차, 수립 방법 및 내용, 승인통보·신청·변경·수정 방법 및 절차 등에 필요한 사항은 보건복지부령으로 정한다.

(3) 발달장애인과 복지서비스 제공기관 등의 연계

① 지역발달장애인지원센터의 장은 특별자치시장·특별자치도지사·시장·군수·구청장에 의하여 복지서비스 대상자로 선정된 발달장애인과 그 가족에게 개인별지원계획에 따라 복지서비스 제공기관 등을 연계하여야 한다.

② 지역발달장애인지원센터의 장은 복지서비스 대상자와 복지서비스 제공기관 등을 연계할 때에는 복지서비스 대상자에게 복지서비스 제공시간 및 방법·비용부담 등 관련 정보를 제공하여야 한다.

③ 제2항에 따라 제공하여야 하는 관련 정보의 제공방법 및 범위 등에 필요한 사항은 보건복지부령으로 정한다.

(4) 계좌의 관리 등

① 발달장애인이 지급받을 복지지원이 현금으로 지급되는 경우에는 그의 명의로 개설된 예금계좌로 입금하여야 하며, 예금의 인출 및 다른 계좌

로의 이체 등 관리도 발달장애인 스스로 하여야 한다.

② 발달장애인에게 의사를 결정할 능력이 충분하지 아니하다고 판단할 만한 상당한 이유가 있는 경우에는 보호자가 제1항에 따른 계좌 관리를 대행할 수 있으며 보호자가 없는 경우에는 지방자치단체의 장이 발달장애인을 대신하여 계좌를 관리할 사람을 지정할 수 있다.

③ 계좌관리인의 자격 및 지정 절차 등에 필요한 사항은 보건복지부령으로 정한다.

(5) 재활 및 발달 지원

① 국가와 지방자치단체는 발달장애인이 자신의 장애에도 불구하고 잠재적인 능력을 최대한 계발할 수 있도록 발달장애인에게 적절한 재활치료와 발달재활서비스 등을 제공하도록 노력하여야 한다.

② 보건복지부장관은 발달장애의 원인규명과 치료 및 행동문제 등의 완화를 위한 연구 및 의료 지원체계를 구축하여야 한다.

③ 국가와 지방자치단체는 발달장애인의 특성과 요구에 맞는 체계적이고 효율적인 의료지원을 위하여 발달장애인 거점병원을 지정할 수 있다.

④ 국가와 지방자치단체는 자해·공격 등 행동문제로 인하여 일상생활에 곤란을 겪는 발달장애인을 전문적으로 지원하기 위하여 대통령령으로 정하는 바에 따라 행동발달증진센터를 설치·운영할 수 있다.

⑤ 국가와 지방자치단체는 예산의 범위에서 제1항부터 제4항까지의 사업을 수행하는 데 필요한 경비의 전부 또는 일부를 지원할 수 있다.

⑥ 제3항에 따른 거점병원의 지정 및 제4항에 따른 행동발달증진센터의 설치·운영 등에 필요한 사항은 보건복지부령으로 정한다.

(6) 고용 및 직업훈련 지원

① 국가와 지방자치단체는 발달장애인이 자신의 능력을 최대한 활용하여 직업생활을 영위할 수 있도록 필요한 조치를 강구하여야 한다.

② 보건복지부장관은 장애의 정도가 심한 발달장애인의 능력과 특성에 적합한 직업훈련을 지원하기 위하여 발달장애인에 특화된 직업훈련을 하는 직업재활시설을 설치·운영할 수 있다.

③ 제2항에 따른 직업재활시설의 설치·운영에 필요한 사항은 보건복지부령으로 정한다.

(7) 평생교육 지원

① 국가와 지방자치단체는 발달장애인에게 교육기본법 제3조 및 제4조에 따른 평생교육의 기회가 충분히 부여될 수 있도록 특별자치시·특별자치도·시·군·구별로 평생교육법 제2조 제2호의 평생교육기관을 지정하여 발달장애인을 위한 교육과정을 적절하게 운영하도록 조치하여야 한다.

② 제1항에 따른 평생교육기관의 지정 기준과 절차, 발달장애인을 위한 교육과정의 기준, 교육제공인력의 요건 등은 교육부장관이 보건복지부장관과 협의하여 정한다.

③ 국가와 지방자치단체는 제1항에 따라 지정된 평생교육기관에 대하여 예산의 범위에서 발달장애인을 위한 교육과정의 운영에 필요한 경비의 전부 또는 일부를 지원할 수 있다.

(8) 문화·예술·여가·체육 활동 등 지원

① 국가와 지방자치단체는 발달장애인이 영화, 전시관, 박물관 및 국가·지방자치단체 등이 개최하는 각종 행사 등을 관람·참여·향유할 수 있

도록 발달장애인을 지원할 수 있다.

② 국가와 지방자치단체는 발달장애인의 문화·예술·여가·체육 활동을 장려하기 위하여 발달장애인의 특성과 흥미에 적합한 방식으로 설계된 시설, 놀이기구, 프로그램 및 그 밖의 장비 등을 지원할 수 있다.

③ 국가와 지방자치단체는 발달장애인의 생활체육을 활성화시키기 위하여 생활체육행사 및 생활체육 관련 단체를 지원할 수 있다.

④ 제1항부터 제3항까지에서 규정한 사항 외에 문화·예술·여가·체육 활동 등 지원을 위하여 필요한 사항은 대통령령으로 정한다.

(9) 소득보장

국가와 지방자치단체는 발달장애인의 특수한 어려움을 고려하여 발달장애인이 적정한 생활수준을 유지할 수 있도록 장애인 연금제도 등 관련 장애인 복지제도의 개선을 위하여 노력하여야 한다.

(10) 거주시설·주간활동·돌봄 지원

① 국가와 지방자치단체는 발달장애인의 특성에 맞는 거주시설 지원을 위하여 필요한 시책을 강구하여야 한다.

② 국가와 지방자치단체는 발달장애인의 낮 시간 활동 및 지역사회 참여를 효과적으로 제공할 수 있는 주간활동 지원을 위하여 노력하여야 한다.

③ 국가와 지방자치단체는 발달장애인과 그 가족의 특성과 요구에 따른 돌봄 지원을 제공하기 위하여 노력하여야 한다.

5) 벌 칙

(1) 벌칙

다음 각 호의 어느 하나에 해당하는 자는 1년 이하의 징역 또는 1천만 원 이하의 벌금에 처한다.

1. 거짓이나 그 밖의 부정한 방법으로 제23조부터 제27조까지 및 제30조부터 제32조까지에 규정된 서비스 또는 지원을 받거나 다른 사람으로 하여금 이를 받게 한 자 2. 제15조 제4항을 위반하여 신고인의 인적사항 또는 신고인임을 미루어 알 수 있는 사실을 다른 사람에게 알려주거나 공개 또는 보도한 발달장애인지원센터의 장 또는 직원

출처 : 발달장애인 권리보장 및 지원에 관한 법률 제7장 제42조.

(2) 양벌규정

법인의 대표자나 법인 또는 개인의 대리인, 사용인, 그 밖의 종업원이 그 법인 또는 개인의 업무에 관하여 제42조 제1호 또는 제2호의 위반행위를 하면 그 행위자를 벌하는 외에 그 법인 또는 개인에게도 해당 조문의 벌금형을 과(科)한다. 다만, 법인 또는 개인이 그 위반행위를 방지하기 위하여 해당 업무에 관하여 상당한 주의와 감독을 게을리하지 아니한 경우에는 그러하지 아니하다.

(3) 과태료

① 다음 각 호의 어느 하나에 해당하는 자에게는 300만 원 이하의 과태료를 부과한다.

1. 제15조 제2항을 위반하여 발달장애인에 대한 유기 등을 신고하지 아니한 사람 2. 정당한 사유 없이 제16조 제4항을 위반하여 현장조사를 거부·기피하는 등 업무 수행을 방해한 사람

3. 제22조 제2항을 위반하여 지방자치단체의 장에 대하여 계좌 관리 상황과 관련한 자료열람 또는 제출을 거부하거나 거짓으로 한 발달장애인의 보호자 및 계좌관리인 4. 제38조 제1항을 위반하여 변경지정을 받지 아니한 자 5. 제38조 제2항을 위반하여 폐업·휴업 시 신고하지 아니한 자 또는 거짓으로 신고한 자 6. 정당한 사유 없이 제40조 제1항에 따른 자료제출·보고를 거부하거나 거짓으로 한 자 또는 조사·검사를 거부·방해하거나 기피한 자

출처 : 발달장애인 권리보장 및 지원에 관한 법률 제7장 제42조.

② 제1항에 따른 과태료는 대통령령으로 정하는 바에 따라 보건복지부장관, 시·도지사 또는 시장·군수·구청장이 부과·징수한다.

참·고·문·헌

강영실(2010). 장애인복지의 이해. 서울 : 신정.

강혜규(2007). 한국 사회서비스 정책의 현황과 서비스 확충의 과제. 보건복지포럼 통권 제125호, 한국보건사회연구원.

고명석 · 박준범 · 김선이 · 박경미(2016). 장애인복지론. 서울 : 동문사.

국립특수교육원(1997). 통합교육의 효율적인 운영 방안.

김미옥 · 김용득(2009). 장애인 거주시설 이용자 참여 매뉴얼 개발연구. 전북대학교 · 한국장애인복지시설협회.

김승훈(2015). 한국보조공학지원서비스 체계 연구. 단국대학교 대학원 박사학위논문.

김종인 · 우주형 · 이준우(2007). 장애인복지론 경기 : 서현사.

김용득(2008). 장애인 거주서비스 체계 개편의 쟁점과 과제. 장애인 거주지원서비스의 최근 쟁점과 정책 및 실천과제 세미나 자료집.

김용득 · 김고은(2011). 장애인 거주시설 서비스 최저기준 적용매뉴얼 1 - 신체적 제지 대처방안. 성공회대학교 사회복지연구소 · 한국장애인시설협회.

김용득 · 김미옥 · 변경희 · 소진희(2009). 장애인 거주시설 서비스 최저기준 마련을 위한 연구. 보건복지가족부 · 성공회대학교 사회복지연구소.

김용득 · 윤재영 · 이동석 · 이호선 · 김재훈(2013). 지적장애인을 위한 권익옹호의 원리와 실천. 서울 : EM커뮤니티.

김용환 · 김건희 · 김태경 · 문정란 · 안외자 · 양정안(2018). 장애인복지론. 서울 : 동문사.

문선화 · 정민숙 · 김종윤 · 이상호 · 장수한 · 김현주(2006). 장애인복지론. 경기 : 양서원.

백은령 · 이은미 · 양희택(2012). 장애인 거주시설 서비스 최저기준 및 시설 평가척도 준수를 위한 매뉴얼 개발연구. 한국장애인복지시설협회.

보건복지부(2012). 장애인복지시설 일람표.

_________(2015). 2015년 장애인복지시설 일람표.

_________(2018). 2018년 장애인복지시설 일람표.

_________(2019). 2019년 장애인복지시설 사업안내.

보건복지부 홈페이지(www.mohw.go.kr)

숭실대학교 장애인복지연구회(2004). 현대장애인복지론. 경기 : 학현사.

서울시정개발연구원(2004). 장애인자립생활센터 운영기반 조성방안.

신기원 · 이종운 · 조성욱(2017). 장애인복지론. 경기 : 공동체.

신현석(2014). 장애인복지론. 경기 : 공동체.

양희택・최 영・이승민(2011). 장애인복지 이해와 실천. 경기 : 정민사.

오혜경(1998). 장애인 자립생활 실천에 관한 연구. 사회복지리뷰 제3집. 가톨릭대사회복지연구소.

유대완・김재웅・문수열・손경화・정신모・서강훈・한우섭(2017). 장애인복지론. 서울 : 창지사.

유동철(2009). 인권 관점에서 보는 장애인복지. 경기 : 집문당.

_____(2013). 장애인복지론. 서울 : 학지사.

윤선오・김우호(2015). 장애인복지론. 경기 : 양서원.

이경준(2005). 장애인의 자기결정과 보장원리. 재활복지, 9(2), 114-141.

이경준・최윤영(2019). 최신 장애인복지론. 서울 : 학지사.

이상진(2012). 직업재활시설의 유형개편에 따른 현황과 과제. 2012년 장애인 직업재활시설 발전방안을 위한 대토론회. 한국장애인직업재활시설협회.

이승기・윤상용・서동명(2016). 장애인복지론. 서울 : 신정.

이재원・손정원(2011). 사회서비스 공급정책에서 시장과 산업 활성화 과제 : 보건복지부 사회서비스 전자바우처 사업을 중심으로. 동향과 전망(통권 82호), 45-84.

이재풍・곽종형(2015). 장애인복지론. 경기 : 부천투데이.

이채식・이은영・이형렬・김재익・전영록(2018). 장애인복지론. 서울 : 창지사.

이현주・윤순녕・최정명・현혜진・백은광(2001). 재가 산재장애인의 재활프로그램에 관한 연구(1). 서울 : 한국노동연구원.

임종호・이영미・이은미(2008). 장애인복지론. 서울 : 학지사.

장인협(1996). 사회사업실천방법론. 서울 : 서울대학교출판부.

전용호(2001). 장애인복지론. 경기 : 학문사.

정무성・양희택・노승현(2007). 장애인복지개론. 서울 : 학현사.

정무성・양희택・노승현・현종철(2012). 장애인복지론. 경기 : 정민사.

정영숙・이현지(2007). 장애인복지론. 경기 : 학현사.

조광순(1996). 보조공학과 유아특수교육 : 공학평가와 교육과정. 정서・학습장애연구, 12(2), 75-97.

정하선・김녹현・박선하・이은미・이태희・조현정(2018). 장애인복지론. 경기 : 공동체.

최윤영・이경준(2010; 2013). 장애인복지론. 서울 : 학지사.

한국장애인개발원(2010). 고수요 장애인보조기구 산업육성 전략 연구.

황운철(1998). 장애인 재활서비스 정책 개선방안에 관한 연구. 경희대학교 대학원 박사학위논문.

Assistive Technology Messenger Newsletter(1999). Study points to unmet technology needs among those with mental retardation. Retrived September 27.

Brisenden, S.(1989). *A Charter for Personal Care in Progress, 16.* London : Disablement Income Group.

CEC Today(1999). *Technology in School and at Home.* Available: http://www.cec.sped.org/bk/cectoday/hometech.html/

Church, G., & Glennen, S.(1992) *The Handbook of Assistive Technology.* San Diego, CA : Singular Publishing Group, Inc.

Dimichael, S. C.(1977). Vocational Rehabilitation Post & Present. In D. Malikin(Ed.), *Vocational Rehabilitation of the Disabled an Overview.* NY : New York University Press.

Dunst, C., Trivette, C., & Deal, A.(1998). *Ennabling and Empowering Families.* Cambridge, MA : Brook.

Endruweit, G., & Trommsdorff, G.(1989). *Worterbuch der Soziologie.* dtv/Enke.

Fornefeld, B.(1997). Selbstbestimmung von Menschen mit schwersten Behinderung. In : *Selbstbestimmung. Kongressbeitraege.* Hrsg : Bundesvereinigung Lebenshilfe fuer Menschen mit geistiger Behinderung. e.V., 2. durchgeschehene Aufl., Marbllrg: 171-178.

Goebel, S.(1998). *So moechte ich wohnen! : Wie ich selbst bestimmen kann, dass ich mich in meinen vier Waenden wohlfuehlen.* Hrsg. : Bundesvereinigung Lebenshilfe fuer Menschen mit geistiger Behinderung e.V., 2. Aufl. Marburg.

Goffiman, E.(1963). *Stigma : Notes on the Management of Spoiled Identity.* Englewood Cliffs, NJ : Prentice Hall.

Hahn, M.(1994). Selbstbestimmung im Leben auch für Menschen mit geistiger Behinderung. *Geistige Behinderung, 33*(2), 81-94.

Hallahan, D. P., & Kauffmann, J. M.(2003). *Exceptional Learners : Introduction to Special Education.* Boston, MA : Allyn and Bacon.

Howe, J., Horner, R. H., & Newton, J. S.(1998). Comparison of supported living and traditional residential services in the state of Oregon. *Mental Retardation, 36*(1), 1-11.

Jones, K.(1993). *Asylums and After : A Revised History of the Mental Health Services : from the early 18th century to the 1990*s. London : The Athlone Press.

King, T. W.(1999). *Assistive Technology : Essential Human Factors*. Boston, MA : Allyn & Bacon.

Kinsella, P.(2001). *Supported Living : The Changing program-from control to freedom.* Paradigm UK Electronic source : http://www.paradigm-uk.org

Lesar, S.(1998). Use of assistive technology with young children with disabilities : Current status and training needs. *Journal of Early Intervention, 21*(2), 146-159.

Markowetz, R.(2001). Soziale Integration von Menschen mit Behinderungen. *Soziologie der Behinderten Eine Einfuhrung*, 171-232.

Nirje, B.(1969). The normalization principle and it's human management implications. In R. Kugel & W. Wolfensberger(Eds.), *Changing Patterns in Residential Services for the Mentally Retarded.* WA : President's Committee on Mental Retardation.

Nosek, M. A.(1988). Independent living and rehabilitation counseling. In E. Robin & N. M Robin(Eds.), *Contemporary Challenges to the Rehabilitation Counseling Profession*, Baltmore, MD : Paul H. Brookes Publishing Co.

Polloway, E. A., Smith, J. D., Patton, J. R., & Smith, T.(1996). Historic changes in mental retardation and developmental disabilities. *Education and Training in Mental Retardation and Developmental Disabilities, 31*(1), 3-12.

Saleebey, D.(1996), The Strengths perspective in Social Work Practice : Extensions & Cautions. *Social Work, 41*(3), 296-306.

Scheerenberger, R. C.(1977). Deinstitutionalization in persperctive. In J. L. Paul(Ed.), *Deinstitutionalization program and policy development.* New York : Syracuse University Press.

Schneider, M.(1983). Selbsthilfegruppen fuer Behinderte. Gruppentypen und Persoenlichkeitsmerkmale von Mitgliedern. *Soziale Selbstbilfe in der Bundesrepublik Deutschland.*

Seligman, M. E. P.(1986). *Erlernte Hilflosigkeit.* (3.Aufl.). Muenchen.

Simons, M.(1998). Issues in the semantics and pragmatics of disjunction. Ph.D. thesis, Cornell University. [Published by Garland Publishing Inc., 2000.]

Speck, O.(2000). Autonomie und Kommunitaet - Zur Fehldeutung von Selbstbestimmung in der Arbeit mit geistiger behinderten Menschen. In *Verhaltensauffaelligkeiten-Ausdruck von Selbstbestimmgung?* Hrsg. : Theunissen, G. Badheilbronn : 11-32.

Stuart, P. H.(2000). Applying independent living principles to state health-care program for people with disabilities. *Journal of Disabilities Policy Studies, 11*(3), 161-170.

Sweet, W.(2003). Philosophical theory and the Universal Declaration of Human Rights. University of Ottawa Press.

WHO(1980). *ICIDH : International classification of impairments, disabilities and handicaps.* Geneva : Author.

_____(1997). *ICIDH-2 : International classification of impaiments, activities and participation. A manual of dimensions of disablement and functioning. Beta-1 draft for field trials.* Geneva: Author.

_____(2001). *ICF : International classification of functioning, disability and bealtb.* Geneva : Author.

Will, M.(1986). Educating children with learning problems : A shared responsibility. *Exceptional Children, 52*(5), 411-415.

찾·아·보·기

저/자/약/력

■ 이재풍
광운대학교 대학원 석사
명신대학교 일반대학원 박사
현 칼빈대학교 교수(산업체 학과장)
전국 상담복지학회 회장

■ 박희숙
광운대학교 대학원 석사
중앙신학대학원대학교 박사
현 사단법인 사랑과 행복(장애인주간보호/ 장애인직업재활시설) 대표
경복대학교 공공인재학부 복지행정과 교수

■ 한선화
단국대학교 대학원 석사
중앙신학대학원대학교 박사
현 칼빈대학교 대학원 교수
사단법인 행복한세상만들기 대표이사

■ 김상옥
국민대학교 행정대학원 석사
성신여자대학교 대학원 박사
현 미래심리상담연구소 소장
경희대학교 공공대학원 사회복지과 주임교수

장애인복지론

|공저자| 이재풍 · 박희숙 · 한선화 · 김상옥

|1판 1쇄| 발행 2023년 12월 15일

|발행인| 김 동 훈
|발행처| 공 동 체

|주소| 경기도 고양시 일산동구 호수로 358-39, 동문타워 I 905호(백석동)
|전화| 031) 814-3000(대표)
|팩스| 031) 814-3100
|홈페이지| http://www.compub.co.kr
|전자우편| compub@naver.com
|출판등록| 2005년 10월 6일
|등록번호| 제396-2005-36호

|ISBN| 979-11-6725-526-6
정가 16,000원

MEMO

MEMO

MEMO

MEMO